卓越经管人才培养计划系列

中国石油大学（华东）“十三五”规划教材

国际结算实务教程

李永波　刘丙泉　主编

科学出版社

北京

内 容 简 介

本书是从事国际金融和国际贸易工作所必须掌握的一门重要的实务课程。本书主要包括四个方面内容：国际结算工具、国际结算方式、国际结算单据和其他融资担保方式。国际结算工具系统讲解了汇票、本票和支票三种结算工具的概念、性质、作用和业务流程，以及其缮制和使用；国际结算方式分别系统讲解了汇款、托收、信用证（letter of credit，L/C）等结算方式的业务程序、分类特征、操作要点和风险提示等内容；国际结算单据系统讲解了信用证项下多种单据的缮制和审核方法；其他融资担保方式分别讲解了银行保函、备用信用证、国际保理和福费廷的业务流程及相关操作。

本书主要适用于高等院校经济管理类专业学生的教学，也可以作为国际金融、国际贸易等有关人员学习国际结算知识的参考书。

图书在版编目（CIP）数据

国际结算实务教程 / 李永波，刘丙泉主编. —北京：科学出版社，2022.1

（卓越经管人才培养计划系列）

中国石油大学（华东）“十三五”规划教材

ISBN 978-7-03-067832-4

Ⅰ. ①国… Ⅱ. ①李… ②刘… Ⅲ. ①国际结算-高等学校-教材 Ⅳ. ①F830.73

中国版本图书馆 CIP 数据核字（2021）第 003442 号

责任编辑：郝 静 / 责任校对：宁辉彩

责任印制：张 伟 / 封面设计：蓝正设计

科学出版社 出版

北京东黄城根北街 16 号

邮政编码：100717

http://www.sciencep.com

北京中科印刷有限公司 印刷

科学出版社发行 各地新华书店经销

*

2022 年 1 月第 一 版 开本：787 × 1092 1/16

2022 年 1 月第一次印刷 印张：14 3/4

字数：340 000

定价：58.00 元

（如有印装质量问题，我社负责调换）

前　言

国际结算既是一门具有较强实务性、操作性的课程，同时又是与国际惯例紧密联系、不断发展变化、具有很强国际性的专业课程，是从事国际金融和国际贸易工作必须掌握的一门重要的实务课程。

《国际结算实务教程》一书主要包括四个方面内容：国际结算工具、国际结算方式、国际结算单据和其他融资担保方式。国际结算工具包括本书第二章和第三章内容，系统讲解汇票、本票和支票三种结算工具的概念、性质、作用和业务流程，同时详细讲解这三种结算票据的缮制和使用；国际结算方式包括本书第四章、第五章和第六章内容，分别系统讲解汇款、托收、信用证等结算方式的业务程序、分类特征、操作要点和风险提示等内容；国际结算单据包括本书第七章内容，系统讲解信用证项下多种单据的缮制和审核方法，关注合理审单确定不符点，力求在正确理解主要单据的内容、《跟单信用证统一惯例》(Uniform Customs and Practice for Documentary Credits，UCP，简称 UCP600)相关条款含义的基础上，掌握银行对全套单据审核的操作技能，以提高综合业务的处理能力；其他融资担保方式则包括本书第八章、第九章和第十章内容，分别讲解银行保函、备用信用证、国际保理和福费廷的业务流程及相关操作。

本书是笔者在多年科学研究和教学实践的基础上，根据全日制高等教育经济管理类专业对国际结算知识的专业要求，重点选择能够涵盖国际结算业务全貌并具有理论与实践意义的主要内容进行编写，旨在培养学生掌握、理解和应用国际结算的基本概念、国际惯例和操作技能。本书在保证内容准确的基础上，力求简明、新颖，突出实用性和适用性。与国内外已出版的同类书相比，本书具有以下创新和特色。

(1)强调理论和实践相融合。为适应学校教学计划的调整，《国际结算实务教程》的教学将从以理论为主转为理论与实务融为一体，而国内很多教材理论与实务部分都是分开的，本书将在内容组织上，在对国际结算理论内容做详细讲解基础上，特别强调对国际结算操作技能的培养，以加深读者对国际结算相关内容的理解和应用。

(2)突出案例分析。案例学习是提高国际结算实操能力和防范结算风险的重要手段。本书结合教学内容特别选编较为典型的结算案例并进行情景分析，可帮助读者加深对国际结算知识的理解，提高其防范风险和合规操作的能力。

本书由中国石油大学（华东）经济管理学院李永波和刘丙泉两位老师共同编写，李永波负责全书的体系设计、内容修改和定稿，并具体编写了前八章内容，刘丙泉负责编写第九章和第十章内容。在编写过程中，参考了一些国内外教材和文献，在此向作者及出版社表示衷心的感谢。由于编者水平有限，本书难免存在疏漏与不足之处，敬请读者批评指正。

目　　录

第一章 国际结算概述

本章导读：通过本章学习，了解国际结算的发展历程，认识国际结算中的往来银行及 SWIFT（Society for Worldwide Interbank Financial Telecommunications，环球同业银行金融电讯协会）、CHIPS（Clearing House Interbank Payment System，纽约清算所银行同业支付系统）、CHAPS（Clearing House Automated Payment System，伦敦自动清算支付系统）等现代国际结算系统，理解并掌握国际结算的基本概念、分类体系和基本特征，为后面章节的学习建立知识基础。

第一节 国际结算研究的基本内容

一、国际结算的定义

国际结算（international settlement）是指为清偿国际间债权债务关系而发生在不同国家之间的货币收付业务。

目前，国际间引起债权债务关系的原因主要包括国际间的商品买卖、提供劳务而产生的服务贸易、对外投资产生的资金调拨及借贷资金的转移和政府间的资金收付所产生的国际借贷等。除此之外，其他如国际旅游所支付的款项、国外亲友赠款、继承遗产、出国留学所支付的学费及股票红利的汇回等都会涉及国际结算业务。

通常国际间债权债务关系的清偿主要包括易货贸易、黄金偿还和国际结算三种方式，其中国际结算是目前国际间清算以货币表现的债权债务关系所采用的最主要和最通行的方式。并且，随着世界贸易、金融、投资往来的日趋活跃，国际结算的内涵和外延不断发生着变化。当今的国际结算已从传统的货币收付，演变为集结算、融资、担保、信用支付及相关配套服务为一体的综合性跨国银行业务。在需求与竞争的推动下，国际结算产品与服务日益丰富，业务范围日趋扩大。

二、国际结算分类和特征

国际结算作为银行的一项重要的中间业务，按照不同维度可划分为不同种类。

（一）按结算货币划分可分为现金结算和非现金结算

（1）现金结算主要是通过收付金属货币或现金货币来结清国际间债权债务关系；由于现金结算具有不安全、风险大、运费贵、使用不方便等特点，目前在国际结算业务中使用较少。

（2）非现金结算则是综合使用各种支付工具，通过银行间的划账冲抵来结算国际间的债权债务关系；其特点是迅速、简便、节约现金和流通费，并能加快资金的循环周转，目前是国际结算业务中的主要类型。

（二）按结算原因划分可分为国际贸易结算和非贸易结算

（1）国际贸易结算（international settlement of trade）是以商品进出口为背景，即由有形贸易引起的国际结算，目前在国际结算中占据主要份额。

（2）非贸易结算（non-trade settlement）是由无形贸易引起的货币收付活动，即国际贸易结算以外的其他国际结算。非贸易结算主要包括服务贸易、资金调拨、国际借贷等国际商品贸易以外的经济、政治、文化活动，如侨汇、外汇兑换业务、旅游业等。

（三）按结算时间划分可分为现汇结算和记账结算

（1）现汇结算是通过两国银行对贸易和非贸易往来，用可兑换货币进行的逐笔结算。

（2）记账结算则是两国银行使用记账外汇进行的定期结算。

与国内结算相比，国际结算业务更为复杂，主要表现在以下几个方面。

（1）国际结算涉及多种外国货币。在国际结算所涉及的经济交易中，不仅包括本国货币，更多涉及国外货币，国际银行间对来源于不同国家的票据作为结算内容的业务往来和账面划拨，增加了银行业务的复杂性；并且由各国币值变动所引起的汇率变动，会使得各经济交易主体和银行承受汇率变动带来的风险。

（2）国际结算涉及许多国家多种法律、法规及国际惯例。由于国际经济交往中涉及各国当事人，国际结算需依照各个国家的法律法规及一系列的国际惯例、法规条例等来办理，如在海洋运输方面的惯例有《海牙规则》《联合国海上货物运输公约》（汉堡规则），在支付方式方面的惯例有《跟单信用证统一惯例》（UCP400、UCP500、UCP600）及《托收统一规则》（URC522），在价格术语方面有《国际贸易术语解释通则》（International Rules for the Interpretation of Trade Terms，Incoterms 2000）等，另外还有各国不同的保险规定及外汇管制制度等。

（3）需要各方当事人的密切合作。多数国际结算方式，如信用证、银行保函、福费廷业务等，涉及进出口商、进出口双方的银行等多个主体，一笔国际贸易业务涉及运输与保险、海关等多个环节，只有进出口商各自履行义务、按合同办事的同时，双方银行大力协作，才能完成货款收付等事宜，即只有各方当事人密切合作，才能使一项经济交易顺利完成。

（4）国际结算风险更大。国际结算会面临汇率、政府管制、交易惯例等在国内结算中没有的情况，从而具有更大的风险。

三、国际结算的基本内容

伴随国际金融和国际贸易的发展，现代国际结算已成为以票据为基础、单据为条件、银行为中枢、结算与融资相结合的非现金结算体系。国际结算主要包括国际结算工具、国际结算方式、国际结算单据和担保类金融等方面的内容。

当代国际结算基本上是非现金结算，为了表明资金的转移收付关系，需要一定的工具，这就是票据。票据在结算中起着流通手段和支付手段的作用，远期票据还能发挥信用工具的作用。国际结算工具主要包括汇票、支票及本票三种类型。

国际结算方式是指国际货币收付的手段和渠道，是国际结算的中心内容。国际结算的基本方式包括汇款、托收和信用证三种类型，用以实现跨国收付或转移资金的目的。此外，国际结算还包括银行保函、备用信用证、保理服务和包买票据等附属方式，这些国际结算的附属方式在风险控制和贸易融资等方面为基本方式提供了补充。

由货物买卖引起的国际结算会涉及国际贸易业务中的各种单据，主要的商业单据有发票、运输单据（transport documents）、保险单据和产地证、商品检验证等。这些商业单据能够反映和说明国际贸易中货物特征和交易状况，是国际结算得以进行的条件。

国际结算还涉及银行为进出口商分别提供的各种贸易融资方式，如授信开证、担保提货、进口押汇、打包放款、出口押汇、票据贴现、信托收据、福费廷等。随着国际贸易融资种类的增多，银行不断推出适宜客户的各种新的贸易融资方式，如结构性融资和供应链融资。

第二节 国际结算的发展过程及现代交易系统

一、国际结算的演变过程

国际结算源自国家间的商品买卖，并随着国际贸易和其他国际交往的扩大而不断发展和完善。同时，国际结算的发展反过来又促进了国际贸易进一步的扩大和深化。按照国际结算的定义，将早期的不以货币为中介的简单易货贸易排除，可以将国际结算的历史演变过程大致归纳为以下三个发展阶段。

（一）由现金结算转向非现金结算

早期的国际贸易多为现金结算，世界各国的对外贸易大都采用黄金、白银及其铸币等作为国家间的现金结算货币。采用现金结算很不方便，参与交易的双方不仅要承担很大的风险，而且要耗费巨额运输费用，积压资金，耽搁时间，既不便于清点计数，又要辨别真伪。因此，只有在商品交易少、交易量小的时代才能应付。伴随世界各国经济和交通工具快速发展，国际贸易也由最初的边境贸易扩展到远洋贸易，这种通过大规模、长距离运送金属货币来结算货款的支付方式越来越难以满足国际贸易发展的需要。

到了 14、15 世纪，出现了资本主义的萌芽。意大利北部诸城威尼斯、热那亚、佛罗伦萨等，已经成为欧洲的贸易中心。到 15 世纪末 16 世纪初，随着资本主义的发展，地理大发现及海外殖民地的开拓，欧洲贸易中心从地中海区域移至大西洋沿岸，里斯本、塞维尔、安特卫普、伦敦等先后成为繁盛的国际贸易港，它们的贸易范围远及亚洲、非洲和美洲。对外贸易的发展，国际交换的扩大，逐渐形成了区域性的国际商品市场。随着贸易的扩大，以黄金白银在两国之间运送作为清偿债权债务的方式已不适应贸易发展的需要，于是出现了以商业票据来结算债权债务的方式。例如，伦敦进口商甲向纽约出口商丙购买 5 万英镑的棉布，纽约进口商丁向伦敦出口商乙购买 5 万英镑的小麦。伦敦出口商乙在发出货物或对方收到货物后，可以开立一张命令纽约进口商丁付款 5 万英镑的汇票。他在开出汇票后将其转让给伦敦进口商甲，收回他应得的 5 万英镑，进口商甲则把汇票寄给纽约的出口商丙，叫他持票向纽约进口商丁要求付款。这样，伦敦和纽约之间的两笔债权债务通过一张票据的流转得到了清算（图 1.1），从而避免了在现金结算方式下运送货币的风险，节约了时间和成本，有利于国际间商品交易的发展，对国际间的经济交往起了一定的推动作用。

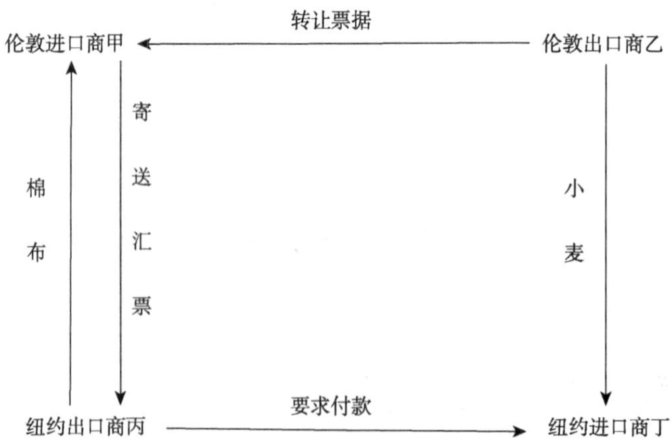

图 1.1 商人之间的直接结算

但是，使用商业票据在商人之间自行结算债权债务有其一定的局限性。从上面的例子中我们可以看到，使用商业票据进行结算要具备三个条件：第一，两笔交易的债务金额和付款期限必须完全一致，而这在大量复杂的交易中是非常有限的；第二，即使存在这样两笔完全一致的交易，他们之间还要有密切的业务联系和相互了解的信用基础，否则一对商人要寻找另一对商人是很困难的，且相互之间缺乏资信了解也无法进行合作；第三，进出口商的任何一方要有垫付资金的能力。任何两笔交易要同时具备这三个条件，实际上是很困难的。这些局限性促使商人之间的直接结算方式发生了变化。

（二）由买卖双方的直接结算转向以银行为中介的间接转账结算

到了 18 世纪 60 年代，一些主要资本主义国家相继完成了工业革命。这场工业革命直接推动着国际关系的深刻变革，社会分工迅速向国际领域扩展，越来越多的国家或多或少地纳入国际分工之中，卷入世界市场。与此同时，主要资本主义国家的银行业也发生了深刻的变化，逐渐由原来放贷性质的银行转变为担任信用中介和支付中介的新型银行，它们不仅从事国内的存款、贷款和汇款业务，而且通过国外分支机构和代理行的建立从事国际借贷和国际结算业务。

银行办理国际结算业务的有利条件是：第一，银行在全世界形成网络，可利用特有的条件运用先进的手段办理业务，为进出口双方服务。 第二，银行资金雄厚，信用卓著。加上银行保证付款的凭证（如银行汇票）广为使用，使得买卖双方都愿意通过银行办理结算，资金的收付得到了保证。银行在办理国际结算时，还可为客户提供资金融通的便利。第三，银行通过买卖转让不同种货币、不同期限的票据，将出口贸易形成的大量债权债务关系集中在银行通过转账结算，最大限度地加以抵消，大大节省了费用和利息支出。在这样的条件下，进出口商就不必自找对象来进行结算，而把所有信用工具或支付工具委托银行代为处理。这样，就从商人之间的直接结算发展到以银行为中介的转账结算。

（三）由凭货付款转向凭单付款

到 18 世纪，单据化的概念被逐步接受。在票据发展的同时，随着贸易量的增加，商人们不再自己驾船出海，而是委托船东运输货物，船东们为了减少风险又向保险商投保，这样商业、航运业、保险业就分化为三个独立的行业，因而，海运提单（bill of lading，B/L）、保险单也相继问世。渐渐地，海运提单由一般性的货物收据转变为可以背书转让的物权凭证，保险单也成为可以转让的单据。

到了 19 世纪末 20 世纪初，国际结算方式逐步由交货付款转变为凭单付款。买方凭单付款是因为单据代表着货物，而银行凭抵押的单据向出口商融资也基于上述理由。这样，就将银行信用引入国际结算业务中，从而逐渐形成了以贸易结算与融资相结合为特征、以银行为中枢的国际结算体系。

二、国际结算的交易系统

随着计算机网络和通信技术的迅猛发展，传统的手工结算方式逐渐被电子化、网络化的结算系统所取代。电子数据交换（electronic data interchange，EDI）实现了无纸贸易，降低了成本和费用，提高了效率，为国际贸易和国际结算带来了巨大的经济效益和社会效益。SWIFT、CHIPS、CHAPS、Fedwire（Federal Reserve Wire Transfer System，美国联邦储备电报拨款系统）等高效、安全的资金转移网络的建立，加快了资金的周转和利用速度，促进了国际贸易和国际结算量的增加。

（一）环球同业银行金融电讯协会

SWIFT是在1973年5月由15个国家的239家银行在比利时共同创办的一个国际间非营利性国际合作组织，其总部设在比利时，拥有全球208个国家和地区的8 300多家银行机构、证券机构和企业客户作为会员。它的环球计算机数据通信网在荷兰、美国和中国香港设有运行中心，在各会员方设有地区处理站。我国的中国银行于1983年加入SWFIT，是SWIFT组织的第1 034家成员行，并于1985年5月正式开通使用，成为我国与国际金融标准接轨的重要里程碑。随后，中国农业银行、中国工商银行、中国建设银行、交通银行、中信银行（原中信实业银行）、上海和深圳证券交易所，也先后加入SWIFT，成为环球银行金融电讯协会的会员。

SWIFT自投入运行以来，以其高效、可靠、低廉和完善的服务，在促进世界贸易发展、加速全球范围内的货币流通和国际金融结算、促进国际金融业务的现代化和规范化方面发挥了积极作用。与传统的金融电讯方式相比，SWIFT网络通信主要特点如下。

（1）需要会员资格。每个申请加入SWIFT组织的银行都必须事先按照SWIFT组织的统一原则，制定出本行的SWIFT地址代码（其中银行代码可根据行名特点有若干选择），经SWIFT组织批准后正式生效。例如，中国银行的代码为BKCHCNBJ，中国工商银行的代码为ICBKCNBJ，中国农业银行的代码为ABOCCNBJ。

（2）自动化和标准化。SWIFT报文都是严格按照既定的格式进行书写的，所以特别适合计算机的识读和处理，而计算机在报文处理中的应用促进了报文处理的自动化。因此，现代银行往往借助SWIFT的这一优势，将自己的银行电子系统同SWIFT系统连接，实现业务处理的自动化和高效率。

（3）快捷低价。SWIFT网络传递报文的速度很快，一般几秒钟就能从发出方发送到接收方所属的地区中心。如果接收方正连接在SWIFT网络上，那么其可以立刻从所属的地区中心接收到这笔报文。SWIFT网络的速度很快，并且同样发送一笔报文，它的价格比传统电传要低一半。

（4）安全可靠。SWIFT网络传递报文的安全性和可靠性都很高。SWIFT网络对所有传送的报文都要进行校验，以保证传送报文的准确无误。SWIFT网络上的报文都是加密存储和传送的，以策安全。同时 SWIFT 网络中的收报方和发报方都可以建立 SWIFT 密押关系。

（二）纽约清算所银行同业支付系统

CHIPS 是纽约清算所银行同业支付系统的简称，由纽约清算所协会（The New York Clearing House Association）于 1970 年成立。CHIPS 是全球最大的私营支付清算系统之一，具有安全、可靠、高效的特点，是当前最重要的国际美元支付系统，日平均交易量 36 万笔，日处理金额 1.4 万亿美元。目前全世界银行同业间美元清算的 98%以上都是通过 CHIPS 进行的。

（三）伦敦自动清算支付系统

CHAPS 是世界上第二大实时总额结算系统（第一位是美国联邦储备电报系统，FEDWIRE），于 1984 年在伦敦建立，自 1999 年 1 月 4 日，CHAPS 分成 CHAPS 欧元和 CHAPS 英镑，并与泛欧自动实时清算系统（The Trans-European Automated Red-time Gross Settlement Express Transfer，TARGET）联网。

CHAPS 是英国银行间用于有担保、无条件、金额在 100 英镑以上的当日起息付款的电子资金划拨系统，实行双重清算体制，即所有商业银行都通过其往来的清算银行（14 家英国银行，也称结算银行）进行清算，称为初级清算；由国家银行（英格兰银行）和清算银行之间进行的集中清算，称为终级清算。所有商业银行都必须在清算银行开立账户，各清算银行在英格兰银行开立账户，以此进行终级清算。

（四）Fedwire

Fedwire 是由美国联邦储备系统（Federal Reserve System）开发与维护、由联邦储备银行经营的即时全额结算资金转移系统。它所提供的两个核心的电子化的支付服务是联储资金转账服务（funds service）和证券转账服务（securities service）。Fedwire 系统连接着 12 家联邦储备银行、25 家联邦储备分行、1 万多家商业银行及近 2 万家其他金融机构，是美国首要的用于国内或国际大额资金支付的系统。

Fedwire 最早于 1914 年运行，主要用于资金转账；1918 年实现了资金的调拨；1960 年开始运行证券簿记系统；直至 1970 年开始具有实现了真正自动化的电子通信系统。Fedwire 的功能齐全，它不仅提供资金转账，还能进行大额资金的支付，使跨行转汇得以最终清算。此外，Fedwire 还提供金融信息服务。Fedwire 的资金转账是实时、全额、连续的贷记支付，每笔支付业务都是不可取消和无条件的，其资金转账能为用户提供有限的透支便利，信息传递高效。

第三节 国际结算中的往来银行

国际结算离不开银行的服务，国际结算中银行的作用有国际汇兑、融通资金、提供信用保证及减少外汇风险，因此，有必要了解国际结算中的往来银行。目前，国际结算所涉及的银行包括代理行、分行、支行、代表处、附属银行等。

一、代表处

代表处（representative office）是商业银行在国外市场上活动时最低级、最简单的组织形式，它是一个只具有有限职能的非营业性机构，其基本职责是为母国机构提供的服务开拓市场、寻求客户，但不得吸收存款、不得发放贷款。代表处往往是分行的早期形式。一家商业银行要进入到国外市场，对其市场容量、市场运行规则、居民习惯、政府政策、竞争环境等都必须有一个了解和熟悉的过程，因而，代表处只是一种过渡形式。商业银行在海外设立机构往往都是从代表处开始起步的，以代表处的形式运作一段时间（往往是数年）后，再择机成立分行。

代表处的基本功能是为总行提供信息，代表总行处理与当地关系行的各种联系和交流活动，提供对当地企业信用状况分析及对当地政治、经济环境的分析，其中最主要的功能是为总行的客户提供有关的服务。

二、海外联行

海外联行（overseas sister bank）一般又称为海外分行或支行（overseas branch/ sub branch）。它是商业银行根据其业务发展的需要，在国外设立的营业性机构。从法律和业务上讲，海外分行是总行的一个组成部分，是总行在当地的全资子机构。虽然出于管理和监督的需要，海外分行将设立自己的账户，可以以总行的名义根据总行的授权在当地从事一切许可的银行业务，但事实上其全部资产和负债都是总行的。因此，它只是营业性机构，不具法人地位。

设立海外分行是银行业全球化、多元化进程的标杆，有利于提高银行的运营和风险管理水平，并能学习到国外银行丰富、先进的管理经验，提高银行的国际化程度，并在全球进行资产配置，从而规避系统性风险。我国最早在海外设立海外分行的是中国银行，它早在 1929 年就设立了中国银行伦敦分行，其不仅是中国银行的首家海外分行，也是历史上首家中资海外分行。

三、子公司或附属机构

当跨国银行在国外独立注册一家国外银行并控制了其所有权时，这家外国银行就成了跨国银行的子公司（subsidiary）。子公司独立注册并拥有自己的股本，因此，它既可以为跨国银行扩大业务，又可以避免风险。当跨国银行的最大股东倒闭时，子公司不一定会随之倒闭。同样，子公司倒闭对它的控股银行也不一定会产生很大影响。正因为有这些好处，很多商业银行为了避开外国金融管理机构对设立分支机构的限制和禁止条款，或者为了税收方面的优惠，往往用子公司来代替海外分支机构。子公司经营范围很广，既包括银行业务，也包括非银行业务，如证券、投资、信托、保险等。

四、代理行

代理行（correspondent bank）是指两家不同国籍的银行相互委托，办理国际结算业务及提供其他服务，并相互签署代理协议的银行。代理行之间的代理关系指两家不同国籍银行相互委托，互办国际银行业务所发生的往来关系。银行间的代理关系一般在双方银行的总行之间建立，不能由分行对外直接建立这种代理关系。

目前，世界上的跨国银行都建立有广泛的代理银行，这是因为任何一家银行不可能在世界各地都设立分支机构，一方面其开支巨大，另一方面在国外开设分支机构往往受到该国与当地政府的种种金融政策限制，无形中也增加了成本。建立代理行关系可节约银行在国外开设分支行的成本并且可以通过代理行扩大业务范围。在当今全球经济一体化的背景下，代理行就像一个经济链条，拥有了代理行网络就意味着将本国经济融入世界经济体系之中。

代理行包括非账户行和账户行两种类型。非账户行是指建立代理关系的两家银行相互间不建立专门账户，结算业务往往通过第三家银行进行，代理银行之间只是提供咨询调查、信息共享等非结算业务。账户行则是签有代理协议的银行单方面或者相互建立专门账户，除了非结算业务往来，还可以进行资金的结算。例如，一家银行在广泛建立代理行关系的基础上，选择国际上广泛使用清算货币的国家商业银行作为账户行，一般来说美元账户开立在美国的银行，欧元账户开立在欧洲的银行，日元账户开立在日本的银行。账户行同一般的代理行相比，要具备更雄厚的实力、更显著的信用、更正派的作风和更友好的态度。

虽然国际结算往来银行有多种层次，依据亲疏关系，办理国际结算业务银行的选择优先顺序依次是海外联行–账户行–非账户行。

复习思考题：

1. 国际结算定义？

2. 国际结算业务有哪些特征？
3. 国际结算研究的内容有哪些？
4. 什么是现金结算？现金结算的弊端有哪些？
5. 什么是非现金结算？非现金结算的主要特点有哪些？

第二章　汇　　票

本章导读： 在所有票据中，汇票是在国际结算中使用最广泛、内容最全面的票据。通过本章学习，理解并掌握汇票的定义及构成有效汇票的必要项目、汇票当事人及其权责；掌握缮制商业汇票的基本技能，学会出票、背书和承兑等票据行为的操作要点，重点领会托收、信用证等不同结算方式下的汇票使用。

第一节　汇票的基本内容

一、汇票的定义和种类

汇票（bill of exchange；draft）是由出票人（drawer）向受票人（drawee）签发的无条件的书面命令，要求受票人见票时或在未来某一规定的或可以确定的时间，将一定金额的款项支付给某一特定的人或收款人（payee）。

英国《票据法》中汇票的定义：A bill of exchange is an unconditional order in writing addressed by one person to another signed by the person giving it，requiring the person to whom it is addressed to pay on demand or at a fixed or determinable future time a sum certain in money to or to the order of a specified person，or to bearer.

依据该定义，汇票作为一个支付命令包含基本当事人、付款期限和收款人三个方面的内容。这些基本内容的不同规定就构成了汇票分类的基本维度。

（一）基本当事人

汇票包括出票人、受票人和收款人三方基本当事人。

出票人是开立票据并将其交付给他人的法人、其他组织或者个人。出票人对持票人及正当持票人承担票据在提示付款或承兑时必须付款或者承兑的保证责任。出票人一般是出口方，因为出口方在输出商品或劳务的同时或稍后，向进口商付出此付款命令，责令后者付款。

受票人又叫付款人，是指受出票人委托支付票据金额的人、接受支付命令的人。进出口业务中，通常为进口人或银行；在托收支付方式下，一般为买方或债务人；在信用证支付方式下，一般为开证行（issuing bank）或其指定的银行。

收款人是凭汇票向付款人请求支付票据金额的人，是汇票的债权人。

按出票人的不同，汇票可以划分为银行汇票、商业汇票两种类型。银行汇票（banker's draft）是签发人为银行，付款人为其他银行的汇票；商业汇票（commercial draft）则是签发人为商号或者个人，付款人为其他商号、个人或银行的汇票。

（二）付款期限

依据汇票定义，汇票对于付款期限的规定有见票时付款、固定的将来时期付款和可以确定的将来时间付款三种表示方法。根据付款期限的不同，汇票可以划分为即期汇票和远期汇票两种类型。

即期汇票（sight bill；demand bill；sight draft）指持票人向付款人提示后对方立即付款的汇票，又称见票或即付汇票。

远期汇票（time bill；usance bill）是在出票一定期限后或特定日期付款的汇票。在远期汇票中，记载一定的日期为到期日，于到期日付款的，为定期汇票；记载于出票日后一定期间付款的，为计期汇票；记载于见票后一定期间付款的，为注期汇票；将票面金额划为几份，并分别指定到期日的，为分期付款汇票。

（三）收款人

汇票的收款人又称为汇票的抬头，根据汇票的定义，汇票的收款人可以是“某人”“某人指定的人”或“持票人”。相应地，汇票按收款人的不同划分为限制性抬头汇票、指示性抬头汇票、持票人抬头汇票三种类型。

限制性抬头汇票注明款付特定某人，不准转让给他人。出票人开立限制性抬头的汇票，是不愿使票据流入第三者手，以便把自己在汇票上的债务，仅限于收款人一人。指示性抬头汇票又称记名抬头汇票，汇票上注明付给某银行的指定人或付给某银行或其指定人。指示性抬头汇票经抬头人书后交付，可以自由转让。持票人抬头汇票上注明款付给持票人或持票来人。持票人抬头汇票无须持票人背书，仅凭交付而转让。

除此之外，汇票还可以根据其他维度进行分类，如按承兑人的不同，汇票分为商业承兑汇票（commercial acceptance draft）和银行承兑汇票（bank's acceptance draft）。商业承兑汇票是企业或个人承兑的远期汇票，托收方式中使用的远期汇票即属于此种汇票；银行承兑汇票是银行承兑的远期汇票，信用证中使用的远期汇票即属于此种汇票。

按汇票使用过程中有无附属单据，可分为光票（clean draft）和跟单汇票（documentary draft）。光票是不附带货运单据的汇票，常用于运费、保险费、货款尾数及佣金的收付。跟单汇票是附带商业单据的汇票，它在出票人的信用之上，还增加了货物的保证。

按照付款地与承兑地是否相同，汇票分为直接汇票（direct draft）和间接汇票（indirect draft）。直接汇票指付款地与承兑地在同一地点的汇票；间接汇票指付款地与承兑地不在同一地点的汇票，如承兑人的住所在纽约，却在芝加哥付款。

汇票按以上分类，并不意味着一张汇票只能具备一个特征，而是可以同时兼备几个特征。

二、汇票的必要项目

汇票作为一种可流通证券，具有要式性和文义性。汇票必须文义明确，根据日内瓦《统一汇票本票法公约》的规定，汇票必须包含以下内容。

（一）The word“Exchange”“Draft”——汇票字样

日内瓦《统一汇票本票法公约》、我国《中华人民共和国票据法》（简称《票据法》）均规定汇票正面标明“汇票”字样，否则汇票无效。标明的字样以全称 bill of exchange 或简称 exchange/draft 显示，以区别于其他票据如本票、支票。

（二）An unconditional order in writing——书面的无条件支付命令

汇票是一项无条件的付款命令，必须是书面形式，否则无法签字和流通转让。

（三）Amount ——金额

金额有三层含义。首先，汇票所要求支付的是货币资金而非其他资产。这是因为汇票是资金单据而不是物权凭证。其次，金额应以大小写同时表示。如大小写出现差异，我国《票据法》第八条规定汇票无效；而英国票据法和日内瓦《统一汇票本票法公约》规定以大写金额为主；在实践中，出现大小写不一致的话，通常的做法是退票，要求出票人更改相符。最后，金额必须确定，不能模棱两可。

（四）Tenor——付款期限

汇票的付款期限大致上分为即期和远期两种。如果汇票上没有规定付款期限，则以即期付款处理。

（五）Date and place of issue——出票时间地点

汇票出票日期有三个方面的基本作用：①决定出票人的行为能力，从而决定汇票的有效性；②决定汇票的有效期限；③决定远期付款的到期日。汇票的出票地点决定了汇票的适用法律，进而决定了汇票的要式。

（六）Name and address of the drawee——付款人名称地址

汇票是命令他人付款的无条件支付命令，因此汇票必须开立给另一人，即受票人。为保证受票人的确定性，要注明受票人的详细地址。

（七）Name or business entity of the payee——收款人名称

汇票收款人的不同填写方式，关系到汇票的不同流通性。限制性抬头意味着收款人是某个特定的人，这种汇票是不可流通转让的；指示性抬头意味着汇票可由收款人背书交付票据转让权，流通性是汇票的重要特征，因此实际业务中指示性抬头最为常见。持票人抬头意味着此汇票不需要背书就可完成转让，但汇票被丢失或被盗的风险很大，故国际贸易中很少使用此类抬头。

（八）Drawer's signature（s）——出票人签名

凡在票据上签字的人，就是票据债务人，他对票据付款负责任。它既可以是出票人本人签名，也可以是出票人代理或授权签名。没有出票人签字、伪造出票人签字或未经出票人授权的签字，这样的汇票无效，不能使出票人承担责任。

三、其他记载项目

上述基本内容为票据法规定的汇票的必需事项，但一张汇票还可以包括其他记载内容，如成套汇票、利息和利率、无追索权、不得转让、担当付款人等。

（一）成套汇票

汇票一般签发一套，每张汇票的效力完全相同，其中任何一张付款后，其余各张不必再付款，旨在防止重复付款。日内瓦《统一汇票本票法公约》第 65 条规定，“对成套汇票中的一张汇票付款，即解除责任，即使汇票上并无对一张付款而使其他各张失效的规定。”实际业务中以一套两张居多，偶有一套三张的。以一套两张的汇票为例，票面上通常会记载“At sight of this FIRST of Exchange（SECOND of exchange being unpaid）”，俗称“付一不付二”，而在第二张上就会显示“付二不付一”。

（二）利息和利率

汇票上可以记载利息与适用的利率（interest and rate），以便计算。计算利息时，利率应在汇票上表明；如未表明，上述规定视为无记载。我国的《票据法》没有关于利息和利率的规定，因此国内出口企业或银行签发的汇票票面上利息和利率条款一般不予记载。

（三）无追索权

无追索权（without recourse）是出票人为了免除自己的票据责任，在汇票上注明“without recourse to drawer”，这样票据的债务就无人相保，因此一般收款人是不会接受这样的汇票的，且加注这样的字样在票据市场上难以贴现。根据英国1882年《票据法》，出票人和背书人可用此文句来免除在票据被拒绝承兑或拒绝付款时受追索的责任。

实际业务中，信用证也会出现规定须在汇票上记载“without recourse”的条款，在此情形下，一旦出口商将票据权利转让给银行，进行押汇等形式的融资，银行对出口商没有追索权。对于议付行来说，失去票据下向出票人追索的权利，从而削弱了指定银行叙做议付的意愿；对于开证行来说，减少甚至消除了善意持票人存在的可能性，从而规避了在发生欺诈时面对善意持票人抗辩的风险。

（四）不得转让

出票人在出票时如在票面记载“不得转让”（non-transferable），则该汇票不得转让。背书人背书时如在汇票上记载“不得转让”字样，其后手再背书转让的，原背书人对后手的被背书人不承担保证责任。根据我国《最高人民法院关于审理票据纠纷案件若干问题的规定》第五十三条：“依照《票据法》第二十七条的规定，出票人在票据上记载‘不得转让’字样，其后手以此票据进行贴现、质押的，通过贴现、质押取得票据的持票人主张票据权利的，人民法院不予支持。”

（五）担当付款人

所谓担当付款人（a party designated as payer），是指出票人在付款人之外，记载一个代付款人，换言之，就是付款人的代理人。如果出票人出票时没有记载，付款人在承兑时也可记载；出票人已经记载的，付款人可变更之。这项记载的意义，在于增强汇票的信用。

（六）预备付款人

所谓预备付款人（referee in case of need），是指出票人或背书人、保证人在付款人之外记载的，预备将来在需要时参加承兑或参加付款的人。记载预备付款人的意义在于当持票人在请求承兑或提示付款遭到拒绝时，为防止持票人行使追索权，预备付款人便参加承兑或付款。需要注意的是我国《票据法》并无此规定。

（七）免除作成拒绝证书

有的国家的票据法及国际公约规定，出票人可在票据上记载“退票时不承担费用”或“免除作成拒绝证书”或其他同义文字，并经其签名。若票据上有此记载，持票人可不必作成拒绝付款证书或拒绝承兑证书而直接行使追索权。

第二节 汇票的制作

汇票的基本要项规定了汇票的形式，其他记载项目的不同使得汇票在内涵上更加复杂，一般来说，一张汇票的典型形式如图 2.1 所示。

DRAFT

No.xxxxx

Exchange for ______________________________

At __________ after sight of this FIRST of Exchange（Second of Exchange is unpaid）

Pay to ______________________________

____

The sum of ______________________________

To __________ For __________

（signature）

图 2.1 汇票的典型样式

对于如图 2.1 所示的汇票制作要注意以下方面。

一、关于“书面的无条件支付命令”的说明

汇票作为一项付款命令，措辞应直截了当，宜使用祈使句，如祈使句型：At____sight pay to AAA Co. or order the sum of five thousand US dollars only.

汇票的无条件性体现在汇票所传达的付款命令不以任何其他行为或事件作为先决条件，不受任何其他协议的制约或支配。违背汇票无条件性的表述通常有以下两种：

（一）出现限制支付的文句或附带条件，如“Pay to B company one thousand US dollars after it makes a blank endorsement on the back of the draft”即不符合汇票的这一要式规定。

（二）若支付命令指示从某特定账户中支付款项，如“Pay B company the sum of one thousand US dollars from your No.3 account”表明汇票款项的支付取决于该账户中是否有足够的款额，所以该项命令违背了“无条件支付”要式规定。

值得注意的是，对于汇票的无条件支付命令，不要将其余出票条件和付款条件混淆。

例如，在国际贸易结算中，出票人常在汇票中加列如“Drawn under documentary credit No.1357 of C Bank”之类出票条款，仍符合无条件支付命令的要式规定，此类汇票仍具有法律效力。如果支付命令有连接着付款人某借记账户的表示，也不影响付款的无条件性，如“Pay to ABC or order the sum of ten thousand US Dollars and charge/debit same to applicant’s account maintained with you.”此外，汇票大写金额后面是否写上“对价已收”（value received），都不影响付款的无条件性。

小试牛刀 1：

客户提交汇票委托银行收款，银行对汇票有效性进行判断并给予客户建议。

汇票的无条件支付命令	有效/无效	建议
Pay to A Corp. two thousand US dollars providing the goods in compliance with sales contract No. 123.		
Pay to A Co. the sum of five thousand Sterling Pounds on condition that goods have been shipped on board before 23，December.		
At sight pay to the order of A Co. the sum of one hundred thousand Japanese Yen drawn against shipment of 20 bales of cotton from Guangzhou to Tokyo.		
At 30 days after sight pay to the order of Bank of China the sum of two hundred thousand US dollars drawn under LC No. 1234 issued by Bank of New York dated on 20，August，2004.		
Pay to A Co. one thousand US dollars out of our No. 345 account.		
Pay to A Co. three thousand US dollars plus interest at 5% from the date hereof to the date of payment.		
Pay to A Co. four thousand US dollars by ten installments.		
Pay to A Co. five thousand Sterling Pounds converted into US dollars equivalent.		

二、关于“金额”的说明

汇票金额必须确定，不能模棱两可，如 the sum of SAY POUNDS TWENTY THOUSAND ONLY，任何以“大约”或类似词语描述支付金额都不是确定的金额。对于“the sum of SAY POUNDS TWENTY THOUSAND PLUS INTEREST”所表示的金额，没有列明利率，故该金额也不确定。

日内瓦《统一汇票本票法公约》规定，“利率应在汇票上表明，如未表明，上述规定视为无记载。除表明其他日期外，利息自出票日起算”。英国 1882 年《票据法》则规定，“如汇票表明支付时带有利息，除票据另有其他规定外，利息应自出票日起算，如未载明出票日，则自签发日起算。”因此，在这种情况下，金额条款应该说明利息的起算日和截止日及具体的利率，构成确定金额。示例如下：

Pay to the order of XXX the sum of SAY POUNDS TWENTY THOUSAND PLUS INTEREST CALCULATED AT THE RATE OF 6% PER ANNUM FROM THE DATE HEREOF TO THE DATE OF PAYMENT.

对于如下支付条款：

①Pay to the order of XXX the sum of SAY POUNDS TWENTY THOUSAND CONVERTED INTO US DOLLARS EQUIVALENT.

要求支付时折算成其他货币形式须列明以何时的外汇汇率折算，因此该金额并不确定。

②Pay to the order of XXX the sum of SAY POUNDS TWENTY THOUSAND ONLY BY INSTALLMENTS.

带有分期支付条款时应说明批次和每次支付的金额，因此该金额是不确定的。

三、关于“付款期限”的说明

通常付款期限的各种表述方法如下：

对于即期付款：

At sight pay…——见票即付

On demand pay…——见索即付

Upon presentation of this exchange pay…——在提示本汇票时即付

对于远期付款：

XX days after date——出票后定期

At XX days after sight——见票后定期

XX days after date of bill——跟附单据定期

对于付款期限的计算，实践中多半遵循“算尾不算头”的原则，即计算时间时均不包括见票日、出票日或提单日，但包括付款日。

例如，出票日期为 2011 年 4 月 5 日，见票日为 4 月 7 日，则出票后 30 天付款的到期日从 4 月 6 日起算，6 日至 30 日为 25 天，因此付款到期日为 5 月 5 日；见票后 30 天付款的到期日从 4 月 8 日起算，8 日至 30 日为 23 天，因此付款到期日为 5 月 7 日。

若汇票开成出票或见票后 1 个月后或若干月后付款，该汇票的付款月之相应日期为到期日；如无相应日期，则在该月的最后 1 日为汇票到期日。凡汇票开立为出票或见票后 1 个月半或若干个月半付款者，首先应计算整月。如汇票的到期日为月初，月中（如 1 月中、2 月中等）或月末，应理解为每月的第 1 日、第 15 日或最后 1 日。

小试牛刀 2：

根据所给条件填写汇票。

汇票项目	汇票一	汇票二	汇票三
Date and place of issue	10/Jan./2004，Changsha	17/Nov./2004，Tokyo	25/Feb./2003，Guangzhou
Tenor	one month after date	At 90 days after sight	on demand
Payee	Agricultural Bank of China，Hunan	CREDIT SUISSE，TOKYO，BRANCH	China National Animal By-products Imp.& Exp. Corp，Guangzhou
Amount	GBP21，350.00	J￥7，082，000.00	USD34，486.78
Drawee	AAA Group Co.，Ltd.，London	Bank of China，Guangdong Branch	First National Bank of Chicago
Drawer	The Hunan Arts & Crafts Imp.& Exp. Company	TOYOTA TSUSHO CORPORATION	China National Animal By-products Imp.& Exp. Corp，Guangzhou Branch
Drawn clause	Drawn against 1000 boxes of glass brick from Changsha to London	Drawn against LC No. 235GD201 issued by Bank of China，Guangdong Branch，dated 20/Oct.，2004	Drawn against LC No. 2431/221 issued by First National Bank of Chicago，dated 20/Dec.，2002

Exchange for ____________

(Amount in figure) (Place and date of issue)

At ____________ sight of this First Bill of Exchange First (unpaid)

(Tenor)

pay to ____________________________ or order

the sum of ____

(Amount in words)

Drawn ____

To ___________________________ For _________________________

Authorized Signature (s)

第三节 汇票的票据行为

汇票的票据行为是指以支付票据上的债务为目的所作的必要形式的法律行为，即出票、背书、承兑、参加承兑、保证等。广义的角度，汇票的票据行为还包括提示、付款等。汇票各个票据行为的逻辑步骤如图 2.2 所示。

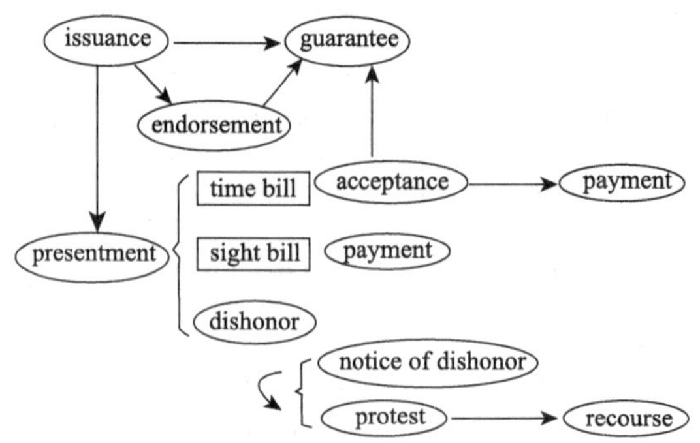

图 2.2 汇票各个票据行为的逻辑步骤

一、Issuance 出票

汇票出票由两个行为构成：

to draw the bill.原始的汇票是绘制出来的，现在实际上是用空白汇票填写并签名，统称“开票”。

to deliver it to the payee.出票人将汇票交付给收款人。交付之前，填写签名的完整汇票并未生效，可以撤销。一旦交付给收款人，汇票即生效，且不可撤销。

二、Endorsement 背书

背书是指持票人为将票据权利转让给他人或者将一定的票据权利授予他人行使，而在票据背面或者粘单上记载有关事项并签章的行为。即 sign one's name on the back of the bill, check and so on. 持票人一经背书，即成为汇票的债务人，也称作背书人，他将有责任支付汇票的全部金额。

经过背书，票据的所有权由背书人转给被背书人。一张票据可以多次背书、多次转让。背书有记名背书、空白背书、限制性背书、有条件背书和托收背书五种方式。

（1）special endorsement——记名背书，不仅要有转让方签名，还要注明被背书人名称，如图 2.3 所示。

Pay to the order of B Co. For A Co. , London Signature

图 2.3 记名背书

（2）blank endorsement——空白背书，汇票上只有转让方签名，而不标明被背书人姓名，如图 2.4 所示。

For A Co. , London
Signature

图 2.4 空白背书

（3）restrictive endorsement——限制性背书，其意味着汇票必须背书给某一特定的人，其格式为“背书+被背书人名称+限制条件”，如图 2.5 所示。

Pay to A Bank [only/not negotiable / not transferable / for account of B Co.]
For A Co., London
Signature

图 2.5 限制性背书

（4）conditional endorsement——有条件背书，是指“支付给被背书人”的指示是有附加条件的。其格式为“背书+被背书人名称+（背书人向被背书人）交付汇款的条件”，如图 2.6 所示。

Pay to A Co. on delivery of B/L No.123
For A Co. , London
Signature

图 2.6 有条件背书

（5）collection endorsement——托收背书，是要求背书人按照委托他代收票款的指示处理汇票，其格式为“背书+背书人名称+for collection”，如图 2.7 所示。

Pay to A Bank for collection
For A Co. , London
Signature

图 2.7 托收背书

三、Presentment 提示

提示是指持票人对付款人现实地出示汇票，要求其承兑或者付款的法律行为，是持票人为行使与保全其票据权利所必须做的一种行为。

提示分为承兑提示(presentation for acceptance)、付款提示(presentation for payment)两种情况。对于即期汇票而言,只有一次付款提示(present for payment in legal time limit),对于远期汇票需要经历两次提示,先由持票人在汇票到期前作承兑提示,再于到期日作付款提示(present for acceptance in legal time limit, then present for payment at maturity)。

四、Acceptance 承兑

承兑是指经持票人提示,付款人同意按出票人指示支付票额的行为。有效的承兑由两个行为构成:一是受票人在汇票上写明"已承兑"字样并签名;二是交付汇票。

承兑可分为一般承兑(general acceptance)和限制性承兑(qualified acceptance),一般承兑是指由付款人在汇票上注明"承兑"字样并签名确认,此外没有任何附加条件;限制性承兑是指付款人虽然同意付款,但在付款的时间、地点、金额、方式、当事人等汇票要件方面做出了不同于出票人指示的变动,因此付款人并非完全同意按票面文义承兑其责任,而是按其自愿的方式承担责任。常见的限制性承兑分为以下几种。

(1)conditional acceptance——有条件承兑是指付款人在承兑时加注附加条件,最终付款取决于该条件得到满足。如图 2.8 所示。

Accepted 1st June,200* Payable on delivery of B/L For A Co., London

图 2.8 有条件承兑

(2)partial acceptance——部分承兑是指付款人只对票面金额一部分做出承兑。如图 2.9 所示。

Accepted 1st June,200* Payable for amount of GBP800.00 only For A Co., London (Signature)

图 2.9 部分承兑

(3)local acceptance——限定地点承兑是指受票人承兑时对付款地址加以限制。通常以"only"结尾,如图 2.10 所示。

Accepted
1st June,200*
Payable at the Hambros Bank and there only
For A Co., London
(Signature)

图 2.10 限定地点承兑

(4) qualified acceptance as to time——限定时间承兑是指承兑人同意的付款到期日不同于票面规定的到期日。如图 2.11 所示。

Accepted
1st June,200*
Payable at 6 months after date
For A Co., London
(Signature)

图 2.11 限定时间承兑

五、The act of paying /money paid 付款

付款 (payment) 是指即期汇票的付款人和远期汇票的承兑人或其各自指定的人在接到持票人付款提示时，履行付款义务以解除票据关系的行为。

付款包括付款提示、实际付款和交回汇票三个阶段。付款提示的提示人通常是持票人，也可以是持票人委托的收款银行或票据交换中心。汇票的被提示人包括付款人或其委托的付款银行或票据交换中心。付款人付款后，持票人应将汇票交给付款人，以使得汇票退出流通领域。

值得注意的是，只有付款人或承兑人或其各自指定的人付款才能解除所有的票据关系，而其他当事人的付款并不能解除所有的票据关系，如保证人或背书人的付款都不能完全解除所有的债权债务关系。

六、Dishonor 拒付

当持票人进行付款提示或承兑提示时，遭到付款人或承兑人拒绝，均称为拒付，也称为退票。持票人遭到退票后，可以行使追索权来保护自己，有权向背书人和出票人追索票款。

七、Protest 拒绝证书

拒绝证书是由拒付地点的公证机关或其他有权公证的当事人出具的证明汇票拒付事实的书面文件，是证明拒付的法律文件。

八、Notice of dishonor 退票通知

退票通知是指持票人向追索对象告知退票事实的行为，以便让其做好准备。所以汇票一旦遭到拒付或拒绝承兑，持票人应及早通知汇票债务人，但这一行为并不具备法律效力。

九、Right of recourse 追索权

追索是指持票人在票据被拒付时向其前手请求偿还票据金额及其他法定款项的行为，法律上称追索权。一般而言行使追索权必须满足三个条件：①须在规定的合理时间内向付款人提示汇票，未经提示，持票人不能对其前手追索；②持票人须在退票后的次日，将退票事实通知其前手，后者再通知其前手，直到出票人；③在退票后的一个营业日内，持票人须请公证人做成拒绝证书。

十、Acceptance for honor 参加承兑及 Payment for honor 参加付款

参加承兑是指汇票遭到拒绝承兑而退票时，非汇票债务人在得到持票人同意的情况下，参加承兑已遭拒绝承兑的汇票的一种附属票据行为。其目的是维护汇票上的某一当事人或关系人的信誉，防止追索权的行使施及该人。参加承兑者称作参加承兑人，被担保到期付款的汇票债务人称被参加承兑人。

参加承兑人参加承兑之后，处于与被参加人相同的地位，对于持票人及被参加人以后的参加人，也负有与被参加人同样的义务，即付款义务。参加人参加承兑后，被参加人及其前后手都得到在到期日前不被追索的权利。

与承兑不同的是，汇票到期后，持票人仍应先向付款人请求付款，如付款人不付款，持票人在做成拒绝证书后才能向参加承兑人请求付款。而且，此时参加承兑人的义务是第二次的偿还义务，所以其偿还的金额与承兑人的付款金额不同（票面金额加费用）。

参加付款是指汇票持票人在行使追索权时，为阻止其行使追索权，付款人以外的人代为付款的一种行为。在因拒绝付款而退票，并已做成拒绝付款证书的情况下，非票据

债务人可以参加支付汇票票款。

与参加承兑相比所不同的是，同为防止持票人行使追索权，维护出票人、背书人的信誉，参加付款人不须征得持票人的同意，任何人都可以作为参加付款人。

十一、Guarantee/Aval 保证

保证是指保证人（第三方）为担保票据债务的履行，以负担同一票据债务内容为目的而做出的一种附属票据行为。

十二、Discounting 贴现

贴现是指持票人在需要资金时，将其持有的商业汇票，经过背书转让给银行，银行从票面金额中扣除贴现利息后，将余款支付给申请贴现人的票据行为。它是一种票据转让方式。

小试牛刀 3：

根据条件进行汇票的转让并加注必要的背书。

1. 收款人将汇票记名背书转让给 D 公司，D 公司空白背书转让给 E 公司，E 公司交付转让给 F 公司，F 公司限制背书转让给 G 公司。假设收款人公司有权签字人为李华，D 公司有权签字人为 John，E 公司有权签字人为 Mary，G 公司有权签字人为 Annie。

收款人写法	第一次转让	第二次转让	第三次转让	第四次转让
Pay to the order of A Company				
Pay to bearer				
Pay to A Company only				

2. 一笔托收业务中，出口公司为广州市 A 公司，有权签字人为张品，托收行为中国工商银行广东省分行，有权签字人为李源，代收行为美国花旗银行，进口公司为美国 B 公司。

（1）开立已收汇票，收款公司空白背书转让给托收行，托收行记名背书给代收行。

Exchange for USD49，271.00　　　　Guangzhou，2nd，Oct.，2003

At ****** sight pay to ourselves　　　　or order

the sum of FORTY NINE THOUSAND TWO HUNDRED AND SEVENTY ONE US DOLLARS

To B Company　　　　For ：A Company，

New York　　　　Guangzhou，China

张品

Authorized Signature（s）

（2）汇票以托收行为指示性抬头，托收行记名背书给代收行。

Exchange for USD49，271.00　　Guangzhou，2nd，Oct.，2003
At ****** sight pay to Industrial and Commercial Bank of China，Guangdong or order
the sum of FORTY NINE THOUSAND TWO HUNDRED AND SEVENTY ONE US DOLLARS
To B Company　　For ：A Company，
New York　　Guangzhou，China
张品
Authorized Signature（s）

第四节　汇票案例解析

案例一：伪造汇票诈骗案

（一）基本案情

某年 11 月，S 省医药器具公司持两张从香港商人那里得到的出口项下的汇票到国内某银行要求其鉴别真伪。两张汇票的出票人为美国新泽西州 FIRST FIDELITY BANK，付款人是哥斯达黎加的 AMERICAN CREDIT AND INVEST CORP，金额分别为 32 761.00 美元和 61 624.00 美元，付款期限为出票后 5 个月。从票面上看，两张汇票显然不符合银行汇票的特点，疑点很大，其中可能有诈。

（二）案例分析

此汇票的主要疑点有以下几方面。

（1）两张汇票金额都很大，通过香港中间商而认识的我方出口商和国外进口商在对各自伙伴的资信、经营作风都不十分了解的情况下，通常是不会采用汇票方式办理结算的。国外进口商甘冒付款后不到货的风险委托银行开出两张大金额的汇票，这本身就有问题。

（2）两张汇票在付款期限上自相矛盾。即期汇票下，收款人提示汇票的当天即为汇票到期日，而两张汇票都有“PAYING AGAINST THIS DEMAND DRAFT UPON MATURITY” 这样的语句，且标明到期日，与出票日相差了 60 天，这是问题之一。另外，若说两张汇票是远期汇票，那么汇票上应注明“见票后固定时期付款”或“出票后固定时期付款”（pay in a certain period after sight or pay in a certain period after issue）。而这两张汇票在右上方，“DATE OF ISSUE”的下面直接标出一个“DATE OF MATURITY”

而无“AT … DAYS AFTER SIGHT PAY TO …”或“AT … DAYS AFTER DATE OF THIS FIRST EXCHANGE PAY TO …”的语句，这是问题之二。

（3）两张汇票的出票人在美国，即付款项为美元，而付款人却在哥斯达黎加。美元的清算中心在纽约，世界各国发生的美元收付最终都要到纽约清算。既然美元汇票是由美国开出的，付款人通常的、合理的地点也应在美国。两张汇票在这一点上极不正常。于是该行一边告诫公司不要急于向国外进口商发货，一边致电出票行查询。不久，美国新泽西州 FIRST FIDELITY BANK 回电，证实自己从未签发过上述两张汇票。

（三）案例评析

近年来，以伪造汇票为手段进行诈骗的违法活动越来越多，在伪造汇票进行诈骗中，最初发生的案件容易侦破，因为作案手段比较低劣，易于发现。而随着诈骗活动从我国沿海地区向内陆地区的发展，涉案人员也使用了高科技手段，以达到诈骗的目的。他们大多根据一些银行的票据制作方式，使用虚构的银行名称，在外观上，此类汇票足可以假乱真。随着我国加入世贸组织，公司和企业有了进出口经营自主权的同时，也必须要谨慎防范信用风险。而利用国际贸易中的汇票结算进行欺诈，是国际贸易中常见的信用风险之一。要判断是否是伪造汇票，应当从其内容着手，查看其具体记载是否与汇票要式相符。

（四）风险防范

为保证票据安全，有关单位和银行可以采取以下措施防范伪造汇票欺诈。

（1）收到汇票而不知晓汇票上记载的出票人、付款人详情的，应迅速致电该出票人或收款人，或出票人和收款人所在地自设的分支机构，就汇票签发人和付款人的资信、规模、业务范围及汇票的有关情况进行询问以判断汇票真伪。询问速度一定要快，并在询问前一定要告知持票人暂时等候，国际贸易中收到票据不等于收到现金，单纯一纸汇票，在无法确定其是否真实有效前，保证作用是很弱的，不要贸然以汇票为保证发运货物。收到汇票时应就汇票的纸质、印刷、文字、记载项目等方面进行仔细检查。若出现纸质过厚过薄与常见汇票用纸不一致、印刷不清楚、文字有明显错排、记载项目前后自相矛盾或不符合汇票要求规定时，应提起注意，请有关部门协助检验，以免上当受骗。此外，还要重点查看选择性条款的记载是否自相矛盾。

（2）有些国家或者地区，如尼日利亚、印度尼西亚、中国香港及其他一些小国家是伪造汇票的多发地区，常见的付款银行名称中往往包含“NIGERIA”“INDONESIA”“HONGKONG”等字样，收到这些伪造汇票多发地区寄来的汇票时尤其要当心。收到这类汇票，除要严格按程序查询出票人或付款人外，还可从以往案例中总结出经验来判断常见的欺诈手段：尼日利亚伪造汇票金额不大，且同时寄发各公司的汇票号码也完全相同，并在背面都印有“凭空运提单及票据办理托收”；印度尼西亚伪造票据面额较大，且付款行（paying bank）多为不出名的小银行。

（3）许多业务人员对票据签发、流通转让方面的知识不了解也是造成诈骗分子得逞的重要原因之一。在不了解票据的情况下，以为收到票据就等于收妥货款，贸然发货，往往货款两空。因此，应加强对银行结算人员和有关贸易业务人员的票据知识培训，帮助他们了解正常汇票的格式、记载项目、汇票的不同种类及汇票伪造的常见形式如何鉴别，一旦怀疑是伪票后，该采取何种行动。

案例二：连续背书的汇票如何行使追索权

（一）基本案情

1996年3月1日，上海甲公司以上海乙公司为收款人，签发商业汇票一张，汇票金额为100万元人民币，汇票到期日为1996年7月31日。乙公司在接到该商业汇票后将该汇票背书转让给浙江丙公司。此后，江苏丁公司、上海戊贸易公司和上海××区自来水公司亦依次通过背书转让方式取得了该商业汇票。同年8月1日，上海××区自来水公司持该商业汇票向银行提示付款。银行在接到该商业汇票后经查实，确认上海甲公司在银行的存款不足以支付票据款而将商业汇票退回给上海××区自来水公司。之后，上海XX区自来水公司依法向其前手上海戊贸易公司进行票据追索，上海戊贸易公司在支付款项后又向其前手追偿，至江苏丁公司支付完票据款项100万元后，丁公司向浙江丙公司进行再追索。浙江丙公司支付了票据款项中的75万元，上海甲公司支付了票据款项中的25万元。之后，浙江丙公司依法向上海甲公司和上海乙公司就票据权利进行再追偿，但甲公司和乙公司拒绝偿付票据款项中的75万元。

为此，浙江丙公司向人民法院提起诉讼，诉称被告上海乙公司背书转让给原告（丙公司）商业承兑汇票，被告上海甲公司系汇票出票人和付款人。在丙公司将汇票背书转让给后手后，当最后持票人在汇票到期日提示付款时，因上海甲公司银行存款不足被退票。要求判令上海乙公司支付票据款项75万元及利息，并由上海甲公司承担连带清偿责任。上海乙公司辩称上海甲公司系商业汇票的出票人，应当由上海甲公司独立承担汇票款项的偿付责任，上海甲公司未答辩。

（二）案例评析

本案系一起汇票到期后，因出票人原因致银行拒绝付款而引起的票据法律纠纷。

1. 票据法律关系以有效票据的存在为前提

汇票是票据的一种，是指发票人签发一定的金额委托付款人在指定的到期日无条件支付给收款人或持票人的票据。票据当事人之间在票据的签发和转让等过程中发生的权利义务关系即票据法律关系。而当事人之间基于票据行为而发生的债权债务关系是票据法律关系的核心。在票据关系中，有效票据是票据的持票人主张票据权利的前提。根据《中华人民共和国民法通则》和《票据法》的有关规定，构成有效票据应具备如下条件：①票据行为人应具有票据权利能力和票据行为能力；②票据上记载事项必须完整，汇票必须记载的事项有：表明“汇票”的字样、无条件支付的委托、确定的金额、付款人的名称、收款人名称、出票日期、出票人签章等；③票据必须交付，票据行为人必须将票据交付持票人，票据行为方能最终成立。

本案中，争议的票据属于有效票据。首先，与票据法律关系相关的各方当事人均是独立的企业法人，具有民事权利能力和民事行为能力，因而其在法律上具有票据权利能力和票据行为能力；其次，争议的票据所记载的事项完整，符合法定条件；最后，甲公司实施出票行为后，将汇票交付给乙公司，乙公司实施背书行为后将汇票交付给丙公司，之后，丙公司又依法对汇票进行了交付。

2. 浙江丙公司享有票据权利

票据权利是持票人以取得票据金额为目的、凭票据向票据债务人请求支付票据金额的权利。票据权利包括付款请求权和追索权。付款请求权是指持票人向票据主债务人或其他付款义务人请求按照票据所记载的金额履行付款义务的权利，它是票据上的第一次权利；追索权，又称偿还请求权，是指持票人行使付款请求权遭到拒绝或有其他法定原因时，向其前手请求偿还票据金额及其他法定款项的权利，也叫票据上的第二次权利。作为一种债权，票据权利由两个请求权组成，当第一次请求权得不到满足时可行使第二次请求权以资补救。这种制度体现了票据法侧重保护权利人以促进票据流通的宗旨。

本案中，上海乙公司系甲公司开出的商业汇票的收款人，乙公司之后通过合法的背书行为予以转让，之后背书行为的当事人至上海××区自来水公司均因前手的合法背书行为而享有向债务人（上海甲公司）请求支付款项的付款请求权。最后持票人上海××区自来水公司未获付款，则依法向其前手行使追偿权，最终由江苏丁公司的清偿行为而得以全部实现；而丁公司又向其前手浙江丙公司追偿，丙公司在支付完毕全部款项后，依法取得了对票据权利中的追偿权，即有权向其前手上海甲公司和乙公司行使偿付票据款项的权利。在丙公司取得追偿权后，其权利范围应是请求汇票债务人支付自己已经清偿的全部金额和该项金额自清偿日至再追索清偿日按照中国人民银行规定的利率计算的利息。

3. 汇票的背书行为

背书是指持票人出于转让票据或其他目的，在票据背面签名或将票据交付给被背书人的一种附属的票据行为。背书是转让权利的一种方式，其法律特征在于：权利转移效力，即背书成立后，票据上的一切权利包括付款请求权、追索权和背书权等由背书人转移给被背书人；权利担保效力，即背书后背书人对其后手在票据上的权利的实现负担保责任；权利证明效力，即持票人所持汇票的背书，只要具有连续性，法律就推定其为正当的票据权利人。

背书连续是指在票据转让中，转让汇票的背书人与受让汇票的被背书人在汇票上的签章依次前后衔接。这样，汇票的权利得以连续向后手转让，其一次取得汇票的所有人的权利受到法律保护，汇票义务人的义务则必须予以履行。在本案中，在继浙江丙公司之后，江苏丁公司、上海戊贸易公司和上海××区自来水公司亦依次通过背书转让方式取得了该商业汇票。因此，各方作为汇票前手的权利人的权利受到法律的保护。在上海××自来水公司要求承兑未能实现权利的情况下，向其前手行使了追偿权，其前手负有依法履行其偿付汇票款项的义务。由于背书的连续性其汇票追偿权利的行使直至浙江丙公司向其前手请求追偿为止，故丙公司依法享有票据权利。

4. 票据责任如何承担

甲公司系汇票的出票人，为票据的主债务人，在完成票据行为后，即承担保证该汇票承兑和付款的责任。乙公司系汇票的背书人，在以背书方式转让汇票后，即承担保证其后手所持汇票承兑和付款的责任。因此，在丙公司依法履行其偿付款项的义务后，其有权向其前手的乙公司行使追偿权，而乙公司也负有向丙公司支付款项的义务。

复习思考题：

1. 试述汇票的要项及有关内容。
2. 汇票上的出票日期有何作用?
3. 汇票上的付款时间有哪些不同的规定?
4. 汇票上的抬头人有哪些不同的表示?
5. 汇票背书种类和操作?

第三章　本票和支票

本章导读：通过本章学习，了解本票和支票的概念、特征和分类；理解票据流通的一般程序、票据流通过程中主要当事人的权责及本票和支票的性质、作用；掌握本票和支票的必要项目，学会缮制本票和支票的基本技能。

第一节　本　　票

一、本票的性质和种类

本票是制票人向收款人签发的，保证即期或定期或在可以确定的将来时间，对某人或其指定人或执票人支付一定金额的无条件书面承诺。

A promissory note is an unconditional promise in writing made by one person to another, signed by the maker, engaging to pay on demand or at a fixed or determinable future time a sum certain in money to or to the order of a specified person, or to bearer.

根据本票的定义可以看出，本票只有两个当事人：签票人（maker）和收款人。签票人就是签发本票的人，是本票的主债务人，也是付款人；收款人是受领本票的人，也可以通过背书转让该本票。由于本票属于自付票据，没有付款人的记载，故签票人自始至终承担第一付款人的义务。

根据本票签票人的不同，本票可分为商业本票、银行本票、国债、旅行支票、国际小额本票、中央银行本票等。

（一）商业本票

商业本票（trader's note）又称一般本票，是指以工商企业为出票人签发的本票，其目的经常是清偿国际贸易的债权债务关系。商业本票的信用基础是商业信用，并且不提供任何资产作抵押，因而出票人的付款缺乏保证，其使用范围逐渐缩小，现在几乎不使用了。

（二）银行本票

银行本票（banker's note）是指以银行为出票人签发的本票，通常用于代替现金支付或进行现金转移。即期银行本票，一般称为 cashier's order，意即出纳发出的命令，也就是上柜就可取得现金。由于银行本票的这种特性，西方各国一致规定，商业银行本票必须是记名的和不定额的，以免流通到市面扰乱国家纸币发行制度。

（三）国债

国债（treasury bills）是政府财政部发行的本票，其信用基础是政府信用。西方国家财政部的国债一般是支付来人的、定额的，而且是大额的（金额单位为 10 万元及以上），期限为 3 个月或 91 天的流通本票。由于国债可以转让、买卖、贴现、抵押，它已成为本国金融市场上重要的流通工具。

（四）旅行支票

旅行支票（traveller's cheque）是由银行或专门金融机构印制、以发行机构作为最终付款人、以可自由兑换货币作为计价结算货币、有固定面额的票据。旅行支票是一种定额本票，其作用是专供旅客购买和支付旅途费用，它与一般银行汇票、支票的不同之处在于旅行支票没有指定的付款地点和银行，一般也不受日期限制，能在全世界通用，客户可以随时在国外的各大银行、国际酒店、餐厅及其他消费场所兑换现金或直接使用，是国际旅行常用的支付凭证。

旅行支票具有双重性，既是本票，又是支票。从付款人就是签票人这一点来看，旅行支票具有本票的性质。购票人在签票行存有无息存款，兑付旅行支票等于是支取此存款，从这一点来看，旅行支票又具有支票的性质。

（五）国际小额本票

国际小额本票（international money order）是由设在货币清算中心的银行作为签票行，发行该货币的国际银行本票，交给购票的记名收款人持票，带到该货币所在国以外的世界各地旅游时，如需用钱，即将本票提交当地任何一家愿意兑付的银行，经审查合格，即可垫款予以兑付。兑付行将国际小额本票寄给货币清算中心的代理行，经票据交换，收进票款归垫。代理行如有签票行账户，即可借记账户归垫。

（六）中央银行本票

中央银行本票（central banker's notes）即纸币。它原来是中央银行可兑换成金银铸币的不记名定额本票，后来转变成为由国家立法强制无限期流通的不兑换金银铸币的纸币。

其他各种债券和银行流通存单等都是本票的不同形式。

从收款人的维度，如同汇票一样，本票的收款人有三种填写方式：①某人；②某人指定的人；③持票人。因此，本票也可从收款人角度划分为限制性本票、指示性本票和来人抬头本票。

从付款期限维度，本票可划分为即期本票和远期本票，我国《票据法》第七十八条规定，本票自出票日起，付款期限最长不得超过 2 个月。

二、本票的必要项目

本票作为要式证券，其必须记载的项目包括以下八个：

（1）写明“本票”字样（the word “promissory note”）。

（2）无条件支付承诺（an unconditional promise to pay）。

（3）收款人名称（name of the payee）。

（4）出票人名称和签字（signature of the maker）。

（5）出票日期和地点（place and date of issue）。

（6）期限（tenor）。

（7）确定的金额（a sum certain in money）。

（8）支付地点（place of payment）。

小试牛刀 1：

请按本票必要项目和所给问题对下列本票进行审核和处理。

1. 银行本票

Promissory Note for USD1, 000.00　　　Boston, 4th, June, 2002
On ______demand______ we promise to pay to
the order of ______bearer______
the sum of ONE THOUSAND US DOLLARS
Payable at Boston　　　For: First National Bank of Boston

____
Authorized Signature (s)

2. 商业本票

USD100，000.00 Haverty Furniture Companies

Atlanta 6，Oct.，2002

AT SEVENTY DAYS AFTER DATE WE PROMISE TO PAY TO

THE ORDER OF BEARER ******

THE SUM OF ONE HUNDRED THOUSAND US DOLLARS

PAYABLE AT FULTON NATIONAL BANK，MAIN OFFICE，ATLANTA，GEORGIA

VALUE RECEIVED

HAVERTY FURNITURE CO.

Authorized Signature（s）

DUE 15，DEC.，2002

项目	银行本票	商业本票
本票字样		
无条件支付承诺		
收款人名称		
付款人名称和付款地点		
出票地点和日期		
付款时间		
付款金额		
付款地点		
提示次数		
主债务人		

三、本票的用途和特点

本票通常用于远期付款的商品贸易或是结合买方信贷的资本货物交易中，本票是金钱借贷的凭证，可以用于对外筹集资金、银行办理汇款业务或向大额提款客户开出本票以代替现钞等经济活动。对比汇票，本票有以下特点。

（1）本票只有两个基本当事人，即出票人和收款人。而汇票的基本当事人则有三个，即出票人、付款人和收款人。

（2）本票是出票人无条件付款的书面承诺，也就是出票人本人保证自己付款。而汇票是出票人要求付款人付款的命令，因此，出票人与付款人之间有资金关系。

（3）本票的主债务人是出票人，本票的出票人始终承担第一性的付款责任。而对于远期汇票，在承兑前，出票人负第一性的付款责任，在承兑后，由承兑人（即付款人）负第一性付款责任，即承兑人成为主债务人。

（4）远期本票无须提示承兑，因为本票的出票人就是付款人自己。而远期汇票则不同，持票人须向付款人提示票据要求承兑及到期付款，但是见票后定期付款的本票应由持票人向出票人提示，以确定到期日，这种行为称为见票。

（5）本票只能开出一张，汇票可以成套签发，即一式两份或数份。

第二节　本票典型案例解析

案例一：

（一）基本案情

我国A公司与香港商人陈某约定，A公司用400万元人民币从陈某手中购买香港某银行开出的本票两张，金额分别为260万港元和240万港元。陈某在上述两张本票的收款人空白栏内填入A公司后，A公司当日持票到中国工商银行办理兑付。因该行与香港某银行无直接业务关系，便建议A公司到中国银行办理兑付。次日，中国工商银行与A公司一起到中国银行办理兑付业务，中国银行（香港某银行的代理行）审查后，认为该本票票面要件相符，密押相符，便在本票上盖了“印押相符”章，A公司与中国工商银行分别在两张本票后背书签章。中国银行即将500万元港币划入中国工商银行账内，中国工商银行又将此款划入A公司账户。A公司见款已入账，在认为没有问题的情况下将400 万元人民币划到陈某指定的账户上。

中国银行工作人员在划出500 万元港币后，在有效付款提示期限内向香港某银行提示付款。不久，中国银行接到香港某银行的退票通知书，称此本票系伪造，拒绝付款。中国银行即日向中国工商银行退回本票并说明理由，要求其将500万元港币归还。中国工商银行接票后当日即函复中国银行请求控制A公司在中国银行的港币账户。此时陈某已不知去向。中国银行以中国工商银行与A公司为共同被告提起诉讼。

（二）案例分析

这是一起因涉外本票被伪造而引发的纠纷案，案件比较复杂。

本案对本票的初手倒卖、两次背书转让均发生在内地，持票人、背书人为中国的银行或公司，而本票所记载的出票人和付款债务人为香港某银行，具有涉外因素。根据我国《票据法》第九十八条、第九十九条和第一百零一条及《中华人民共和国民事诉讼法》的有关规定，本案中有关本票的出票、付款应适用香港的规定，而有关本票的背书及非票据法上的关系，则应当适用我国内地法律。

本案中的本票系伪造，无伪造人签名、无陈某签名、出票人香港某银行的签章也系伪造。由于票据是文义证券，只有在票据上签章的人才能按照票据所记载的事项承担票据责任。未在票据上真实签章的，不负票据上的责任。因此，陈某、香港某银行均不负票据上的责任，香港某银行可以拒绝承担付款义务，但陈某应当承担民法上的侵权责任，若构成刑法上的诈骗或伪造有价证券罪，则应当承担相应的刑事责任。

中国工商银行与A公司在本票上背书签章，应对票据上的债务负连带责任。根据票据行为独立性的原则及我国《票据法》第十四条第二款的规定："票据上有伪造、变造的签章的，不影响票据上其他真实签章的效力"，工商银行和A公司是本案中的本票的背书人，应对票据上所记载事项承担票据上的责任。根据我国《票据法》第三十七条、第七十条和第七十一条的规定，中国工商银行和A公司以背书转让本票后，即承担保证其后手所持本票付款的责任，在本票得不到付款时，应当向持票人清偿票据金额及自提示付款日起至清偿日止，按照中国人民银行规定利率计算的利息和取得有关拒绝证明和发出通知书的费用。

持票人中国银行在有效付款提示期限内向香港某银行提示付款，遭到拒付后可以向其前手中国工商银行和A公司行使追索权。

案例二：

（一）基本案情

2008年3月7日，甲商店同乙公司签订一份彩电购销合同。双方约定以本票进行支付。3月20日，A银行发出了出票人、付款人为A银行，收款人为乙公司，票面金额25万元，付款期限为6个月的本票。但由于疏忽，银行工作人员未记载出票日期。甲商店将该本票交付乙公司。后乙公司又将该本票背书转让给丙公司。2008年9月4日，丙公司持该本票向A银行提示见票，要求付款。A银行以甲商店存款不足支付为由拒绝付款，丙公司遂向乙公司进行追索。

（二）案例分析

该本票为无效票据。根据我国《票据法》第七十六条规定，本票出票时，必须记载出票日期，该记载事项为绝对必要记载事项，未记载时，本票无效。因为此时无法确定提示付款期限，也无法确定票据权利消灭时效期间。本案中，A银行出票时，疏忽未记载出票日期，因此，该本票无效。

本票上关于提示见票期限的约定无效。根据我国《票据法》第七十八条规定："本票自出票日起，付款期限最长不得超过2个月。"当事人约定的提示见票期限超过2个月了的，该约定无效。本案中，本票上记载的提示见票期限为6个月，超过了法定的2个月，因此，该约定无效。提示见票期限仍应是2个月。

丙公司不能对乙公司进行追索。根据《票据法》第七十九条规定："本票的持票人未按照规定期限提示见票的，丧失对出票人以外的前手的追索权。"本案中丙公司在约定的提示见票期限，即出票日起6个月内提示见票，因此其主张追索权的依据和理由是正确的。

但由于该本票约定的提示见票期限不符合法律规定，其提示见票超过了法定的期限，故丙丧失了对乙的追索权。

（三）案例启示

此案例是出票人违反法律规定本票是否生效的相关条文，导致持票人无法顺利实现票据权利而引起的纠纷。为避免此类纠纷，出票人签发本票时应注意下列事项：

（1）单位和个人要签发本票时，应使用碳素墨水或墨汁，将本票上的各要素填写齐全，并记住本票的出票、见票等重要日期。

（2）对于见票期限约定一定要符合《票据法》。

（3）持票人在行使追索权时一定要在本票约定的提示见票期限内。

第三节 支 票

一、支票的定义及种类

支票简单地说，是以银行为付款人的即期汇票，详细地说是银行存款客户向他开立账户的银行签发的，授权该银行即期支付一定数目的金额给特定之人或其指定之人或来人的无条件书面支付命令。

Briefly speaking，a cheque is a bill of exchange drawn on a bank payable on demand. Detailedly speaking，a cheque is an unconditional order in writing addressed by the customer to a bank，signed by that customer authorizing the bank to pay on demand a sum certain in money to or to the order of a specified person，or to bearer.

根据支票定义可以看出，支票包括出票人、受票人和收款人三个基本当事人。其中，出票人指签发支票的当事人，是银行的存款人；受票人又称付款人，是出票人的开户银行；收款人则是指受领支票金额的当事人。

依据支票的收款人维度，支票可划分为记名支票（order check）和不记名支票（bearer check）。记名支票是在支票的收款人一栏，写明收款人姓名，如“限付某甲”（pay an only）或“指定人”（pay a order），取款时须由收款人签章，方可支取；不记名支票又称为空白支票，支票上不记载收款人姓名，只写“付来人”（pay bearer），取款时持票人无须在支票背后签章，即可支取，此项支票仅凭交付而转让。

依据支票能否从银行领取现金可划分为划线支票（crossed check）和一般支票。划线支票是在支票正面划两道平行线的支票，划线支票只能委托银行代收票款入账，其目的是在支票遗失或被人冒领时，还有可能通过银行代收的线索追回票款。划线支票又分为一般划线支票（general crossed cheque）与特殊划线支票。

一般划线支票是指平行线内没有加注代收银行名称的划线支票，可以由任何银行代收转账。特殊划线支票是在平行线内写明具体收款银行的划线支票。特别划线支票只能由指定的银行代收票款，其他银行不能取款。如果该支票的付款银行将票款付给非划线内的指定收款银行，则其应承担由此给真正所有人造成的损失。

依据支票收付安全状况，支票又可划分为保付支票（certified check）和非保付支票。保付支票是指为了避免出票人开出空头支票，保证支票提示时付款，支票的收款人或持票人可要求银行对支票保付。保付是由付款银行在支票上加盖“保付”戳记，以表明在支票提示时一定付款。支票一经保付，付款责任即由银行承担。出票人、背书人都可免于追索。付款银行对支票保付后，即将票款从出票人的账户转入一个专户，以备付款，所以保付支票提示时，不会退票。

二、支票的必要项目

根据日内瓦《统一汇票本票法公约》规定，任何一张有效支票需包含以下必要项目：

（1）写明“支票”的字样（the words “check” clearly indicated）。

（2）无条件支付命令（an unconditional order in writing）。

（3）确定的金额（a sum certain in money）。

（4）付款银行名称（name of paying bank）。

（5）付款地点（address of the paying bank）。

（6）写明即期字样（the words “at sight”）。

（7）收款人或其指定人（name of payee）。

（8）出票日期、地点（place and date of issue）。

（9）出票人签字（drawer’s signature）。

小试牛刀 2：

根据所给条件填写支票。

Drawer	Thames Enterprises Ltd.，London
Drawee	The National Westminster Bank Ltd.，London
Payee	Philips Hong Kong
Date and place of issue	07/01/2001，London
Amount	GBP79 014

Cheque No.57931 ______________

____

Pay to

the order of______________

the sum of ______________ POUNDS

[ ]

For and on behalf of

____

Authorized Signature（s）

三、支票的特点

第一，支票的主要功能就在于其支付性，因此，支票的首要特征就是无条件支付票据。为了加强支票的支付功能与交易效率，《票据法》不仅强调支票的无条件支付性，而且还将支票的付款提示期限规定较短，支票较之即期银行汇票和即期银行本票的付款提示期限均大为缩短。例如，日内瓦《统一汇票本票法公约》规定支票的提示期限，若出票与付款在同一国家是自出票日起算 8 天；出票与付款不在同一国家但在同一洲的是 20 天；不同国又不同洲则是 70 天。

第二，支票的付款人仅限于银行或其他金融机构。与汇票一样，支票也是委付证券，有三个基本当事人，即出票人、收款人和付款人。但是，支票的出票人和付款人受到一定资格的限制。《票据法》规定支票付款人只能是银行或其他金融机构，不能是其他法人或自然人。根据我国现行行政规章的规定，支票的付款人限于经中国人民银行批准办理支票存款业务的银行、城市信用合作社和农村信用合作社。

第三，支票是见票即付的即期票据。根据多数国家的票据法，支票通常为即期票据，有些国家的票据法也容许出票人在实务中签发远期支票。但根据我国《票据法》的规定，支票仅为见票即付的即期票据，而不像汇票、本票那样有即期和远期之分。因此，汇票、本票是信用证券，而支票是支付证券，其主要功能在于代替现金进行支付，法律上强调其“见票性”。

第四，支票的无因性受到一定的限制。支票上必须标有实际金额，我国《票据法》规定，支票的出票人签发的支票金额不得超过其付款时在付款人处实有的存款金额。出票人签发的支票金额超过其付款时在付款人处实有的存款金额的，为空头支票，禁止签发空头支票。

四、支票的退票

支票的退票（dishonour）是指支票在提示时遭付款银行拒绝付款而发生的行为。具体来说，退票的原因一般有以下几种：①出票人账户的存款不足，即支票是空头支票；②持票人提示付款的时期超过提示期限，即支票是过期支票；③支票的背书欠缺（如背书人签章不清、不全、空白）或不连续；④支票的印鉴不符；⑤破损支票；⑥大小写金额不符；⑦已经出票人申请止付；⑧账户已被依法冻结；⑨其他原因。如果收款人收到银行退回的支票，应立即与付款人进行联系，并做出相应的账务处理。

小试牛刀 3：

客户向银行提交支票，按支票项目和所给问题对其进行审核和处理。

Check No.26-37-846	New York, 16th, Dec., 2003
Pay to the order of Toyota Company the sum of five thousand US dollars	
	USD5, 000 00
To Bank of New York New York	For BBB Corp., New York Authorized Signature (s)

项目	支票
支票字样	
无条件支付命令	
出票日期及出票地点	
付款金额	
付款期限	
出票人	
收款人	
付款人	
支票号码	
提示次数	
“Bank of New York，New York”与“BBB Corp.，New York”之间有何关系？	

第四节　支票典型案例解析

案例一：支票预留印鉴不符

（一）基本案情

A 公司将号码为 CH318820、金额为 118 800 元的一张支票交与 B 公司，用于支付欠 B 公司的 118 800 元债务。B 公司又将该支票用于归还投资款而交给 C，C 委托上海市树声律师事务所（简称“树声所”）进行票据承兑。树声所在支票的出票日期和收款人栏内予以补记并交银行提示付款，但支票的出票人签章处加盖的是 A 公司财务专用章和“李卫东”私章，而 A 公司在付款行中国建设银行上海市宝山支行预留的印鉴是 A 公司的财务专用章和“钱立铭”私章。2004 年 8 月 4 日，中国建设银行上海市宝山支行出具退票通知一份，载明退票原因为“存款不足”，托收单位为树声所。C 公司遂对 A 公司提起诉讼。一审法院判决：A 公司于判决生效之日起十日内赔偿 C 损失 118 800 元。一审案件受理费人民币 3 886 元，原审判决由 A 公司负担。

A 公司随后上诉称：①上诉人 A 与案外人 B 公司之间不存在真实的债权债务关系。上诉人 A 签发支票未加盖法人代表章是一种附条件的出票行为，其结果应由原债务人和该行为的行为人即 B 公司负责。②被上诉人 C 未在票据上实现的权利，并不意味着其对 B 公司民事权利的丧失。原审判决认为被上诉人 C 完全丧失权利从而认定其损失的结论不符合事实。③请求撤销原审判决，改判驳回被上诉人的原审诉请。

被上诉人 C 辩称：①多次庭审笔录及相关证据已证明上诉人 A 公司与案外人 B 公司之间存在交易关系和债权债务关系，且由生效判决确认。②本案系票据损害赔偿之诉。根据最高法院的相关规定，上诉人作为出票人应当承担赔偿责任。③上诉人 A 公司的违法出票行为造成被上诉人无法收回本可从 B 公司收回的投资款，上诉人负有过错，应赔偿损失。④原审判决认定事实清楚，适用法律恰当，请求二审法院驳回上诉，维持原判。

法院认为，关于 B 公司与上诉人 A 公司之间是否存在债权债务关系的问题已由相关生效判决予以确认，出票人上诉人 A 公司支票上的签章缺少“钱立铭”私章的行为违反了《票据法》的规定，故应当承担违规签发支票的民事责任。现被上诉人 C 因上诉人 A 公司的违规出票行为而无法从 B 公司处获取赔偿款，上诉人 A 公司对此应当承担赔偿责任。被上诉人 C 与 B 公司之间是经营合同终止后的债权债务清算关系，而被上诉人 C 向上诉人 A 公司提起本案诉讼是基于票据签章无效后出票人或背书人应负的赔偿责任。两者无先后顺序之分，故被上诉人直接要求上诉人承担责任并无不当。综上，上诉人的上诉理由不能成立。依照《中华人民共和国民事诉讼法》第一百五十三条第一款第（一）项、第一百五十八条规定，判决如下：驳回上诉，维持原判。

（二）案例分析

根据《票据法》第八十九条“出票人必须按照签发的支票金额承担保证向该持票人付款的责任。出票人在付款人处的存款足以支付支票金额时，付款人应当在当日足额付款。”因此，关于 B 公司与上诉人 A 公司之间是否存在债权债务关系的问题已由相关生效判决予以确认，出票人上诉人 A 公司支票上的签章缺少“钱立铭”私章的行为违反了《票据法》的规定，故应当承担违规签发支票的民事责任。现 C 因 A 公司的违规出票行为而无法从 B 公司处获取赔偿款，A 公司对此应当承担赔偿责任。对于 C 是否应先向 B 公司追偿的判定，此处主要涉及追偿顺序方面的内容。

（三）案例启示

此案例是出票人违反法律规定签发与预留印鉴不符的支票导致持票人无法顺利实现票据权利而引起的纠纷。为避免此类纠纷，支票出票人签发支票时应注意下列事项：

（1）单位和个人要签发支票时，应使用碳素墨水或墨汁，将支票上的各要素填写齐全，并在支票上加盖其预留银行签章。

（2）出票人预留银行的签章是银行审核支票付款的依据。银行也可以与出票人约定使用支付密码，作为银行审核支付支票金额的条件。

案例二：空头支票

（一）基本案情

某外贸公司与加纳商人成交出口一批货物，货款计 12 000 美元。成交条件系预付货款，运输条件是空运。当时该商人开给该公司以加纳某银行为付款人的美元支票一张。2 月 16 日，该外贸公司将支票委托国内某银行（托收行）向外收款，采用立即托收方式，委托香港麦加利银行（代收行）托收。根据这种托收方式，支票托收款可先收账，如果票款遭付款人退票拒付，代收行可主动将垫付的票款从委托人的账户划回。3 月 2 日，我国内地某银行接香港麦加利银行收账报单，即给外贸公司结汇，但此系麦加利银行（代收行）垫款，并非真正收妥了票款。公司却认为货款已收妥，便将货物用空运发出。4 月 27 日，香港麦加利银行将托收的支票退回，并主动从托收行账户划回其垫付的票款。原因是支票的付款行拒付票款，拒付理由是该张支票不仅不合法，而且是伪造的。我国内地某银行（托收行）只能将支票退还该外贸公司，并从该公司账内将票款冲回。由于货系空运，国外不法商人已提货潜逃。公司白白损失了 12 000 美元的货款和航空运费。

（二）案例分析

此案的发生有如下几个方面的教训值得吸取：

（1）对客户的资信情况不了解。该不法商人与外贸公司系第一次交易，外贸公司事前未经调查资信，所以受骗上当。

（2）该外贸公司对立即托收的性质不了解。外贸公司与银行联系不够，公司对银行的做法不了解，认为款已收账，于是就空运发货。如果公司要求银行采用收妥托收方式处理，就可避免损失。

（3）我国银行对加纳的外汇管制法令了解不多。据了解，加纳外汇管制较严，任何人未经中央银行批准，不得在加纳境内开立外币票据。如果银贸双方都能了解此情况，也就可事先洞悉其欺诈性而不致受骗，银行没有很好地向公司进行介绍说明，不能不说是一个缺陷。

（三）案例启示

此种利用空头支票作为结汇付款工具的光票托收是指仅有金融单据的托收，出口商不能通过控制商业单据来约束进口商付款或承兑，存在钱货两失的风险，因此在国际贸易中仅用于小额交易、从属费用的收取。为减少退票风险，出口商应待光票托收款项收款后再发货或改成跟单托收。

复习思考题：

1. 试述本票的要项及有关内容。
2. 试述支票的要项及有关内容。
3. 比较支票与汇票的区别和联系？
4. 比较支票、本票背书种类和操作？

第四章　汇　　款

本章导读： 汇款在国际结算中是使用很多的结算方式，即可独立使用，也可与其他方式结合使用。有三种汇款方式，即电汇（telegraphic transfer，T/T）、信汇（mail transfer，M/T）、票汇（demand draft，D/D）。其中电汇 T/T 使用最为广泛，应详细了解电汇的业务流转程序及各当事人的权责关系，深刻领会国际贸易中汇款方式的应用。

第一节　汇 款 概 述

一、汇款的定义

汇款是银行接受客户的委托，使用一定的结算工具，通过其在海外的分支机构或代理行，把款项付给国外收款人的一种结算方式。

A client（payer）asks his bank（remitting bank），by one of the transfer methods at his option to send a sum of money to its branch or correspondent or accounting bank（paying bank）in another country and instructing the latter to pay a certain amount of money to a beneficiary.

在汇款业务中，债务人主动将资金和汇款申请书交给当地一家银行，由其根据债务人的要求，制作付款委托书作为结算工具寄送到债权人所在地的银行，委托其转交给债权人。在这一过程中，资金和结算工具的流动方向都是由债务人流向债权人的。这种资金和结算工具向同一方向流动的结算方式，称之为顺汇，如果资金和结算工具的流动方向相反的结算方式，则称之为逆汇，如托收和信用证结算方式。

在国际结算中，汇款方式是最简单、最常用的结算方式，它利用国际银行间相互划拨款项的便利，并不涉及银行的信用，凡是外汇资金的转移都可以采用汇款方式。

二、汇款的当事人

在汇款业务中，通常有汇款人（remitter）、收款人（payee）、汇出行（remitting bank）和汇入行（paying bank）四个基本当事人。

（一）汇款人（付款人）

汇款人是委托汇出行向国外债权人支付款项的债务人。在国际贸易中，汇款人通常为进口商。作为贸易合同的买方，其权利为要求出口商提供合格的货物。作为汇款方式的一方当事人，其义务是填制汇款申请书、向汇出行交款付费、履行付款义务。在汇款业务中，进口商要求填写银行提供的格式化申请书（汇出汇款申请书如图 4.1 所示），该申请书是汇款人与汇出行之间的合同。此外，汇款人还应提交外汇管理部门要求的有关材料，以供审核。完成上述手续后，汇款人向汇出行交付与汇款金额相当的现金或支款凭证，并支付汇出汇款费用。

（二）收款人（受益人）

收款人是指接受汇款人所汇款项的债权人，在国际贸易中，收款人通常为出口商。作为贸易合同的卖方收款人的权利是凭证据取得货款。在汇款业务中，收款人是汇款业务的受益人，对有条件付款的汇入款，收款人有责任按条件要求办理交单或其他手续。

（三）汇出行

汇出行是接受汇款人的委托，办理汇出汇款业务的银行。汇出行办理的汇款业务称为汇出汇款（outward remittance），该银行通常为进口商所在地的一家银行。若汇出行接受了汇款人的汇款申请，并与汇款人之间确立了合同关系，该银行应按照“汇出汇款申请书”的相关内容及汇款方式办理款项汇出业务，向汇入行转交资金。

（四）汇入行

汇入行是接受汇出行的委托，向收款人解付款项的银行。汇入行办理的汇款业务称为汇入汇款（inward remittance）。该银行通常为出口商所在地的银行，一般为汇出行的联行或代理行，又称为解付行。作为汇出行的受托银行，它有权向委托人收取业务费用，其主要义务是证实汇出行委托付款指示的真实性，通知收款人并向其解付款项。

汇出汇款申请书（代支款凭证）
APPLICATION FOR OUTWARD REMITTANCE
致：中国农业银行 广州 分行
TO：THE AGRICULTURAL BANK OF CHINA

日期 DATE：2017年3月8日

兹委托贵行办理下列汇款。I/We hereby request you to effect the following remittance.

☒电汇 T/T ☐信汇 M/T ☐票汇 D/D 付款地点 Drawn on：		银行编号（查询时请引述）Ref No. TT96785	
收款人 Beneficiary's name	United Trading Company Hong Kong	币别及金额 Curr.& Amt.	
地址& address	70 Wing Tai Road，Chai Wan Hong Kong	HK Dollars 20，000.00	
账号 A/C No.	0709166060322-8	银行填写栏 BANK USE ONLY	
收款银行 Beneficiary's Bank	PO SANG BANK LTD.	汇率（rate）	
地址& address	HONG KONG	等值人民币 Equivalent in ¥	
汇款人 By order of	CHINA NAT. METALS & MINERALS I/E CORP.	手续费（commission）	
附言 Details of Payment	COMM. UNDER S/C NO. CT0011-01	邮电费（postage & cable）	
		其他费用（other charges）	
		合计	

国外银行的一切费用由~~我方~~/收款人负担（如无说明由收款人负担）。汇款全过程均以电传形式通知。
All foreign bank's charges are to be borne by ~~us~~/payee（if not specified，all charges are to be borne by payee）. All parties in the channel are advised by telex.

☐请付敝账（debit my/our account），账号（a/c No.）
☐兹附支票（enclose my/our cheque），号码为（No.）
付款行（Drawn on）
☒现金支付（I/We pay cash herewith）。 联系电话（TEL）83738789

申请人签章
张 青
Applicant's
Stamp&Signature

经办： 会计： 复核： 记账：

图 4.1 汇出汇款申请书

2017年3月8日，CHINA NAT. METALS & MINERALS I/E CORP.向中国农业银行广州市分行的汇款申请书

三、汇款方式下各当事人的关系

（一）汇款人与收款人之间的关系

汇款人与收款人之间的关系在实务中表现为两个方面：

（1）在非贸易汇款中，由于资金单方面转移的特性，汇款人、收款人双方表现为资金提供与接受的关系；

（2）在贸易汇款中，由于商品买卖，汇款人、收款人双方表现为债权和债务关系。

（二）汇款人与汇出行之间的关系

汇款人与汇出行之间是委托与被委托的关系。汇款人委托汇出行办理汇款时，要出具汇款申请书，该汇款申请书就是双方当事人的契约凭证，规定了双方在该项业务中的权利与义务。

（三）汇出行与汇入行之间的关系

汇出行与汇入行之间既有代理关系，又有委托与被委托的关系，通常代理关系在前，即两家银行事先签有业务代理合约或有账户往来关系，在代理合约规定的业务范围内两行各自承担所尽职责。就一笔汇款业务而言，汇出行通过汇款凭证，传递委托信息，汇入行接受委托承担解付汇款义务。

（四）收款人与汇入行之间的关系

收款人与汇入行之间一般表现为账户往来关系，即收款人在汇入行开有存款账户。当然，即便它们二者之间没有联系，汇入行仍有责任向收款人解付该笔款项。

第二节 汇款的种类及业务流程

根据所采用的结算工具的不同，汇款可分为电汇、信汇和票汇三种不同方式。

一、电汇

（一）定义

电汇是汇出行应汇款人的申请，以加押电报、电传或 SWIFT 等方式，指示或委托汇入行解付定金额给收款人的汇款方式。

采用电报或电传方式进行电汇的格式大致如下：

FM（汇出行名称）

TO（汇入行名称）

DATE（发电日期）

TEST（密押）

OUR REF NO.（汇款编号）

NO ANY CHARGES FOR US（我行不负担费用）

PAY（AMT）VALUE（DATE）TO（付款金额、利息日）

BENEFICIARY（收款人）

MESSAGE（汇款附言）

ORDER（汇款人）

COVER（头寸拨付）

图 4.2、图 4.3 即为汇出行与汇入行的汇出和汇入电文。

FM：HONGKONG AND SHANGHAI BANKING CORPORATION LTD. HONG KONG

TO：THE AGRICULTURAL BANK OF CHINA GUANGZHOU

DATE：8TH JUNE

TEST 2876A OUR REF TT200498

PLS PAY HKD34000. VALUE 8 JUNE TO ACCOUNT NO. 764583934-128 FAVOUR PRECISION PHOTO EQUIPMENT LTD. JINXING BUILDING 22 GUANGZHOU MESSAGE COMM. UNDER S/C NO. 87364 ORDER COVER WE HAVE CREDITED YOUR ACCOUNT WITH US.

图 4.2 汇出汇款电文

采用 SWIFT 系统的电汇方式是指运用 SWIFT 系统编制的一套银行识别码（BIC）来保证自动支付系统准确无误地识别会员，从而精确地识别相关金融交易中的金融机构。例如，BKCHCNBJ300 就是中国银行上海分行的 BIC，其中前四位 BKCH 是银行代码，CN 是国家代码，BJ 是方位代码，300 是分行代码。图 4.4 是中国农业银行广州市分行采用 SWIFTM/T100 汇款格式发送至汇入行 PO SANG BANK LTD.，HONG KONG 的电文内容。

```
...PCBCCNBJ
...BOFAUS3N
MT100 CUSTOMER TRANSFER
TRANS. REF              :  20:   180TT09266
VAL/CUR/AMOUNT          :  32A:  990712 USD31，681.00
ORDERING CUSTOMER       :  50:   United Prosperity Enterprise，Inc，
                                 Tortol；British Virgin Islands
ORDERING BANK           :  52:   Midland Bank Ltd.，London
ACCOUNT WITH            :  57A:  BK OF CHINA
BENEFICIARY             :  59:   Huayu Engine Manufacturing Co. Ltd.
DETAILS OF PMT          :  70:   Contract GH680-23
DETAILS OF CHARGES      :  71A:  BEN
BANK TO BANK INF        :  72:   REIBURSE WITH BK OF NKY NY
```

图 4.3 汇入汇款电文

```
TO： PO SANG BANK LTD. ，HONG KONG
FM： Agricultural Bank of China，Guangzhou
MT100 CUSTOMER TRANSFER
：20 TRANS. REF NO.              ：________________
：32A VAL/CUR/AMOUNT             ：20030308 HKD20，000.00
：50 ORDERING CUSTOMER           ：CHINA NAT. METALS & MINERALS I/E CORP
：52A ORDERING BANK              ：Agricultural Bank of China，Guangzhou
：53A SENDER'S CORRESPONDENT：________________
：54A RECEIVER'S CORRESPONDENT：________________
：56 INTERMEDIARY BANK           ：________________
：57A ACCOUNT WITH BANK          ：PO SANG BANK LTD.，HONG KONG
：59 BENEFICIARY                 ：United Trading Company Hong Kong
：70 DETAILS OF PAYMENT          ：COMM. UNDER S/C NO. CT0011-01
：71A DETAILS OF CHARGES         ：Ben.
：72 BANK TO BANK INFORMATION：Please debit our account with you.
```

图 4.4 SWIFT 电文

（二）电汇的业务流程

电汇业务的具体操作程序如图 4.5 所示。

（1）汇款人填写电汇申请书，向汇出行交款付费。汇出行接受汇款人申请，给汇款人以电汇回执。

（2）汇出行根据汇款人申请书内容，将汇款金额、收款人和汇款人的姓名与地址、汇款人附言等内容以电传、电报或 SWIFT 通知汇入行解付。汇出行在发电报或电传时，要加列与汇入行约定使用的密押，以证实电报或电传内容确实是汇出行所汇。

（3）汇入行收到汇出行汇款电文并核对密押相符后，立即通知收款人取款。目前国

际贸易结算的汇款，一般收款单位都在汇入行开有账户，故汇入行可以仅凭电文将款项收入汇款人账户，然后给收款人一张收账通知单。

（4）收款人持通知书到汇入行取款，收款时必须在“收款人收据”上签名或盖章。

（5）汇入行向收款人解付汇款。

（6）汇入行将付讫借记通知书邮寄给汇出行，以使双方的债权和债务得以结算。

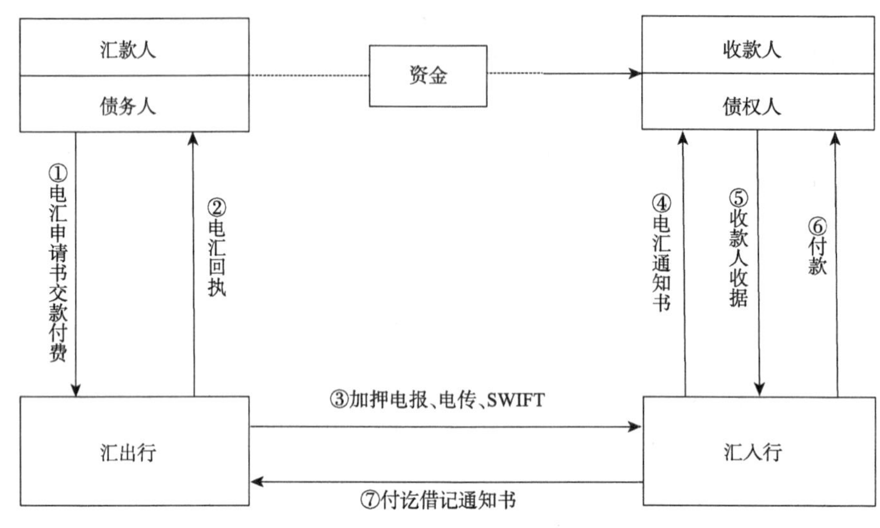

图 4.5 电汇业务流程

（三）电汇的特点

（1）收款迅速及时。电汇是收款速度最快的一种汇款方式，银行一般当天处理，交款迅速，但汇出行无法占用客户在途资金。

（2）安全可靠。由于目前电汇大部分采用电传和 SWIFT 发出，而这两种方式又是银行之间的直接通信手段，并有密押核实，减少了邮递环节，产生差错的可能性很小。

（3）汇款人承担的费用成本较高。汇款人必须承担电讯费用，汇款费用成本比较高。

二、信汇

（一）定义

信汇是汇款人向银行提出申请，同时交存一定金额及手续费，汇出行将信汇委托书以邮寄方式寄给汇入行，授权汇入行向收款人解付一定金额的汇兑结算方式。

（二）信汇的具体流程

信汇的业务流程一般也包括七个环节，如图 4.6 所示。

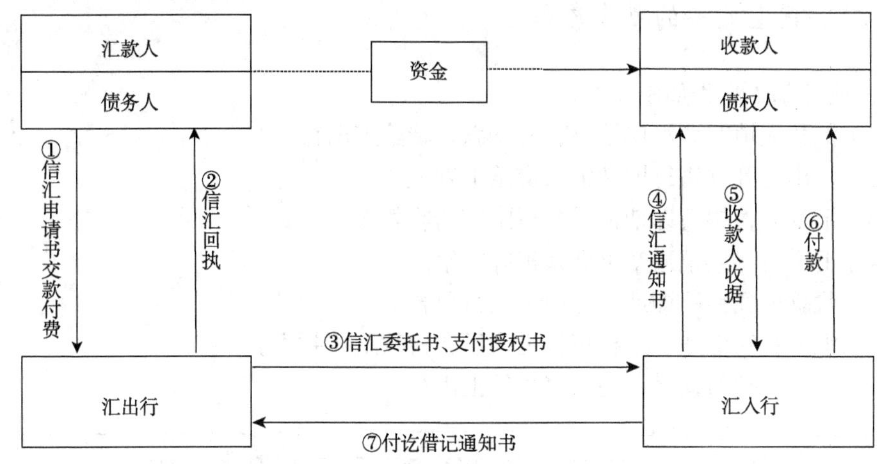

图 4.6 信汇业务流程

（1）汇款人填写信汇申请书，向汇出行交款付费。

（2）汇出行给汇款人以信汇回执。

（3）汇出行根据汇款人申请书内容，将汇款金额、收款人和汇款人的姓名与地址、汇款人附言等内容以航空信函邮寄信汇委托书，通知汇入行解付。

（4）汇入行收到汇出行汇款信函并核对印鉴相符后，立即通知收款人取款。

（5）收款人持通知书到汇入行取款，收款时必须在“收款人收据”上签名或盖章。

（6）汇入行向收款人解付汇款。

（7）汇入行将付讫借记通知书邮寄给汇出行，以使双方的债权和债务得以结算。

（三）信汇的特点

（1）银行可短期无偿利用信汇资金。由于信汇邮递在途时间较长，汇出行可以占用邮递时间内的信汇资金。

（2）信汇费用成本相对较低。

（3）时间较长，收款较慢。

三、票汇

（一）定义

票汇是指汇出行应汇款人的申请，代汇款人开立以其分行或代理行为解付行的银行即期汇票，支付一定金额给收款人的一种汇款方式。

Remitting bank draw a banker's draft on paying bank ordering the latter to pay on demand the stated amount to the holder of the draft.

（二）票汇业务的基本流程

票汇业务基本流程如图 4.7 所示：

（1）汇款人填写票汇申请书，并交款付费给汇出行。

（2）汇出行开立银行即期汇票交给汇款人。

（3）汇款人将银行即期汇票自行邮寄给收款人。

（4）汇出行将票汇通知书即票根邮寄给汇入行。

（5）收款人凭银行即期汇票向汇入行取款。

（6）汇入行对汇票和票根审核无误后，付款给收款人。

（7）汇入行把付讫借记通知书寄给汇出行。

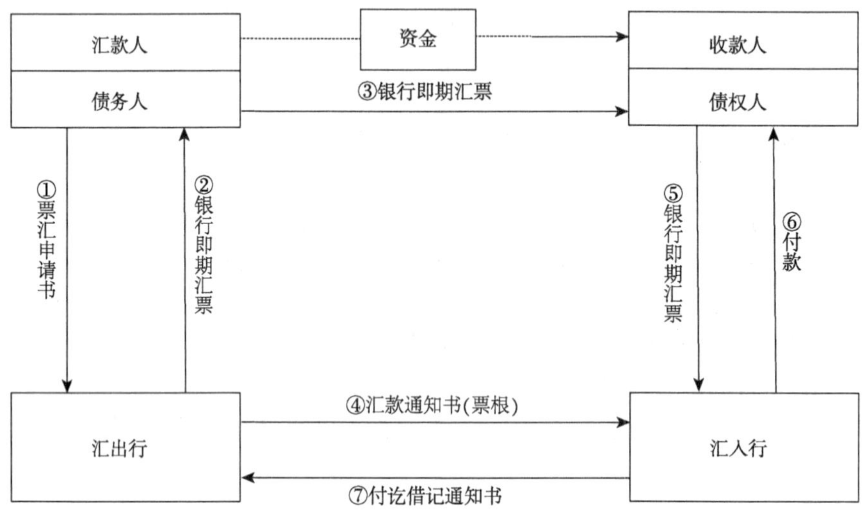

图 4.7 票汇业务流程

（三）票汇的特点

（1）银行可无偿占用资金。票据的出票、寄（带）票占用时间较长，银行在此期间可以占用票汇资金。

（2）取款方便，手续简便。汇入行无须通知收款人取款，而是由收款人持票亲自到汇入行取款，省去了汇入行通知的环节，简化了手续。

（3）汇款人可以通过背书把票据转让他人，具有一定的流通性和灵活性。

（4）办理票汇业务时，汇出行要出具票汇通知书或票根，并寄至汇入行，以便汇入行在收款人持票向其取款时，凭票根核对汇票的真伪。待证实汇票无误后，解付票款给收款人，并将付讫收据寄至汇出行。

四、中心汇票

中心汇票是指以汇票票面货币的清算中心所在地的银行为汇票付款人的汇票。例如，某汇票的票面金额以美元表示，则向位于美元清算中心所在地纽约的银行开立汇票时，应选择在纽约与汇出行有业务代理关系的银行作为汇票的付款人，该汇票即所谓的“中心汇票”。同理，开立以位于伦敦的银行为付款人的英镑汇票即为英镑中心汇票。中心汇票上的付款人通常为汇出行在各货币清算中心的联行或代理行。

利用中心汇票的好处有以下几方面。

（1）便于款项的汇达。实务中，汇款人欲将款项汇给其他国家某地点的收款人，需通过本国银行办理，汇出行接受客户的委托后，需通过汇入国银行的协作，将款项汇交收款人。但在某些情况下，汇出行在汇入地并无联行或代理行，无法直接汇交款项。采用中心汇票即可解决这些问题：不论收款人位于何地，其均可通过任何一家银行将中心汇票传递货币清算中心，通过票据交换向付款行提示付款，经银行间的转账划收后，使收款人最终获得解付。

（2）汇出行避免了资金的被占压。汇出行开出中心汇票后，不必拨付头寸、不必寄发汇票通知书。当中心汇票提交付款行时，付款行通过借记汇出行在其开立的中心账户予以付款。因而，在从开立中心汇票至付款行付款的期间内，汇出行的资金免被占压，有利于其流动性管理。

（3）便利收款人。中心汇票信用好、流通性强，易于托收或贴现，故收款人通常乐于接受。例如，在票汇和信汇业务中应用中心汇票，结算工具将发生相应的变化。在票汇业务中，将由中心汇票替代即期银行汇票，其他业务程序不变。而在信汇业务中，由于中心汇票的应用，将使原有业务程序发生较大改变，如果收款人在中心汇票付款行所在地，汇出行将中心汇票寄交收款人，即可完成由中心汇票参与其中的“信汇支付”。如果收款人不位于中心汇票付款行所在地，汇出行在进行信汇业务程序的同时，开立中心汇票，并将其连同信汇委托书一并寄予解付行，汇入行凭中心汇票向位于清算中心的付款行收妥票款后，向收款人解付汇款。

第三节　汇款在国际贸易中的应用

在国际贸易业务领域，国际汇款仍然是最基本、最常用的服务品种之一。贸易双方经济及非经济行为所产生的资金转移与支付，很多都是通过国际汇款实现的。适应各国金融科技水平的发展及国际汇款的习惯做法，充分把握国际汇款的特点，提高国际资金的转账速度及国际汇款的业务效率，对于进一步扩大贸易业务具有重要意义。

一、应用的方式

汇款结算方式按汇付货款与装运货物先后的不同，通常可分为预付货款和货到付款两种类型。

（一）预付货款

预付货款（payment in advance）是指买方（进口商）先将货款的全部或者一部分通过银行汇交卖方（出口商），卖方收到货款后，根据买卖双方事先签订的合约，在一定时间内或立即将货物运交进口商的结算方式。

预付货款对出口商比较有利。这是因为对出口商来说，货物未发出，已收到一笔货款，等同于得到无息贷款。收款后再发货，降低了货物出售的风险，如果进口商毁约，出口商可没收预付款。出口商可以充分利用预收货款，甚至可在收到货款后，再购货发运。

对进口商而言，预付货款对进口商不利。进口商未收到货物已先行垫付了款项，将来如果不能收到或不能如期收到货物，或货物与合同不符，进口商将遭受损失或承担风险，并且货物到手前付出货款，会给进口商造成资金周转困难及利息损失。

预付货款一般适用于以下两种情况：

（1）出口商的商品是进口国市场上的抢手货，进口商需求迫切以取得高额利润，因此不惜预付货款购入货物。

（2）卖方货物旺销，出口商与进口商初次成交，卖方对买方资信不甚了解，顾虑买方收货后不按合约履行付款义务，为了收汇安全，卖方提出预付货款作为发货的前提条件。

（二）货到付款

货到付款（open account business）是指出口商先发货、进口商后付款的结算方式。此方式实际上属于赊账交易或延期付款结算。

货到付款对买方有利。这是因为买方不承担资金风险，货未到或货不符合合同要求则不付款，在整个交易中买方占据主动地位。由于买方常在收到货物一段时间后再付款，无形中占用了卖方资金。

货到付款使卖方承担风险。这是因为卖方先发货，必然要承担买方不付款的风险；货款常常不能及时收回，卖方资金被占用，造成一定的损失。

货到付款在国际贸易中通常有以下几种应用方式：

（1）售定（goods sold），是指买卖双方成交条件已经谈妥并已签订了成交合同，同时确定了货价和付款时间，一般是货到即付款或货到后若干天付款，由进口商用汇款方式通过银行汇交出口商。这种特定的延期付款方式习惯上被称为"先出后结"，又因价格事先已经确定，故亦称售定。

在售定方式下，卖方在没有收到货款之前先交出单据或货物，然后由买方按合同规定主动汇款。对于卖方来说，货款能否按时顺利收回只能凭借买方的信用。如果买方拒不付款或拖延付款时间，卖方就要遭受货款落空或晚收款的利息损失，因此除非买方信誉可靠，卖方一般不轻易采用这种方式收取货款。这种结算方式对买方而言比较有利，买方可以先提货然后付款，有利于资金周转，且可以节省采用其他结算方式所需要支付的费用。

目前我国"先出后结"主要用于以下两种情况：①在对港澳地区供应中，为方便客户，巩固和扩大市场，对于一些常年供应的鲜活商品常采用这种结算方式。为了收款安全，在合同中除了规定"买方必须在货物到达若干天内，按发票金额通过银行将货款汇交我方，否则由此造成的一切损失由买方负担"的条件外，还可根据情况，要求买方先在指定银行存入一笔款项，由买方委托该银行于货到若干天内凭我方发票付款，以防买方拖延付款日期，使我方遭受损失。对于分期交货的合同，还可要求买方先交一笔押金，作为卖方安全收汇的保证。②在我国空运进出口合同中，有时也采用这种结算方式，以适应空运货物到货迅速的特点。卖方在货物装运出口后，将货运单据不通过银行而是直接递交买方，买方在收到货运单据时或在约定的一定时期内按约定的价格将货款通过银行汇交卖方。由于这种结算方式对卖方风险较大，一般仅限于对资信可靠、双方关系密切的客户采用。

（2）寄售（consigment），是由出口商先将货物运至国外，委托国外商人在当地市场代为销售，货物售出后，被委托人将货款扣除佣金后通过银行汇交出口商。

寄售是一种先发运后销售的现货买卖方式。以寄售方式销售，可以让商品在市场上与用户直接见面，按需要的数量随意购买，而且是现货现买，能抓住销售时机。所以对于开拓新市场特别是消费品市场，是种行之有效的方式。寄售方式下出口商承担较大的风险和费用。这是因为，其一，货未售出之前发运，售后才能收回货款，资金负担较重；其二，货物需在寄售地区安排存仓、提货等事宜，代销人不承担费用和风险；其三，如果代销人不遵守协议，如不能妥善代管货物，或是出售后不及时汇回货款，都将给出口商带来损失；其四，如果货物滞销，需要运回或转运其他口岸，出口商将遭受损失。

出口商采用寄售方式结算时应注意以下几个问题：第一，着眼于开拓新市场，既销售商品，又树立企业形象，建立客户关系，故而所选商品应优质适销。第二，选择合适的寄售地点。寄售地点应选择交通便捷的贸易中心或自由港、自由贸易区，以方便货物进出转运，降低费用。第三，选择合适的代销人，代销人应在当地有良好的商誉，有相关商品的营销经验和推销能力，并有能力代办报关、存仓等业务。第四，重视安全收汇，应在寄售协议中做出相应规定。例如，要求代销人开立银行保函，或以承兑交单方式发货。

二、汇款方式的风险及防范

（一）汇款方式存在的风险

（1）国家信用风险。这种风险并不是进出口商所造成的，而是由进出口国政治、经济风险引起的。例如，经济衰退、货币贬值、战争都可能使进口方或出口方无法履行付款或交货的义务。

（2）客户信用风险。汇款方式属于商业信用，买卖双方能否取得货款或货物，完全取决于对方的信用，如果卖方收款后不发货或者买方收货后不汇款，都可能使对方钱货两空。

（3）汇率风险。企业买卖商品时，由于外汇市场上汇率波动而产生的损失称为汇率风险。由于达成交易签订合同的时间与具体的付款时间不一致，如果合同中没有对使用的汇率做出明确的规定，这段时间里汇率发生较大的变化，无论升降，都会对其中一方产生不利影响。

（二）汇款方式的风险防范

（1）仔细了解交易对手的资信情况。买卖双方可以多渠道、多方面了解对方的资信状况，如通过有涉外服务的银行、国外的商会、外交使领馆、同业公会等。对出口商而言，在收到全部货款之前要注意对单证的控制，不能轻易将单证交给进口商。对进口商而言，可通过银行与出口商达成解付款项的条件协议，常称为“解付条件”，由解付行在解付时执行。解付条件中规定，收款人取款时，要出具个人书面担保或银行保函，担保收到货款后如期履约交货，否则退还已收到货款并附加利息；保证提供全套货运单据等。

（2）利用汇款与其他结算方式相结合的办法来转嫁风险。在货到付款的条件下，出口商可以采用福费廷或保理等方式，把商业风险、国家风险、外汇风险转移给包买商或保理商。也可以与银行保函方式相配合，要求进口商开立银行保函，如果进口商到期拒付，由担保银行承担付款责任，从而降低卖方收汇的风险。在预付货款条件下，进口商也可以要求出口商提供银行保函，如果卖方未如期发货，也未退回预付款，由担保银行承担买方的损失。

（3）通过向保险公司投保降低风险。在汇款方式下，卖方应尽量采用 CIF（cost insurance and freight，成本、保险和运费）或 CIP 的贸易条件，由卖方负责办理货物运输保险，如果货物在运输途中发生保险范围内的损失，卖方可以直接向保险公司索赔。出口商还可向保险公司投保出口信用保险，把进口商不付款的风险转嫁给保险公司。

第四节 汇款典型案例

案例一：信用证转汇款

（一）基本案情

中国内地某外贸公司与香港某商社首次达成一宗交易，规定以即期不可撤销信用证方式付款。成交后港商将货物转售给了加拿大一客商，故贸易合同规定由中国内地方直接将货物装运至加拿大。但由于进口商借故拖延，经外贸公司几番催促，最终于约定装运期前四天才收到港方开来的信用证，且信用证条款多处与合同不符。若不修改信用证，则内地方不能安全收汇，但是去往加拿大收货地的航线每月只有一班船，若赶不上此次船期，出运货物的时间和收汇时间都将耽误。

在内地方坚持不修改信用证不能装船的情况下，港商提出使用 T/T 方式把货款汇过来。内地方同意在收到对方汇款传真后再发货。内地方第二天就收到了对方发来的汇款凭证传真件，经银行审核签证无误。同时由于内地方港口及运输部门多次催促装箱装船，外贸公司有关人员认为货款既已汇出，就不必等款到再发货，于是及时发运了货物并向港商发了装船电文。

发货后一个月仍未见款项汇到，经财务人员查询才知，港商不过是在银行买了一张有银行签字的汇票传真给内地方以作为汇款的凭证，但收到发货电文之后，便把本应寄给内地外贸公司的汇票退回给了银行，撤销了这笔汇款。港商的欺诈行为致使内地方损失惨重。

（二）案例分析

本案中，尽管出口商接受汇款结算是迫不得已，但种种行为迹象表明进口商存在着欺诈的意图，出口商对此应当高度警惕，预付货款本就是对卖方有利的结算方式。

卖方必须注意应在买卖合同中约定选取何种汇付方式并明确汇款到达的时限，注意须与交货期衔接。如使用票汇，应待收妥票据款项后方可发货，至少是要收到有效的银行即期汇票之后才发货，防止出于伪造票据或其他原因而蒙受汇款不到的损失。

在国际贸易中，如果贸易双方是初次交易，对对方的资信状况不尽了解，一般不应使用基于商业信用、货物与款项交接风险负担不平衡的汇款方式来结算货款。如果决定使用汇款结算方式，必须做好相应的防范，避免钱货两空。

案例二：汇款造假

（一）基本案情

某年初，中国内地某银行接待了一家开户不久的企业，后者手持香港特区某商业银行的“汇款证实书”查询一笔100多万美元的电汇是否入账。该行根据该“汇款证实书”所列内容查阅了有关的对账单和往来电文，并未发现有这笔汇款，但允诺代其查询，并即电香港汇出行查询，请其提供详细汇款路线。但是，在此期间，收款人多次来电称此笔汇款保证无问题，要求银行立即入账，而银行以未见账户行贷记报单不能入账的原则给予婉拒。后香港某银行来电称，该项“汇款证实书”系部分伪造，所谓的汇款人根本不知此事。对此内地的银行立即通知收款人，发现该企业的负责人已不知去向，其在银行账户的存款余额为零。

（二）案例分析

这是一起汇款造假案。银行工作人员虽应时时刻刻为客户服务，但必须坚持原则。

在汇入款业务中，汇入行必须坚持不垫款原则，只有在确实收到账户行的贷记通知时才能解付或入账。

在对外贸易中，也会发生国外进口商以汇款申请书（或证明书）作为已汇出款项的证明，要求国内出口商立即发货或指示托收银行向其交出装运单据。另外，即使汇款申请书是真的，作案者也会随即指示汇款银行取消该项汇款，而仍保留原汇款申请书（或复印件）进行作案，这应引起中国内地有关当事人注意，不能轻信。

复习思考题：

1. 画图比较电汇和票汇的业务流程。
2. 什么是中心汇票，使用中心汇票有什么好处？
3. 电汇的风险表现在哪些方面？
4. 如何在国际贸易中运用汇款结算方式？

第五章　托　　收

本章导读：通过本章学习，了解托收项下的国际惯例相关条款；理解跟单托收方式的概念、种类及当事人的权责；掌握即期付款交单托收业务、远期付款交单托收业务、承兑交单托收业务的流程，深刻理解托收方式的风险、风险的防范及进出口商的资金融通方式，以及国际贸易中托收方式的应用。

第一节　托收概述

一、托收的定义和基本当事人

根据 URC522 规定：托收是指由收到托收指示的银行根据所收到的指示处理金融票据（支付工具）和商业单据（装运单据）以便取得付款或承兑的行为。简言之，也即托收是债权人（出口人）出具债权凭证（支付工具）委托银行向债务人（进口人）收取货款的一种支付方式。

根据托收的定义，一项托收业务至少涉及委托人、托收行、代收行和付款人四方基本当事人。

（1）委托人（principal）也称出票人，一般是出口商，即出口方；

（2）托收行（remitting bank）也称寄单行，是委托代收款项的银行，主要是按照委托人的要求和国际惯例进行处理业务，即出口方银行；

（3）代收行（collecting bank）是在进口地的代理人，根据托收行的委托书向付款人收款的银行，就是进口方银行；

（4）付款人（drawee）就是支付款项的人，一般是进口商。

对于四方基本当事人而言，出口方与进口方是买卖业务中的债权人与债务人的关系；出口方与托收行是委托代理关系，委托书是他们之间的契约；托收行与代收行也是委托代理关系，协议是他们之间的法律文件；代收行与进口商之间仅仅是银行业务关系。正因为他们之间没有任何协议或法律约束性文件，所以托收能否顺利进行取决于付款人的商业信用，托收属于商业信用的范畴。

二、托收当事人主要职责

（一）委托人的责任

对于委托人而言，其主要是执行与进口商签订的合同上的条款，履行与银行签订的委托收款的合同。

（1）作为出口商在贸易合同下的责任，一是要按时、按质、按量交付货物；二是要提供符合合同要求的单据。

（2）作为委托人在委托代理合同下的责任，一是托收申请书中的指示必须明确，若因委托人的指示不明确造成托收的延误或者损失，概由委托人承担。二是对托收过程中出现的状况要及时指示，当银行将发生的一些意外情况通知委托人时，委托人必须及时指示，否则，因此而发生的损失由委托人自行负责。三是在费用负担方面，委托人不但要向托收行支付手续费，而且应负担托收行为执行托收指示而支出的各种费用，即使托收行没有收到货款，委托人也必须支付费用；如果在托收指示中规定国外代收行的费用必须由进口商负担并不得豁免，在进口商拒付货款时，国外代收行的费用也必须由委托人承担。

（二）托收行的责任

托收行的基本职责是根据委托人在托收申请书上的指示和《托收统一规则》行事，不能擅自超越、修改、疏漏、延误委托人在申请书上的指示，并对自身的过失承担责任。托收行的基本职责包括：①审查委托申请书并核对单据；②缮制托收指示，托收指示的内容必须与委托人的申请书的指示严格相符，经复核并加盖有权人签章后连同委托人提交单据寄给代收行；③负担过失责任，由于银行在办理托收时收取了委托人的费用，银行必须善意和谨慎地行事，凡因未按照申请书的指示而产生的后果，银行应对其自身过失负责。

值得注意的是，托收行本身没有审核单据内容的义务，单据是否与合同相符，托收行不负责任，只需将收到的单据种类和份数与托收申请书核对。核对单据完全是银行对客户提供的服务，而不是应尽的责任。

（三）代收行的责任

代收行的责任包括：①将收到的单据与托收指示核对，任何单据的名称或份数不相符必须立即通知托收行。②对托收指示上的各项要求，由于自身能力或将来可能发生纠纷而不愿照办的，必须在收到托收指示时，立即提出不能照办并说明理由，或声明对该条款不能照办，要求托收行予以取消或变更；若不提出声明、也不照办，代收行将承担由此造成的损失。③保管好单据，当付款人未履行交单条件时，代收行不能把单据交给付款人，并有义务妥善保管好单据。④及时通知托收情况，如付款通知中应详细列明收到的金额、已扣除的费用及处理款项的方法等。对于发生拒付的情况，代收行应尽力查明拒付原因，收到拒付通知后，托收行必须做出处理单据的指示，在发出拒付通知后60天内，代收行仍未接到指示的，可将单据退回托收行，代收行不再承担任何责任。⑤代收行无义务对托收项下的货物采取任何行动。

（四）付款人的责任

付款人的责任主要是认真履行付款义务，不得无故延迟付款或拒付。付款人的付款义务以委托人已履行了合同义务为前提。

三、托收委托书示例

托收委托书是托收得以实施的主要文件，图 5.1 是 2016 年 9 月 30 日，中国银行广州分行所收到汇丰银行香港分行邮寄的跟单托收委托书，表 5.1 为代收行所审核的托收指示。

汇丰银行　香港分行

Hongkong and Shanghai Banking Corp. Ltd. Hong Kong Branch
Tlx：
Tel：
Fax：

Documentary Collection Order
ORIGINAL

Date:28th, Sept., 2016

In all correspondence please always quote

OUR REF 180C-09877

TO: Bank of China,
Guangzhou

Dear Sirs,

We enclose the following documents for collection：

<table>
<tr><td colspan="7">Drawer: ARRON FERER & SONS CO.
909 ABBOTT DRIVE OMAHA
NEBRASKA 68102</td><td colspan="2">Drawer's No.</td><td colspan="2">Due Date/Tenor</td><td colspan="2">Amount:</td></tr>
<tr><td colspan="7">Drawee: GUANGDONG PROVINCIAL IMP. & EXP.CORP.</td><td colspan="2">N25-92X818</td><td colspan="2">35days sight</td><td colspan="2">USD66,120.00</td></tr>
<tr><td rowspan="2">Docu. sent by</td><td rowspan="2">Draft</td><td colspan="2">Invoice</td><td colspan="2">Trspt Docu.</td><td rowspan="2">Ins. Pol/ Cert.</td><td rowspan="2">Cert. Qly/ Qty</td><td rowspan="2">Pkg. Wgt. List</td><td rowspan="2">C/O Form A.</td><td rowspan="2">Bene' Cert</td><td rowspan="2"></td><td rowspan="2"></td></tr>
<tr><td>Comm.</td><td>Cust.</td><td>Neg.</td><td>N/N</td></tr>
<tr><td>1st</td><td>1/2</td><td>2/3</td><td></td><td>3/3</td><td>1</td><td>2/2</td><td></td><td></td><td>2/2</td><td></td><td></td><td></td></tr>
<tr><td>2nd</td><td>1/2</td><td>1/3</td><td></td><td></td><td></td><td></td><td></td><td></td><td></td><td></td><td></td><td></td></tr>
<tr><td colspan="13">Other Documents: Inspection Cert. 2/2</td></tr>
<tr><td colspan="13">Covering Shipment of: 57 MT ZINC OXIDE 99.7% MIN</td></tr>
</table>

Please follow instructions marked "x":

☒Deliver documents against ACCEPTANCE.

☒In case of of non-payment and /or non-acceptance please do not protest but advise us by cable stating reasons.

☒In case of a time bill, please advise us by CABLE the date of maturity after acceptance.

☒All your charges are to be borne by DRAWEES.

□Collect interest from drawees at______% p.a. from date of draft to date of payment.

□

□IN SETTLEMENT:

☒ Please remit the proceeds to Bank of America, New York, N. Y. by T/T for credit of our A/C No. 519-90171 with them CHIPS U.I.D. No. 315437 quoting our Ref No. under advice to us.

□Credit our account by T/T with

a/c No. UID No. under their tested telex advice to

quoting our Ref and your telex/airmail advice to us.

For Hongkong and Shanghai Banking Corp. Ltd.
Hong Kong Branch

____

Authorized Signature (s)

图 5.1 托收委托书

表 5.1 托收委托书审核表

项目	信息
托收行	Hongkong and Shanghai Banking Corp. Ltd. ，Hong Kong Branch（汇丰银行香港分行）
代收行	Bank of China，Guangzhou（中国银行广州分行）
委托人公司	ARRON FERER & SONS CO.，909 ABBOTT DRIVE OMAHA NEBRASKA 68102
付款人公司	GUANGDONG PROVINCIAL IMP. & EXP. CORP.
托收金额、付款期限	USD66，120.00；远期付款，见票后 35 天付款
单据名称、份数	汇票（2）；发票（3）；可转让运输单据（3）；不可转让运输单据（1）；保险单据（2）；普惠制下原产地证明书（2）；Inspection Cert.检验证明书（2）
寄单次数和份数	两次寄单； 第一次：汇票（1）；发票（2）；可转让运输单据（3）；不可转让运输单据（1）；保险单据（2）；普惠制下原产地证明书（2）；Inspection Cert. 检验证明书（2）； 第二次：汇票（1）；发票（1）
交单条件和代收行的处理	承兑交单；代收行收到单据和汇票后，向付款人提示远期汇票，付款人承兑汇票后，代收行收回汇票，将其他单据交给付款人，等汇票到期后再向付款人提示付款
拒付时代收行的处理	In case of of non-payment and /or non-acceptance please do not protest but advise us by cable stating reasons.（需要发退票通知，说明拒付理由，但不需要做拒绝证书）
代收行的费用由谁支付	All your charges are to be borne by DRAWEES.（付款人）
承兑后，代收行是否应将到期日通知托收行	Please advise us by CABLE the date of maturity after acceptance.（是）
代收行如何将收妥款项划入托收行账户	Please remit the proceeds to Bank of America，New York，N. Y. by T/T for credit of our A/C No. 519-90171 with them CHIPS U.I.D. No. 315437 quoting our Ref No. under advice to us.（款项电划至 America，New York，N. Y.后，贷记收款人账号 A/C No. 519-90171，并发出贷记通知）

第二节 托收种类和业务流程

一、托收方式

根据托收时是否向银行提交货运单据，托收可分为跟单托收（documentary collection）和光票托收（clean collection）两种。

（一）跟单托收

跟单托收是汇票连同商业单据向进口行收取款项的一种托收方式，有时为了避免印花税，也有不开汇票只用商业单据委托银行代收。如果国际贸易中货款收取采用托收方式，则大多为跟单托收。在跟单托收的情况下，按照向进口人交单条件的不同，又可分为以下两种：付款交单（documents against payment，D/P）是指出口人的交单是以进口人的付款为条件；承兑交单（documents against acceptance，D/A）是指出口人的交单是以进口人在汇票上承兑为条件。

1. 付款交单

根据付款交单的时间维度，托收又可进一步划分为即期付款交单和远期付款交单两种方式。

即期付款交单（documents against payment at sight，D/P at sight）是委托人发货后开具即期汇票连同商业单据，通过银行向进口人提示，付款人见票后立即付款，在付清货款后向银行领取商业单据。其基本业务流程如图 5.2 所示。

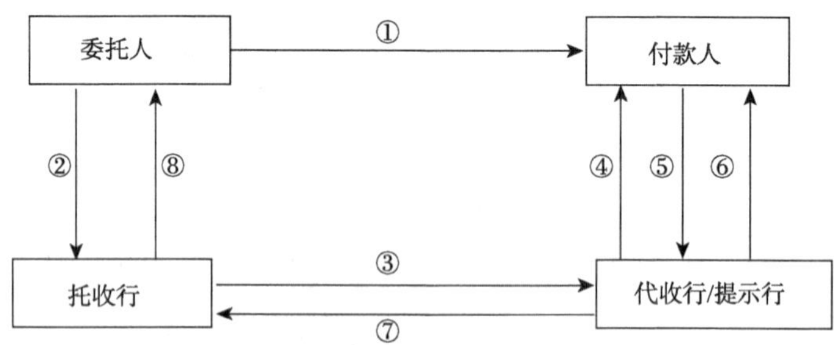

图 5.2　即期付款交单业务流程

①买卖双方签订以托收为支付条件的买卖合同；②委托人发运货物后，填写托收指示，开立即期汇票（或不开立汇票），连同商业单据，交托收行委托收款；③托收行接受委托后，将汇票、单据和托收指示寄交进口地的代收行；④代收行按照托收指示向付款人提示汇票和单据；⑤付款人审单无误后付款；⑥代收行向付款人交单；⑦代收行按托收指示规定的方式将货款交付托收行；⑧托收行向委托人交付货款

远期付款交单（documents against payment after sight，D/P after sight）买方对卖方开具的见票后××天付款的跟单汇票，提示时应即予承兑，并应于汇票到期日即予付款，付款后交单。其基本业务流程如图 5.3 所示。

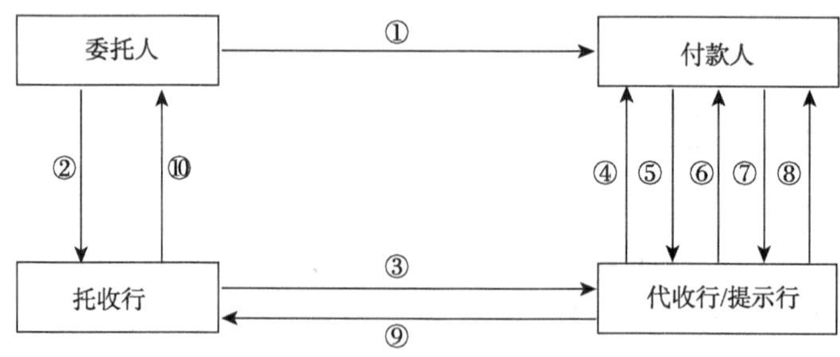

图 5.3　远期付款交单业务流程

①买卖双方签订以托收为支付条件的买卖合同；②委托人发运货物后，填写托收指示，开立远期汇票，连同商业单据，交托收行委托收款；③托收行接受委托后，将汇票、单据和托收指示寄交进口地的代收行；④代收行按照托收指示向付款人提示汇票和单据；⑤付款人审单无误后承兑；⑥到期后代收行向付款人提示单据；⑦付款人向代收行支付货款；⑧代收行向付款人交付单据；⑨代收行按托收指示规定的方式将货款交付托收行；⑩托收行向委托人交付货款

2. 承兑交单

是指委托人的交单以付款人在汇票上承兑为条件。委托人通过托收行指示代收行在付款人承兑汇票后，向付款人发放所有权及其他货运文件，其业务流程如图 5.4 所示。

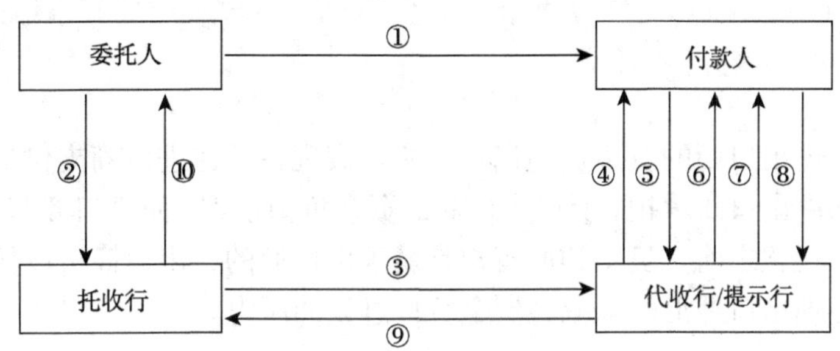

图 5.4 承兑交单业务流程

①买卖双方签订以托收为支付条件的买卖合同；②委托人发运货物后，填写托收指示，开立远期汇票，连同商业单据，交托收行委托收款；③托收行接受委托后，将汇票、单据和托收指示寄交进口地的代收行；④代收行按照托收指示向付款人提示汇票和单据；⑤付款人审单无误后承兑；⑥代收行向付款人交付单据；⑦代收行向付款人提示付款；⑧付款人向代收行支付货款；⑨代收行按托收指示规定的方式将货款交付托收行；⑩托收行向委托人交付货款

（二）光票托收

光票托收是指汇票不附带货运票据的一种托收方式（其中仅附非货运单据，如发票、垫款清单等也属于光票范畴），主要用于收取货款的尾数、样品费用、佣金、代垫费用、贸易从属费用、索赔及非贸易的款项。

贸易中运用光票托收，其流程是货运单据由卖方直接寄交买方，汇票则委托银行进行托收。

二、托收方式的特点

（一）结算基础为商业信用

托收方式与汇款方式一样，都属于商业信用，即进出口双方能否取得合同规定的货物或按期收到合同规定的货款取决于双方的资信，没有第三者的保证。

（二）比汇款方式安全

首先，对于出口商来说，进口商必须在付款之后，或进口商向银行书面表示负责付款即承兑后，才能掌握货权，所以托收方式使得出口商在控制货权、安全收回货款方面比货到付款更有保证，比货到付款或赊销更安全；其次，对于进口商来说，出口商按合同装运货物，进口商被提示单据时，说明了货物确实已经装运，才能付款或承兑。这样与预付货款下进口商先付款后收货相比，其利益更有保障。而且承兑交单方式对进口商更为有利，因为承兑后即可赎单提货，等到到期日，用销售所得款项支付出口商的货款，不必另筹资金，这等于出口商给予进口商全额资金融通，对进口商加速资金周转很有利。

（三）资金负担仍不平衡

托收项下，进出口商的资金负担仍不平衡。表现在，在进口商支付货款之前，货物占用的资金全部由出口商承担，所以出口商的资金负担较重，而进口商基本不负担资金。但在进口商支付货款之前，货物的所有权是属于出口商的，出口商可以凭物权单据向银行申请融资，办理出口押汇，以减轻资金负担过重的压力。

（四）手续简便、费用低廉

从托收和汇款方式的流程来看，托收的业务流程要比汇款更复杂，手续稍多些，费用自然要高些。但同信用证方式比较，托收方式手续更简便、费用更低廉的优势还是很明显的。

第三节　托收业务注意事项

一、跟单托收中的汇票与单据

（一）托收中的汇票

跟单托收中的汇票，出票人为出口方（委托人）；付款人为进口方；收款人则有两种记载方式，常见的一种是以出票人为收款人，即为已收汇票，在托收时以“委托收款背书”方式，交付给托收行，托收行作为“委托收款背书”的被背书人，只能以“委托收款背书”方式转托代收行，代为行使付款请求权。另一种方式则以托收行为收款人，在银行做出口押汇时，这种做法比较常见。

跟单托收中代收行向付款人提示承兑或提示付款，倘若遭到拒绝，银行应尽力查明拒绝承兑或拒绝付款的原因，但没有义务去做拒绝证书。事实上，也没有必要去做拒绝证书，因为银行作为持票人，是出票人的代理人，根本没有追索的对象。如果出口商为了诉讼而在托收指示中要求做拒绝证书，代收行应该照办，费用当然由委托人负担，但这种情况很少发生。

即期付款交单中，付款人在银行提示单据时即行付款，所以汇票的作用不大，完全可以由商业发票取代，所以即期付款交单方式，出口商可以开立即期汇票，也可以不开。但远期付款交单和承兑交单中，汇票是必不可少的。

（二）托收中的运输单据

因运输方式的不同，运输单据可分为海运提单、航空运单、铁路运单、多式联运单据等（详见后文出口单据部分）。在托收中最常用的是海运提单，因为海运提单具有货物所有权凭证的性质。跟单托收的本意，就是出口商将作为货物所有权凭证的商业单据向进口商提示，进口商只有付款或承兑后才能取得货物所有权凭证，以提取货物。托收的业务程序，也建立在交付物权凭证的基础上。在航空运输和铁路运输中，其运输单据并不具有货物所有权凭证的性质，必须在运输单据上表明收货人的名称。货到目的地，由收货人凭身份证明和有效证件提货。在这种情况下，交单是否还有意义？是否还能应用托收方式结算货款呢？

在运输单据不是物权凭证的情况下，以交单方式是不能转移物权的，从这个角度讲，付款交单或承兑交单均没有意义，但托收这一结算方式还是可以使用。此时，应在运输单据上记载代收银行或其指定人为收货人，要求凭付款或承兑或其他条件向付款人交货。

具体做法是，由银行作为收货人，委托货运代理提货存仓，当付款人付款或承兑后，银行开出提货单，授权付款人提货。但是，URC522 规定："未经银行事先同意，货物不得直接运交银行或以银行或其指定人为收货人。"所以，在使用非货物所有权凭证的商业单据作托收时，应在托收指示中明确说明在该项托收业务中将以代收行或其指定人为收货人。必须特别注意的是，URC522 中又规定："即使有特别指示，银行也没有责任就与跟单托收有关的货物采取行动，包括货物的仓储和保险。银行只就它自身同意的条件、时间和程度根据不同情况采取这样的行动。"在一般情况下，代理人应严格遵照委托人指示办事。如果银行决定不办理它收到的托收或任何有关指示，必须立即通知委托人。但上述情况却是一个例外，即使委托人在托收指示中明确要求代收行代办提取货物事项，代收行也只能在有限度的条件下办理，代收行甚至可以不通知委托人。所以，对于非货权凭证下已交货的取货方式，委托人应特别注意选择合适的代收行（或委托托收行），以保证安全地处理货物。

（三）托收单据的种类

除了汇票和运输单据之外，跟单托收中委托人还必须提交其他商业单据。究竟提交何种商业单据，取决于合同条款，所提交的单据应能在表面上证明卖方已履行了所承担的合同义务。例如，以 CIF 方式成交，卖方的义务是将货物装上船并办理运输保险，因此卖方应提交的单据中应该包括已装船提单和保险单；若以 FOB（free on board，运港船上交货）方式成交，卖方并无办理保险的责任，当然就不必提交保险单；以 FCA、CPT、CIP 方式成交，卖方的交货责任是把货物交给承运人（carrier）监管，那么在海洋运输的贸易中，卖方可以提交备运提单而不必提交已装船提单。发票是必须要的单据，其他如装箱单、产地证等，都应按合同要求制作。

以托收方式结算的贸易合同，除特殊单据，一般不像信用证方式那样对商业单据有专门的规定。出口商根据合同义务，决定应提交的单据种类、份数及单据的内容。托收行则核对单据的种类和份数是否与托收指示中所记载的一致，没有审核单据内容的义务。但如果托收单据的种类、份数和内容与合同不符，买方有权拒付。

综上所述，跟单托收是一种凭单付款的结算方式，故而单据在结算过程中十分重要。卖方必须严格按照合同内容，妥善制作单据，避免由于单据不能在表面上证明卖方已履行合同义务而遭到买方拒付。

二、跟单托收方式下的进出口押汇

进出口押汇业务，是指进出口企业以代表货物所有权的商业单据和汇票作抵押，由银行提供贷款的一种融通资金的方式。跟单托收业务中，有出口押汇和进口押汇两种方式。

（一）出口押汇

跟单托收项下的出口押汇，是出口商发货后，开出汇票连同全套商业单据，托收银行委托收款时，由银行买入汇票及所附单据，将票款金额扣除从付款日至预期收款日的利息和手续费，先行垫付给出口商。出口商可将做出口押汇的托收行作为汇票的收款人，或对以自己为收款人的汇票背书转让给托收行，托收行作为持票人通过代收行向进口商提示付款。

出口押汇是托收行对出口商的资金融通，托收行付款后，既是汇款的持票人，又取得了代表物权凭证的商业单据作为质押。如果进口方拒付，银行可向出口方追索，如果追索不成，还可处理质押货物。跟单托收的付款依赖于买方的信用，出口地银行往往难以掌握交易的详情和国外买方的资信，一旦被拒付，有可能面临追索不成而货物变现困难的局面。

（二）进口押汇

远期付款交单方式结算，如果汇票的到期日迟于货到目的港的日期（注意这正是URC522 所反对的情形），货物卸下后因无人认领而遭受风险，货主也会因违反海关规定而被处罚。例如，我国海关规定，运输工具进港后，货主必须在 14 天内报关，否则，应交纳每天 5‰的迟报费。事实上大多数进口方不会盲目签订这种既增加卖方资金负担又对自己毫无好处的买卖合同，通常进口方会事先就和当地的一家银行有约定，这家银行通常是进口方向出口方指定的代收行或提示行，允许进口方在付款前开立信托收据（trust receipt，T/R），向代收行借出单据先行提货。信托收据是进口方开出的一张保证书，承诺以被托人（trustee）的身份代托收行提取货物，货权仍属银行，如将货物出售，售得货款应交付银行或暂代银行保管，银行作为信托人（truster）有权随时取消信托，收回货物。

具体做法是，由进口方承兑汇票后，出具信托收据向代收行借取单据，先行提货，然后在汇票到期日付款，收回信托收据。但如果进口方到期不能付款，代收行应对此负责，承担向委托人付款的责任。所以代收行同意进口方凭信托收据借单是代收行以提供信用担保的方式给进口方融通资金。代收行为了控制风险，只有在进口方信誉较好时才愿借单。如果出口方在托收指示上授权代收行在进口方出具信托收据时借出单据，那么日后进口方到期拒付的风险就由出口方自己承担，这种做法称之为"付款交单信托收据借单"。实际上这种方式本质上已不是付款交单而是承兑交单了，不属于进口押汇的范围。

第四节 托收典型案例解析

案例一：远期付款交单及代收行选择的风险案例

（一）基本案情

2012年2月6日，我国A公司与英国B公司签订出口合同，支付方式为D/P 120 Days After Sight。A银行委托中国C银行将单据寄出后，直到2012年8月尚未收到款项，随后，C银行应A公司要求指示英国D代收行退单，但直到D代收行回电才得知单据已凭进口商B公司的信托收据承兑放单，虽经多方努力，但进口商B公司都以种种理由拒不付款，进出口商之间交涉无果。后中国C银行一再强调是英国D代收行错误放单造成出口商钱货损失，要求D代收行付款，D代收行对中国C银行的催收拒不答复。10月25日，D代收行告知中国C银行进口商已宣布破产，并随附法院破产通知书，致使出口商钱货两空。

（二）案例分析

本案导致出口商钱货两空的主要原因有以下方面。

第一，出口商未对进口商的资信状况、公司运营状况、财务状况提前进行详细的了解，未能提前阻止进口商的诈骗。进口商拒不付款及最终破产，导致出口商无法得到货款，就是出口商没能提前了解进口商资信情况的后果。所以，在做D/P远期时，一定要有风险意识，在选择客户，尤其是做大额交易时，一定要先考虑客户的资信，因为D/P方式是建立在进口商信用基础上的。

总的来说，D/ P方式对出口商不利，风险较大且随时都存在，不宜多用。为避免货物运回的费用或者再处理货物的损失，可让进口商将相关款项作为预付定金付出，如有可能，预付款项中可以包括出口商的利润。在提交托收申请书时，应尽可能仔细填制委托事项，要根据进口商的资信情况和能力来确定是否接受信托收据的方式放货。

第二，代收行错误放单是造成本案出口商损失的直接原因。代收行在未取得出口商A公司的许可下，同意进口商B公司凭信托收据承兑取单，这是代收行的失误、出口商并不接受D/P，T/R的方式，但代收行拒不付款，只是向进口商B公司追偿，但B公司破产，最终出口商钱货两空。当然，出口商A公司可以向法院诉讼，状告D代收行，但是如果D代收行仍然不付款，A公司也无可奈何。所以，在合同洽谈时应尽可能选择历史悠久、熟悉国际惯例，同时又信誉卓著的银行作为代收行，以避免银行操作失误、信誉欠佳造成的风险。另外，慎重选择托收行，选择历史悠久、信誉良好的托收行，国外有其分支机构作为代收行的托收行更是好的选择。

办理D/P远期托收业务时尽量不要使远期天数与航程时间间隔较长，造成进口商不能及时提货的情况，一旦货物行情发生变化进口商拒不提货，至少不会造成出口商运回货物和再处理货物的费用。为进一步降低托收的风险，出口商在以D/P支付方式与进口商签订合同后，就应与出口保理商联系，在货物出口前与出口保理商签订国际保理合同，以确保安全收汇。

案例二：D/P国际贸易中的案例

（一）基本案情

某年，中方某外贸公司与非洲某进口商签订了一份外贸合同，合同中规定使用托收的支付方式，外贸公司备货完毕后将货物发出，并取得了包括海运提单在内的全套运输单据，同时按合同规定开立了三个月到期的远期汇票。其后，外贸公司将远期汇票连同货运单据交给银行A，委托其向非洲的进口商收取货款。A银行根据外贸公司填写的托收申请书缮制托收委托书，连同汇票、货运单据寄交给A银行在非洲进口商所在地的代理银行B，委托B银行向非洲进口商收取货款，该进口商对B银行出具的远期汇票进行了承兑。此时，货物已抵达进口国，进口商急于取得货物，就出具了信托收据交给B银行，B银行处将货运单据借给了进口商，进口商提取了货物转售，但亏损严重。当到了汇票到期日，进口商无力支付货款。外贸公司向B银行提出应由B银行承担该责任，但B银行给予了拒绝。拒绝的理由是，根据URC522规定，银行在托收业务中，只提供服务，不提供信用，且托收方式属于商业信用性质，由此发生了争执。

（二）案例分析

在远期付款交单条件下，进口商不付款，代收行就不交单，则进口商无法取得货物。如果付款日期晚于到货日期，买方想抓住有利行市，不失时机地转售货物，有什么办法呢？可以参考以下两种做法：

（1）进口商在付款到期日之前付款赎单，扣除提前付款日至原付款到期日之间的利息，作为买方享受的一种提前付款的现金折扣。如果进口商提前付款赎单有困难，可采用另一种做法。

（2）代收行对于资信较好的进口商，允许进口商用信托收据借取货运单据（凭信托收据借单或进口押汇），先行提货，该做法是发达国家银行通常做的业务。所谓信托收据是指进口商借单时提供一种书面信用担保文件，并承认货物所有权仍属于银行。

所以，基于以上的分析，可知本案例中，出口商（外贸公司）并未指示 B 银行（代收银行）允许进口商在承兑汇票后可以凭信托收据先行借单提货，与出口商和托收银行无关，所以 B 银行应承担全部责任。

案例三：D/P 转 D/A 造成出口方损失案

（一）基本案情

2003 年 3 月 11 日，我国甲公司与印度尼西亚乙公司签订一笔 2 万美元的出口合同，乙公司要求以 D/P at sight 为付款方式。在货物装船起运后，乙公司又要求国内出口商将提单上的托运人（shipper）和收货人均注明为乙公司，并将海运提单副本寄给他。货到目的港后，乙公司便以暂时货款不够等原因不付款赎单，要求出口商将付款方式改为 D/A，并允许他先提取货物，否则就拒收货物。由于提单的收货人已记名为乙公司，国内出口商无法将货物再转卖给其他客户，只能答应其要求。然后乙公司以货物是自己的为由，以保函和营业执照复印件为依据向船公司凭副本海运提单办理提货手续。货物被提走转卖后，乙公司不但不按期向银行付款，而且再也无法联系，使甲公司货款两空。

（二）案例分析

本案中，甲公司以为持有正本提单，乙公司见票后会立即付款，收汇有一定保证，没想到提单的托运人与收货人均为乙公司，已受制于对方，只得接受 D/A 付承兑交单。D/A 付承兑交单是指出口商的交单以进口商在汇票上承兑为条件，即出口商在装运货物后开具远期汇票，连同商业单据，通过银行向进口商提示，进口商承兑汇票后，代收行即将商业单据交给进口商，在汇票到期时，方履行付款义务。承兑交单是进口商只要在汇票上办理承兑之后，即可取得商业单据，并提取货物。所以，承兑交单方式只适用于远期汇票的托收。承兑交单是出口商先交出商业单据，其收款的保障依赖进口商的信用，一旦进口商到期不付款，出口商便会遭到货物与货款全部落空的损失。承兑交单比付款交单的风险更大。因此，出口商对这种方式必须采用慎重的态度。

托收的性质为商业信用。银行办理托收业务时，只是按委托人的指示办事，并不承担对付款人必然付款的义务。在本案中，乙公司在汇票到期后不向银行付款，银行不承担责任，而甲公司对乙公司的信誉又没把握好，风险只能由甲公司自行承担。

为了加强对外竞争能力和扩大出口，在出口业务中，针对不同商品、不同贸易对象和不同国家与地区的贸易习惯做法，适当采用托收方式是必要的，也是有利的。为了有效地利用托收方式，必须注意下列事项。

（1）调查和考虑进口人的资信情况和经营作风，成交金额应妥善掌握，不宜超过其信用程度。

（2）了解进口国家的有关政策法令、贸易管制、外汇管制条例，以免货到目的地后，由于不准进口或收不到外汇而造成损失。

（3）了解进口国家的商业惯例，以免由于当地习惯做法影响安全迅速收汇。

（4）出口合同应争取按 CIF 或 CIP 条件成交，由出口人办理货运保险，或投保出口信用险。在不采取 CIF 或 CIP 条件时，应投保卖方利益险。

（5）要严格按照合同规定办理出口、制作单据，以免授人以柄，拖延付款或拒付款。

（6）对托收方式的交易，要建立健全的管理制度，定期检查，及时催收清理，发现问题应迅速采取措施，以避免或减少可能发生的损失。

目前，国内许多新取得外贸经营权的公司受企业规模小、资金不足、市场竞争激烈及业务人员没有受过国际贸易业务培训、缺乏经验等条件制约，在对外签订合同时普遍去迎合外商的要求，疏忽了对相关环节的警惕和防范，使不法商人钻了空子。因此，我们还应加强自身的风险防范意识，学习国际贸易理论与实务知识，关注《国际商报》刊登的国际贸易新知识和有关案例，同时还应拿起法律的武器来保护自己的权益。

案例四：利用 D/A 远期付款方式骗取货物的损失案

（一）基本案情

我国 A 公司在美国的一次展销会上，与美国 K&F 公司签订了一批价值 80 多万美元的出口五金工具的合同。其中规定，分批装运，每批的出口商品数量及规格以买方的详细订单为准；货款的支付方式为买方下订单时先 T/T 预付该订单总额的 30%，其余的 70%采取 D/A 90 天支付。为考察 K&F 公司的情况，A 公司业务员在美期间专程拜访了该公司，亲自看过该公司几个大货仓及办公楼，根据该公司的规模，A 公司业务员认为这是一家大公司，基本可以接受以上支付方式。为规避收汇风险，A 公司在执行合同前便向中保财保公司（简称保险公司）投保此合同项下的短期出口买方信誉险，经保险公司审批后，批准保额为 25 000 美元。不久，K&F 公司发来了第一份订单，总值 14 000 美元，并告知请抓紧备货。且已 T/T 汇出了该单项下 30%的订金。接着 A 公司又收到 K&F 公司传真发来的银行汇款单，但该单上银行印鉴模糊不清。因所订商品均为大路货，为确保按时装运，A 公司便开始备货，但迟迟未收到 K&F 公司的 T/T 货款。为此，A 公司业务员几次去电查询，但 K&F 公司答复确实已按时汇出，并解释不能按时收到的原因可能是中美双方银行间渠道不同，即汇出银行与我方银行无直接业务联系，要通过其他银行中转。这样拖了一个多月，我方终于收到了 K&F 公司第一批订单项下的 4 200 美元 T/T 货款，接着我方便报关出运和制单结汇。紧接着 K&F 公司又接连发出了该合同项下的六七个订单，并告知全部订单的预付金，按订单金额的 30%已分单号分批汇出，接着传真发来了六七份银行汇款单，汇款单上银行印鉴仍与第一次一样模糊不清。随后 K&F 公司来电称，现他们销售情况非常好，希望我方配合尽快交货，以免错过销售时机。在对方的花言巧语下， A 公司业务员便放松了警惕，忽视了此种支付方式的收汇风险。在第一批出运货款未安全收回前，连续出运了 40 多万美元的商品，直到第一批收汇到期时，才发觉 K&F 公司没有按时支付，此时 A 公司停止了余下订单的装运，并多次去电要求对方按期支付货款，K&F 公司却以当前业务量大、资金周转困难为由，请求延期支付货款，还要求继续发货，并保证他们会尽快付清货款。此时 A 公司已觉事情严重，回头清理对方预付的订金时，发觉仅收到第一、第二批小订单的 1 万多美元。在接下来的几个月中，我方无数次去电催付欠款，并表示若对方支付一笔款项，我方可继续发货，但总金额将小于收回值，以逐步减少欠款差距。K&F 公司来电表示可以接受，却始终无实际行动，并以各种理由拖延时间，如董事长外出旅行、无人签字等，甚至后来还提出某些商品质量不好等原因，半年后则对我方函电干脆不予答复。此时我方已完全看出了 K&F 公司的诈骗行为，经与我国驻美国商务处联系和请其他美国客户帮助，均被告知，此公司在美名声很不好，已欠下美国国内许多公司的债务，更不要说国外公司的债务了。A 公司后又委托保险公司追收此欠款，最终也被告知无法收回。这样 A 公司被 K&F 公司骗去 40 多万美元货物，虽然每批出运前 A 公司投保了买方信誉险，但因保险公司对此合同所批准的保险额度为 25 000 美元，对于 A 公司的超额度出口损失，保险公司只理赔了额度内的金额。最终 A 公司在这批贸易中直接损失了 30 多万美元（不计利息）。

（二）案例分析

从本案案情可以十分清楚地看出，K&F 公司从一开始便设下圈套，利用所谓汇款渠道问题，造成汇款到达时间较长的假象来骗取中方信任，然后利用第一批出运 90 天的付款期，诱骗 A 公司多次发货，以达到骗取大批商品之目的。而我方业务员销货心切，轻信了 K&F 公司的谎言，急于扩大出口，从而使诈骗犯轻易得手，给国家和公司造成了重大损失。此案给我们的教训是：

（1）要收到每批约定的预付款才能备货出运，同时对 D/A 部分的收汇金额投保短期出口买方信誉险。

（2）必须在保险公司审批的保险额度内出运，即出运金额不得突破保险公司所批准的金额，因该险种保险公司规定，对于同一商人所审批的保险额度，在前一批安全收汇后可循环使用，若不能正常收汇，保险公司只在审批额度内理赔。

（3）当外商提出汇款渠道问题时，应要求外商在当地的中国银行汇出。如美国 XX 城市的中国银行分行，若当地无我方银行，也可洽寻国内的中国银行，请他们告知外商所在地与我方业务关系较好的银行，通知外商去这样的银行汇款，或请外商去国际上知名银行或他们的分支行汇款。这样我方不仅收款较快，而且在出现问题时便于查询，自然此类骗术也就不攻自破。

复习思考题：

1. 什么是托收？托收的种类有哪些？
2. 托收的基本当事人有哪些？画图说明跟单托收的基本流程。
3. 托收业务中，如何对进口商进行资金融通？
4. 托收业务中，如何对出口商进行资金融通？

第六章　信 用 证

本章导读：通过本章学习，掌握跟单信用证的概念、特点、融资作用、信用证业务流程中各个环节的工作要点及UCP600有关条款。熟悉跟单信用证的内容和开立形式；理解信用证项下的偿付条款和索汇路线；深刻领会付款、承兑、议付、远期、即期、可转让、背对背、对开、预支和循环信用证的流程和具体运用；学会信用证业务的实务操作技能，以及在国际贸易中的应用。

第一节　信用证的概念及特点

一、信用证的定义

根据2007年国际商会所通过的UCP600第二条，信用证定义为一项不可撤销的安排，无论其名称或描述如何，该项安排构成开证行对相符交单予以承付的确定承诺。“Credit means any arrangement，however named or described，that is irrevocable and thereby constitutes a definite undertaking of the issuing bank to honor a complying presentation.”这意味着信用证开立后，只要出口商严格按照信用证规定的条款执行，做到单证一致、单单相符，就能及时收到货款。

其中，承付是指：

（1）如果信用证为即期付款信用证，则即期付款。

（2）如果信用证为延期付款信用证，则承诺延期付款并在到期日付款。

（3）如果信用证为承兑信用证，则承兑受益人开出的汇票并在汇票到期日付款。

根据UCP600的定义，信用证的内涵可以概括为以下五点。

（1）信用证是开证银行以自己的信用向受益人所做的一项书面承诺或保证。这项承诺或保证是否可靠，唯一可以判断的依据是开证银行的资信。资金雄厚、作风正派、信用良好的开证银行开立的信用证能够对付款起到可靠的保证作用。

（2）信用证是银行信用为商业信用所作的一种担保。信用证多是开证银行依据申请人的请求而开立的，信用证的单据要求、指示、付款、金额等条款的开立依据是申请人的开证申请书所列的内容，它也是基础合同（买卖合同）的主要内容，该合同内容能否得到履行，则依赖于买卖双方的商业信用。信用证的开立将这种商业信用转化为一种银行信用，即银行信用为商业信用所做的一种担保。

（3）信用证是有条件的付款承诺或保证。开证行保证付款并非是无条件的，它必须是在受益人完全履行了信用证规定的条件后才保证付款。因此，对受益人来说，只有履行了信用证规定的条件，才能获得开证行保证付款的保障，即取得信用证所赋予的取款权利；相反，若受益人没有履行信用证的条件，则开证行不承担付款责任。

（4）开证银行的付款形式是多样的。开证行对受益人予以付款，可以是付款给受益人或其指定人，开证行可以是自己直接付款，也可以是授权另一银行进行付款或议付。

（5）开证银行可以在接受请求后开证，也可以主动开证。几乎所有的信用证都是银行根据开证申请人的请求而开立的，但银行也可以自己的名义主动开证。银行自己主动开证，由此产生的信用证仍构成开证行的承诺，受益人所享受的信用证项下的权利不受影响。

二、信用证性质及特点

信用证是由银行依自己的信用开立的向受益人保证付款的承诺，因此信用证是一种银行信用。与其他结算方式相比，信用证结算具有以下特点。

（一）开证行承担第一性付款责任

UCP600 第七条规定，开证行自开立信用证之时起即不可撤销地承担承付责任，只要规定的单据提交给指定银行或开证行，并且构成相符交单，则开证行必须承付。

根据该条款，开证行一旦开立信用证，就必须对信用证负责，承担确定的付款责任，只要受益人交来的单据符合信用证条款的规定，无论进口商能否付款，开证行都必须保证付款。这体现了开证行对受益人承担首要的、独立的付款责任。

（二）信用证是一项独立文件，不依附于贸易合同

信用证是一项独立的自足文件。信用证是开证行与信用证受益人之间存在的一项契约，该契约虽然是以贸易合同为依据开立的，但是一经开立就不再受贸易合同的约束，信用证业务的各关系人只受信用证条款的约束。银行不是贸易合同的当事人，所以银行不受贸易合同的约束。UCP600 第四条 a 款规定，“信用证与可能作为其开立基础的销售合同或其他合同是相互独立的交易，即使信用证中含有对此类合同的任何援引，银行也与该合同无关，且不受其约束”。

据此，出口方只要提交符合信用证条款规定的单据，就能确保安全、快速地收汇，

但对出口方来讲，必须保证提交的单据与贸易合同内容一致。对信用证条款与贸易合同不一致的地方，出口商应根据贸易合同认真审核。若发现不能接受的信用证条款，出口商应通知开证人修改信用证。若可以接受信用证条款，则应及时修改贸易合同，写出合同的变更通知书。

（三）信用证是纯粹的单据业务

UCP600 第五条规定，银行处理的是单据，而不是单据可能涉及的货物、服务或履约行为。根据这一条款，只要受益人提交的单据在表面上符合信用证的要求，不管装运货物是否与合同一致，银行都应承担承兑、议付或付款的责任，开证申请人也应接受单据并偿还银行支付的款项。反之，如果提交的单据与信用证条款不一致，即使货物符合合同要求，银行和申请人也有权拒绝付款。

至于什么是相符单据，UCP600 明确规定，“单证相符指的是表面相符，开证行只根据表面上符合信用证条款的单据承担接受单据并对履行上述责任的银行进行偿付的义务。银行对任何单据的形式、充分性、准确性、内容真实性、虚假性、法律效力及单据中规定或添加的一般或特殊条件，概不负责；银行对任何单据所代表的货物、服务、其他履约行为的描述、数量、重量、品质、状况、包装、交付、价值或其存在与否，或对发货人、承运人、货运代理人、收货人、货物的保险人及其他任何人的诚信与否，作为或不作为、清偿能力、履约或资信状况也概不负责”。

三、信用证业务当事人

要完成一笔信用证业务，除开证行与受益人，还涉及的关系人有开证申请人、开证行、通知行（advising bank）、受益人、议付行、保兑行（confirming bank）、付款行和偿付行（reimbursing bank）等。这些当事人和关系人在信用证业务中所享有的权利和所承担的义务不尽相同。现以 UCP600 为依据，分别阐释它们在信用证中的权利和义务。

（一）开证申请人

信用证的开证申请人通常就是国际货物买卖合同中的进口商。若买卖合同中双方约定使用信用证作为结算方式，合同订立后进口商有义务向其所在地的银行申请开立信用证。按时申请开立信用证是进口商最重要的义务之一。进口商在整笔交易中同时受两个合同的制约，即与出口商订立的货物买卖合同和与开证行订立的合同（开证申请书）。

进口商应按买卖合同规定及时申请开立信用证。信用证的开立以买卖合同为依据，其内容主要是买卖合同的内容。进口商向银行申请开证时，必须将买卖合同的主要内容填入开证申请书，开证行以此为依据开出信用证。开证行是向受益人承诺付款的第一付款人，因而开证行的资信状况对受益人至关重要。若买卖合同中指定了开证行，则进口商必须按其指定的银行申请开证。但通常情况下，开证行由进口商自己选择，一般会选择与自己有往来关系或开户的银行作为开证行。

开证行确定后，进口商应按买卖合同规定的期限及时申请开证，并确保出口商有充分时间备货出运。若买卖合同规定了装运期的起止时间，进口商必须保证使出口商在装运期开始时收到信用证；若买卖合同规定了最后装运期，进口商也应在合理时间内使出口商收到信用证，保证出口商有合理的时间备货装运；若买卖合同规定出口商需事先向进口商发出货已备妥的通知，在进口商接到该通知后，必须立即申请开立信用证；若买卖合同没有规定信用证开立的时间，进口商也有义务在出口商开始装运前的合理时间内开立信用证；若进口商没有按时申请开证，出口商没有义务交付货物，导致出口商延误装运期，进口商属于预期违约，应承担违约责任；若进口商未能开立信用证，出口商可以解除合同，同时有权要求进口商予以赔偿。

（二）开证行

开证行是根据进口商的申请开立信用证的银行，一般是进口地银行。它是信用证项下的第一付款人，是信用证业务的核心。开证行也受多个合同的约束，首先，它接受申请人的请求后必须按申请书开立信用证；其次，它必须同受益人承担相符单据的付款保证责任；最后，若为议付信用证，它还须承担偿付议付行的责任。

1. 开证行对开证申请人的权利与义务

开证行应根据开证申请书及时、准确地开出信用证。开证申请书是开证行与申请人之间的合同。开证行必须按照开证申请人的指示并依据 UCP600 处理业务，同时必须对自己的过失承担相应的责任。开证行在开证时应注意信用证内容的完整和明确，必须做到条款单据化，即通过要求提供某种单据来证明受益人的行为符合信用证要求。开证行必须避免在开出的信用证中出现非单据化条款，以免引起争议。

信用证开立后，开证行对出口商及汇票背书人、善意持票人负第一性的付款责任。信用证是开证行的付款承诺，因此，只要单证相符，开证行必须按规定履行付款义务。即使申请人倒闭或无力偿付，开证行仍必须付款。开证行履行付款责任后，若进口商无力付款赎单，开证行有权处理单据和货物。

2. 开证行在付款或拒付方面的权利与义务

根据 UCP600 第十四条的规定，开证行在付款之前必须审核信用证规定的一切单据，以确定其是否表面与信用证的条款相符合，其审核的时间为不超过从其收到单据起算 5 个银行营业日。开证行在对单据审核后，认为其与信用证条款相符合，则应立即付款。开证行有义务接受表面上符合信用证条款的单据，对议付银行等进行偿付。开证行的付款通常是终局性的，一经付款不得追索，即使付款后发现单据不符或进口商拒不赎单，也不能向出口商、议付行、付款行或偿付行等追索。

根据 UCP600 第十六条的规定，若开证行在审核单据后发现单据不符，可以拒付，拒付时开证行应做到：①毫不迟延的以电讯方式通知寄单银行，若单据由受益人寄来，则通知受益人；若不能采用电讯方式，则应以其他快捷方式，在不迟于自交单日的第二天起第 5 个银行营业日结束前做出拒付通知；②开证行在拒付通知中必须说明拒付理由或原因，即提出单据的不符点，且所有不符点以一次通知为有效，即开证行只有一次提出不符点的权利，以后再提出不符点是无效的；③开证行在拒付通知中须说明对单据的处理情况，该银行在获得提示人指示前代为保存单据，或代为保存单据直到收到申请人的放弃通知，并同意接受该放弃为止，或在同意接受放弃之前从提示人处收到进一步的指示，或该银行退还单据或该银行将按照此前收到的提示人的指示行事。

（三）通知行

通知行是指应开证行要求通知信用证的银行，一般是开证行的代理行或分支机构。依据 UCP600 第九条，信用证及其任何修改可以由通知行向受益人发出通知，非保兑行的通知行仅对信用证及修改予以通知，并不承诺付款或议付。在通知信用证及修改时，通知行应表明信用证或修改的表面真实性得到证实，以及该通知准确地反映了所收到的信用证或修改的条款和条件。在信用证业务中，有时通知行还兼任保兑行或议付行，此时该银行将分别享有不同角色银行的权利，同时也应履行其不同角色银行的义务。

（四）受益人

受益人是指信用证中受益的一方，一般为出口商。是享受信用证权利的人及信用证的最大受益者。他要与申请人、开证行、通知行或保兑行议付行等发生联系。

1. 收到信用证后的义务与权利

受益人在收到信用证后，应仔细将信用证内容与合同条款核对并审核信用证条款能否履行。若信用证条款与合同不符，或信用证条款无法履行时，受益人有权要求进口商指示开证行修改信用证，或者拒绝接受信用证。受益人要想利用信用证取得款项，必须做到单单一致、单证一致和单内一致。受益人经审核并接受信用证后，就应按信用证条款履行其义务，在规定的装运期内发货，并在信用证有效期内提示相符的单据，收取货款。当然，受益人不仅要对单据的正确性负责，而且要对货物的质量负责。

2. 收取货款的权利

受益人按信用证要求发货、提示单据后，若使用议付信用证，则可以请求出口地的议付行对单据议付，从而获得预付款项。议付行在向受益人预付款项后处于持票人地位，在议付行不能向开证行获得偿付时，可以向受益人追索，受益人应退回预付款项。受益人提示单据后，若开证行倒闭，受益人有权向进口商提出付款要求，进口商仍应承担合同项下的付款责任。

若受益人未使用信用证，导致信用证失效，它仍然可以直接向进口商交单并要求其付款。进口商则可以要求出口商赔偿因申请开立信用证而产生的费用和损失。

（五）议付行

在信用证的各种偿付方式中，议付是最常见的一种。议付行是应开证行的邀请对受益人提交的单据进行审核，若经审核认为符合信用证条款则应对受益人预付或同意预付款项，购买汇票或单据，并向开证行或信用证规定的付款行索偿的银行。一般情况下，议付行由通知行兼任或是受益人所在地的往来银行充当。

议付行应严格审单，取得货权抵押。议付行通常要求受益人将货权作抵押，即受益人交单时签署质押书，声明在发生拒付时，议付行有权处理单据，甚至变卖货物。开证行对议付行议付的单据是否偿付，取决于单据本身是否符合信用证条款。议付行是根据开证行的付款承诺，向开证行索偿，开证行收到议付行寄来的单据，如发现单据不符合信用证条款，可以拒绝偿付。因此，议付行必须严格审单，以如期收回预付款，保全自己的利益。通常若开证行拒付，议付行可以向受益人追索，但是议付行应保证单证一致，只有在单据相符、开证行无力付款时，议付行才可向受益人追索。

由于出口地银行只接受开证行邀请或受益人请求，而不是本身有付款的承诺，故议付行有权拒绝议付。在开证行信用不佳、信用证过于复杂或议付风险较大时，议付行可拒绝议付。

（六）保兑行

保兑行是应开证行的要求，在信用证上加具保证兑付承诺的银行。一般情况下，保兑行由通知行兼任。保兑是不可撤销的确定承诺。UCP600 第八条规定，“被邀请保兑的银行有权不加具保兑，但是若决定不接受开证行授权或要求对信用证加具保兑时，它必须立即通知开证行，不得延误”。

保兑行在信用证上加具保兑后，即对信用证独立负责，必须承担付款或议付的责任。保兑行与开证行同样负第一性的付款责任。依据 UCP600 第八条，保兑行付款或议付后只能向开证行索偿，即使开证行倒闭或无理拒付，保兑行也无权向受益人或其他前手银行追索票款，因此保兑行的付款是终局性付款。

在一些国家或地区，受益人与某银行未经开证行同意而私下达成协议，由该银行对信用证加以“保兑”，这种保兑我们称为“缄默保兑”。但 UCP600 第二条规定，“保兑行指根据开证行的授权或要求对信用证加具保兑的银行”。因此，“缄默保兑”已超出 UCP600 的适用范围，换言之，该“保兑”银行向受益人付款或议付后，无权向开证行索偿，不享有 UCP600 项下保兑行的一切权利。目前，美国、新加坡和中国香港等国家或地区的判例均表明，“缄默保兑”的银行无法从开证行获得偿付，它只是“缄默保兑”银行与受益人之间的一项额外融资合同。

（七）付款行

付款行是开证行的付款代理人，是开证行在信用证中指定的为信用证项下汇票的付款人或付款信用证下执行付款的另一家银行。开证行通常委托通知行为付款行，但有时也可委托其他银行为付款行。付款行和开证行的关系是代理合同关系，付款行一经接受开证行的付款委托，审单付款后不得向受益人追索，即付款后无追索权，它只能向开证行索偿。

（八）偿付行

偿付行是开证行指定的对议付行或付款行进行偿付的代理人。一般当开证行与议付行、付款行之间无账户关系时，特别是在信用证采用第三国货币结算时，为了便利结算，开证行委托另一家有账户关系的银行代向议付行偿付，被委托银行就是偿付行，偿付行再向开证行索偿。偿付行的权利义务如下。

（1）向出口地银行付款。若信用证中规定有偿付行时，开证行开出信用证后应立即向偿付行发出偿付授权书，通知授权付款的金额、有权索偿银行等内容。出口地银行在议付或付款后，一方面把单据寄送开证行，另一方面向偿付行发出索偿书。偿付行收到索偿书后，核对开证行偿付授权书，若索偿金额不超过授权金额则应立即向出口地银行付款。

（2）不负单证不符之责。偿付行不接受单据，不审核单据，不与受益人发生关系，因此，偿付行对议付行的偿付不能视为开证行的付款。当开证行收到单据发现与信用证条款不符时，应向议付行追索已付款项，而不能向偿付行追索，因为偿付行既未接受单据，又未审单，自然不负单证不符的责任。

（3）偿付行的费用应由开证行负担。若该费用应由受益人负担，则开证行有义务在信用证和偿付授权中加以规定。若偿付行的费用应由受益人负担，应在偿付时从索偿银行的索偿金额中予以扣除；若没有进行偿付，偿付行的费用仍然由开证行负担。

四、信用证业务流程

信用证的种类多样，不同类型的信用证在运作程序上存在差异，繁简不一。在国际贸易结算中，一笔信用证结算业务通常要经过申请开立信用证、通知信用证、受益人交单、指定银行垫款、开证行偿付、开证申请人付款赎单等业务流程。图 6.1 为跟单信用证业务流程。

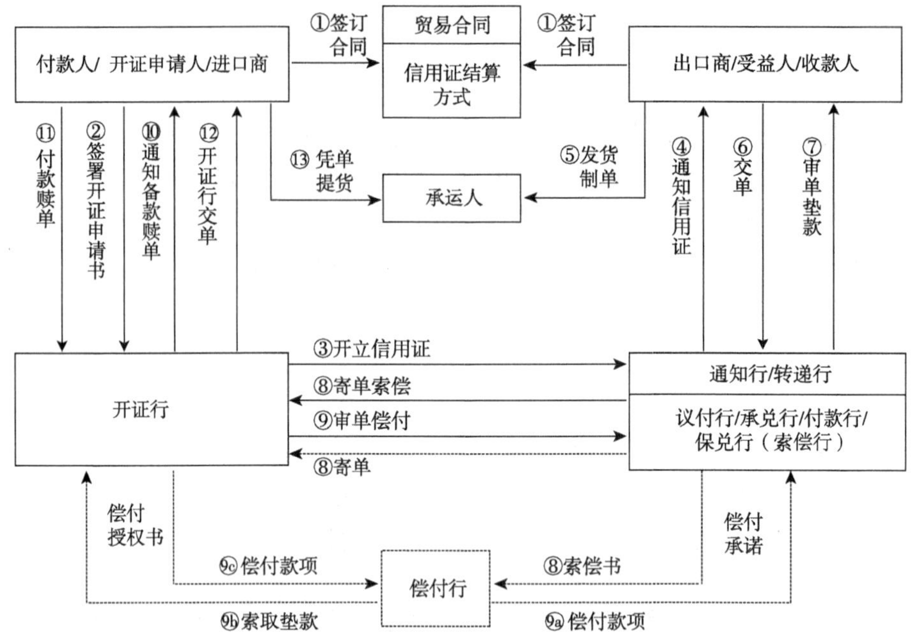

图 6.1 跟单信用证业务流程

①进出口商签订合同。进口商和出口商签订国际贸易合同，在合同中约定采用信用证方式结算有关款项。②开证申请人申请开立信用证。进口商作为开证申请人应在买卖合同规定的期限内，向其所在地银行申请开立以出口商为受益人的信用证。③开证行开立信用证。开证行在严格审核开证申请人的开证资格后，根据开证申请书开立以出口商为受益人的信用证，并将其发至通知行，请其通知受益人。④通知行向受益人通知信用证。通知行在收到开证行开来的信开本信用证或电开本信用证后，若拒绝接受开证行通知信用证的委托，应毫不迟延地通知开证行。若决定接受开证行通知信用证的委托，就有义务合理谨慎地鉴别信用证表面的真实性，若不能确认信用证的真实性，应及时向开证行查询，若在未核实前通知了信用证，应向受益人讲明情况。⑤受益人审证、发货、制单。受益人接到信用证通知书后，要对信用证进行审核，以确定其是否与贸易合同相符。如果来证与贸易合同不符，则必须立即通知开证申请人，要求其修改信用证，尤其要对是否存在软条款进行谨慎分析。出口商接受信用证后，将货物交与承运人，取得货运单据、保险单据等相关单据。出口商根据信用证要求缮制发票、装箱单、产地证明和装船通知等单据。⑥受益人交单。出口商备齐信用证规定的单据后，根据所开信用证的支付方式向有关银行提示信用证，请求议付（议付行）、承兑（承兑行）或付款（付款行、保兑行）。⑦出口地银行审单垫款。有关银行审单无误后，垫付（议付行）或支付（付款行、保兑行）货款给出口商。若是承兑信用证，则承兑行审单后先对远期汇票进行承兑，于汇票到期日再垫付货款给出口商。根据信用证的支付方式，如果受益人向议付行交单，无论是自由议付还是限制性议付，议付行对受益人的付款都具有追索权。⑧付款行或垫付行寄单索偿。如果信用证没有指定偿付行，则有关银行凭单据向受益人垫付款项后，将单据和汇票寄开证行索偿。若信用证指定有偿付行，则索偿行在向开证行寄单的同时，凭索偿书直接向偿付行索偿。⑨开证行审单偿付。开证行收到索偿行寄来的单据后，应立即审核单据表面是否符合信用证条款要求，并从收到单据的翌日起五个工作日内给予付款或提出拒付。如果开证行发现不符点，而且是实质性的，开证行可以拒收单据，也可以自行决定征求开证申请人的意见，但必须在五日内做出决定。若信用证指定有偿付行，则在偿付行索取垫款时，开证行对其进行偿付。如果开证行认为索偿行所寄的单据不符合信用证的要求，并做出拒付决定，则开证行不能向偿付行追索款项，但可以要求索偿行退款。⑩开证行通知开证申请人备款赎单。开证行在向索偿行或偿付行付款后，应立即通知进口商备款赎单。⑪开证申请人付款赎单。开证申请人收到开证行的赎单通知后，必须立即到开证行付款赎单，但其在付款前有权审查单据。若发现单据有不符点，则可以提出拒付，但仅可以对单证的表面不符，而不是真实性不符提出拒付。实务中若不符点是非实质性的，开证申请人有时也愿意接受。开证申请人审核无误接受单据后，就必须在合理的时间内无条件地付清信用证下的应付款项。⑫开证行交单。开证行收款后，将信用证下的单据交给开证申请人，开证行与申请人之间的契约关系就此结束，不再受开证申请书的约束。⑬开证申请人凭单提货。开证申请人付款赎单后，就可以凭单据向承运人提货。如果开证申请人发现所收到的货物与合同不符，有权根据贸易合同向出口商追索，但无权根据信用证向开证行索偿

第二节 信用证的内容结构与开立形式

一、信用证的内容结构

关于信用证的内容，世界各地的银行虽无统一规定，但基本内容大致相同，主要包括以下六个方面。

（一）关于信用证本身的说明

（1）信用证的形式（form of L/C），一切信用证均应明确表示为可撤销的信用证或不可撤销的信用证（revocable or irrevocable）。

（2）信用证号码及开证日期（L/C No. and issuing date）。

（3）受益人（beneficiary）。

（4）开证申请人（applicant）。

（5）信用证金额（amount）。

（6）有效期（terms of validity and expiry date）。

（7）生效地点，即交单地点，一般为开证行指定的银行。

（二）关于汇票的说明

如果信用证需要提交汇票，则应该在信用证中规定出票人、付款人、付款期限、出票期限、出票日期等；如不需要则无此项。

（三）关于单据的说明

信用证的业务处理主要是单据，所以信用证上一般要列明受益人需要提交的单据，并应说明单据的名称、份数和具体要求。信用证结算中最基本和最重要的单据分别是商业发票（commercial invoice）、运输单据（transport documents）、保险单据（insurance policy）。此外，还包括卖方提供的商检证、产地证、包装单据等。

（四）关于商品的描述

商品的描述一般包括货名（names）、数量（quantity）、单价（unit price）、包装（packing）、唛头（marks）、价格条件（price terms）及合同号码（contract No.）等最主要的内容。

（五）关于运输的说明

（1）装运港或起运地（port of loading or departure）。
（2）卸货港或目的港（port of discharge or destination）。
（3）装运期限（time of shipment）。
（4）可否分批装运（partial shipment allowed or not allowed）。
（5）可否转运（transhipment allowed or not allowed）。
（6）运输方式（mode of transportation）。

（六）其他说明

（1）开证行对议付行、通知行、付款行的指示条款（instructions to negtiating bank/ advising bank/ paying bank）。这一条款对于通知行来说，一般要求其在通知受益人时加注或不加注保兑；对于议付行或代付行来说，一般规定议付金额背书条款（endorsement clause）、索汇方法（method of reimbursement）、寄单方法（method of dispatching documents）。议付金额背书条款规定，议付后议付行须在信用证正本背面做好必要的记录；索汇方法通常是指议付后议付行向开证行索取外汇的方法和路线，如通过上海浦东发展银行北京分行转账等；寄单方法一般会注明单证如何寄送，如必须分两个连续航班用航空邮寄开证行等。

（2）开证行保证条款（engagement/undertaking clause）。每一个信用证必须有此条款，表明开证行对其付款责任的书面承诺，一般的保证文句是以“We hereby engage/undertaking ...”之类的句式开头。

（3）开证行名称及代表签名（opening bank's name and signature）。开证行名称及代表签名主要包括电报、电传的密押等。

（4）其他特别条件（other special conditions）。其他特别条件主要用以说明一些特别要求，如限制由某银行议付、限制由某国籍船只装运、装运船只不允许在某港口停靠或不允许采取某航线、发票须加注信用证号码、受益人必须交纳一定的履约保证金后信用证方可生效等。

（5）适用 UCP600 规定的声明。一般的文句为，This L/C was issued subject to uniform customs and practice for documentary credits 2007 revision ICC publication No. 600.

二、信用证开立的形式

根据信用证开立方式和记载内容的不同，可以将其分为信开本信用证（to open by airmail）和电开本信用证（to open by cable）。

（一）信开本信用证

所谓信开本是指银行采用信函的方式开立的信用证，这是银行最传统的开证形式。开证行以信函的方式开出信用证后，通过平邮航空挂号、特快专递等方式邮寄给通知行。开证行与通知行之间，事先应建立代理关系，互换签字样本和密押，使通知行可凭签字样本核对信用证的真实性。

（二）电开本信用证

所谓电开本是指银行以加注密押的电讯方式开证。信用证开好后，可通过电报、电传或 SWIFT 等方式传送，具体有以下三种。

1. 简电本

简电本（brief cable）是指开证行将信用证的几项主要内容用电讯方式预先通知给受益人，仅供受益人备货时参考。简电信用证一般包含信用证编号、金额、装运期和有效期、受益人和开证申请人的名称、货物名称和数量等主要项目。简电信用证又称“预先通知信用证”（pre-advice credit）。简电本属于非有效的信用证文件，也就是其在法律上是无效的，不能作为受益人装运货物、制单的依据，也不能作为银行付款、承兑、议付的凭证，必须有开证行毫不延误邮寄的详细证实书（confirmation）才是有效的信用证。简电本中往往会注明“详情后告”（Full details to follow）、“证实书后寄”（Mail confirmation to follow）及“有效信用证文件随寄”（Operative instrument mailing）等类似的词语，以表明该简电本仅仅是预先通知（preliminary advice），是无效的文件。简电信用证示例如图 6.2 所示。

MSG NO. LC NO.： 230BS-453222
TO： BANKERS TRUSTHONG KONG
FM： BANK OF CHINA，GUANGDONG PROVINCIAL BRANCH
DATE： 11，MAY，2003
TEST x x x FOR USD77，495.79
PLEASE ADVISE BENEFICIARY THAT WE ISSUED IRREVOCABLE CREDIT NO. LC NO.230BS-45322 ON US
FAVOUR： PHILIPS HONG KONG LIMITED CS/BUSINESS COMMUNICATION SYSTEM
ACCOUNT： CHINA IMP. & EXP. CORP. GUANGDONG，INTERNATIONAL
BUILDING，DONGFENGXI RD.， GUANGZHOU，P.R. CHINA
AMOUNT： USD77，495.79
EXPIRY： JULY 30，2003 in country of beneficiary
COVERING GOODS： COMPONENTS FOR SOPHO-S451482-155200
QTY： ONE LOT
SHIPMENT FROM AMSTERDAM TO GUANGZHOU，CHINA LATEST JULY 15，2003
THIS IS NOT AN OPERATIVE INSTRUMENT，AIRMAIL OPERATIVE INSTRUMENT TO FOLLOW.

图 6.2 简电信用证示例

2. 全电本

全电本（full cable/ telex）在法律上是有效的信用证文件，其内容完整齐全，没有任何保留条件或含糊不清的条款，可以作为受益人交单付款、承兑、议付的凭据，不需要再另寄证实书。如果开证行仍发出证实书，则此证实书无效，不作任何参考。为了明确全电信用证的有效性，银行在电文中有时还会注明“此证有效”（This is an operative instrument）或“不再邮寄证实书”（No mail confirmation will fellow）等类似的文字，而未标明“详情后告”之类的词语的电开本应视为有效的信用证。全电信用证示例如图 6.3 所示。

TO： BANKERS TRUST HONG KONG
FM： BANK OF CHINA，GUANGDONG PROVINCIAL BRANCH
DATE： MAY 10，2003
TEST：
ATTN： L/C ADVISING DEPT
WE HEREBY ISSUE OUR IRREVOCABLE DOCUMENTARY CREDIT AS FOLLOWS：
DOC. CREDIT NUMBER： LC NO.230BS-453222
EXPIRY DATE N PLACE： JULY 30，2003 in country of beneficiary
APPLICANT： CHINA IMP. & EXP. CORP. GUANGDONG，INTERNATIONAL BUILDING，DONGFENGXI RD.， GUANGZHOU，P.R. CHINA
BENEFICIARY： PHILIPS HONG KONG LIMITED CS/BUSINESS COMMUNICATION SYSTEM 26/F.，HOPEWELL CENTRE，17 KENNEDY RD.，HONG KONG
CURR/AMOUNT： USD77，495.79
AVAILABLE WITH： ANY BANK by negotiation
DRAFT（S）AT SIGHT FOR FULL INVOICE VALUE ON US
DOCUMENTS REQUIRED：
[X] Signed commercial invoice in FOUR copies indicating L/C No. and Contract No.
[X] Packing list/Weight memo in FOUR copies.
[X] Certificate of quality in FOUR copies issued by THE MANUFACTURERS.
[X] Certificate of origin in THREE copies issued by THE CHAMBER OF COMMERCE IN THE COUNTY OF ORIGIN.
[X] BENEFICIARY'S CERTIFIED COPY OF CABLE TO THE ACCOUNTEES ADVISING SHIPMENT IMMEDIATELY AFTER SHIPMENT EFFECTED.
[X] CLEAN AIR WAYBILL CONSIGNED TO ORDER OF ISSUING BANK MARKED FREIGHT COLLECT SHOWING THE L/C NO. AND NOTIFY THE APPLICANT WITH FULL ADDRESS.
PRESENTATION PERIOD： 15 days
COVERING SHIPT OF GOODS： COMPONENTS FOR SOPHO-S451482-155200
QTY： ONE LOT
DELIVERY TERMS： FCA AMSTERDAM
SHIPPING MARK： SHIPPING MARKS=03EMHKHNCT02002
GUANGZHOU CHINA
LOADING/DESPATCH AT/FM： AMSTERDAM
FOR TRANSPORTATION TO： GUANGZHOU，CHINA
LATEST DATE OF SHIPMENT： JULY 15，2003
PARTIAL SHIPMENT： allowed
TRANSHIPMMENT： allowed
ADDITIONAL CONDITIONS：

1.Each presentation must be noted on the reverse of this advice.
2. All documents are to be despatched in ONE lot by registered airmail to us at：BANK OF CHINA，GUANGDONG PROVINCIAL BRANCH，INTERNATIONAL DEPARTMENT.
12/F，FINANCIAL BLDG.，DONGFENGXI RD.GUANGZHOU，CHINA
3.In reimbursement-We shall reimburse you in accordance with your instructions upon receipt of documents in compliance with credit terms.
THIS CREDIT IS SUBJECT TO UCP ICC PREVAILING REVISION.
THIS IS THE OPERATIVE INSTRUMENT，NO MAIL CONFIRMATION TO FOLLOW.
XXXX
ABC HUNAN
NNNN

图 6.3 全电信用证示例

3. SWIFT 开证

SWIFT 是国际银行同业间的国际合作组织。凡按照国际商会所制定的电讯信用证格式，利用 SWIFT 系统设计的特殊格式，通过 SWIFT 系统传递的信用证信息，即通过 SWIFT 开立或通知的信用证称为 SWIFT 信用证，也称为全银电协信用证。使用 SWIFT 开立信用证，必须依照 SWIFT 使用手册规定的标准，否则会被自动拒绝。目前开立 SWIFT 信用证的格式代号为 MT 700 和 MT 701。在 MT 700 格式中，信用证中对于开证申请人的名称地址（条款代码号 50），填表时限制为 4 行，每行 35 个字符，而如果这个条款中的实际内容太多，超出了限制字数，就需要用另一套电文格式 MT 701 来进行补充。对已开出的 SWIFT 信用证进行修改，则需要采用 MT707 标准格式传递信息。目前，我国在电开信用证或收到的信用证电开本中，SWIFT 信用证占据了很大的比重。

SWIFT 电文是格式化的，用 0～9 的数字区别电文业务性质。0 代表 SWIFT 系统电报，1 代表客户汇款与支票（customer payment & cheques），2 代表银行头寸调拨（financial institution transfers），3 代表外汇买卖、货币市场及衍生工具（foreign exchange，money markets and derivatives），4 代表托收业务（collection & cash letters），5 代表证券业务（securities markets），6 代表贵金属和银团贷款业务（precious metals and syndication），7 代表跟单信用证和保函（documentary credits and guarantees），8 代表旅行支票（traveller cheques），9 代表银行和客户账务（cash management & customers status）。每一类包含若干组（group），每一组又包含若干格式（type），每个电报格式代号由三位数字构成，如 T700 代表信用证业务。其中，电文第一位数字代表业务，第二、第三位也分别代表不同的意思。

有关信用证的电文通常有以下几种：

MT 700/701 开立信用证

MT 705 跟单信用证预先通知

MT 707 跟单信用证的修改

MT 710/711 通知由第三家银行或非银行开立的信用证

MT 720/721 跟单信用证的转让

MT 730 确认

MT 732 单据已被接受的通知

MT 734 拒付通知
MT 740 偿付授权
MT 742 索偿
MT 747 修改偿付授权
MT 750 通知不符点
MT 752 授权付款、承兑或议付
MT 754 已付款、承兑或议付
MT 756 通知已偿付或付款

由上可知，开立 SWIFT 信用证的格式代号是 MT 700 和 MT 701（701 格式是在 700 格式不够使用时增添使用的），信用证修改格式是 MT 707。

下面介绍 SWIFT 信用证开立格式。如表 6.1 所示，为跟单信用证 MT 700 开立格式（MT 700 issue of a documentary credit）如图 6.4 所示，为 SWIFT 信用证示例。

表 6.1 跟单信用证 MT 700 开立格式

M/O 必选/可选	Tag 代号	Field Name 栏目名称
M	27	Sequence of Total（合计次序是指本证的页次，前后各一位数字，如“1/2”，其中“2”指本证共 2 页，“1”指本页为第一页。若 L/C 条款能够全部容纳在该 MT 700 报文中，则该项目就填写 1/1；若该 L/C 由一份 MT 700 和一份 MT 701 电文组成，则在 MT 700 报文的“27”中填写“1/2”，在 MT 701 电文中的“27”中填写“2/2”。）
M	40A	Form of Documentary Credit（跟单信用证类型）该项目内容有三种填法：IRREVOCABLE（不可撤销的跟单信用证）；IRREVOCABLE TRANSFERABLE（不可撤销的可转让跟单信用证）；IRREVOCABLE STANDBY（不可撤销的备用信用证）。详细的转让条款应在 47A 中列明
	40E	①UCP LATEST VERSION（统一惯例最新版本）②EUCP LATEST VERSION（电子化交单统一惯例最新版本）③UCP URR LATEST VERSION（统一惯例及偿付统一规则最新版本）④EUCP URR LATEST VERSION（电子化交单统一惯例及偿付统一规则最新版本）⑤ISP LATEST VERSION（《国际备用证惯例》最新版本）⑥OTHER（其他）
M	20	Documentary Credit Number（信用证号码）
O	23	Reference to Pre-Advice（预通知编号）
O	31C	Date of Issue（开证日期）
M	31D	Date and Place of Expiry（到期日及地点）
O	51A	Applicant Bank（开证申请人的银行）若开证行与申请人的银行不是一家银行，该项目应列明申请人的银行
O	50	Applicant（开证申请人）
M	59	Beneficiary（受益人）
M	32B	Currency Code，Amount [信用证金额（货币符号、金额）]
O	39A	Percentage Credit Amount Tolerance（信用证金额加减百分率）该项目列明信用证金额上下浮动最大允许范围，用百分比表示（如 10/10，即表示允许上下浮动各不超过 10%）
O	39B	Maximum Credit Amount（最高信用证金额）该项目“UP TO”“MAXIMUM”“NOT EXCEEDING”（后跟金额）表示信用证金额的最高限额
O	39C	Additional Amounts Covered（可附加金额）该项目列明信用证所涉及的附加金额，保险费、运费、利息等

续表

M/O 必选/可选	Tag 代号	Field Name 栏目名称
M	41a	Available With … By.（被指定的有关银行及信用证兑付方式）该项目列明被授权对该证付款、承兑或议付的银行及该证的兑付方式 ①银行的表示方法：当该项目代号为“41A”时，银行用 SWIFT 名址码表示；当该项目代号为“41D”时，银行用行名地址表示。 ②兑付方式的表示方法分别为：BY PAYMENT（即期付款） BY ACCEPTANCE（远期承兑）BY NEGOTIATION（议付） BY DEFPAYMENT（延期付款）BY MIXED PAYMENT（混合付款） 若该证为延期付款，有关付款的详细条款将在“42P”中列明； 若该证为混合付款，有关付款的详细条款将在“42M”中列明
O	42C	Drafts at（汇票付款期限）
O	42a	Drawee（汇票付款人）
O	42M	Mixed Payment Details（混合付款指示）列明付款日期、金额及方式
O	42P	Deferred Payment Details（延期付款指示）列明付款日期及方式
O	43P	Partial Shipments（分批装运）列明是否允许分批装运
O	43T	Transshipment[转船（转运）]列明货物是否允许转船或转运
O	44A	Place of Taking in charge/Dispatch from./Place of Receipt（接管地/发运地/收货地）
O	44E	Port of Loading/Airport of Departure（装运港/出发机场）
O	44F	Port of Discharge/Airport of Destination（卸货港/目的地机场）
O	44B	Place of Final Destination/For Transportation to … Place of Delivery（最终目的地/运输至…交货地）
O	44C	Latest Date of Shipment（最迟装运日期）
O	44D	Shipment Period（装运期间）
O	45A	Description of Goods and/or Services（货物/劳务描述）贸易条件，如 FOB、CIF 等应列在该项目中
O	46A	Documents Required（所需单据）若信用证规定运输单据的最迟出单日期，该条款应和有关单据的要求一起列入该项目中
O	47A	Additional Conditions（附加条件）
O	71B	Charges（费用）该项目的出现只表示费用由受益人负担。若电文无此项目，则表示除议付费、转让费，其他费用均由申请人负担
O	48	Period for Presentation（提示期限）该项目列明在出具运输单据后多少天内交单。若电文未使用该项目，则表示在出具运输单据后 21 天内交单
M	49	Confirmation Instructions（保兑指示：此项只使用代码 CONFIRM 请保兑/MAY ADD 可保兑/WITHOUT 不加保兑）
O	53a	Reimbursement Bank（偿付行）该项目列明经开证行授权偿付 L/C 金额的银行。该偿付行可以是开证行的分行或其指定的另家银行
O	78	Instructions to the Paying/Accepting/Negotiating Bank（对付款/承兑/议付银行的指示）
O	57a	Advise Through Bank（通知银行）
O	72	Sender To Receiver Information 附言（银行间的通知）

：40A form of documentary credit：

：20 documentary credit number：230BS-453222

：31C date of issue：11，MAY，2003

：31D date and place of expiry：JULY 30，2003 in country of beneficiary

：51s Applicant Bank：BANK OF CHINA GUANGDONG PROVINCIAL BRANCH

：50 applicant：CHINA IMP. & EXP. CORP. GUANGDONG，INTERNATIONAL BUILDING，DONGFENGXI RD.，GUANGZHOU，P.R. CHINA

：59 beneficiary：PHILIPS HONG KONG LIMITED CS/BUSINESS COMMUNICATION SYSTEM

：32B currency code amount：USD77，495.79

：39A pct credit amount tolerance：

：41A available with /by-swift addr：ANY BANK

：42 Drafts at Drawn on：US

：43P partial shipments：ALLOWED

：43T transshipment：ALLOWED

：44A on board/disp/taking charge：AMSTERDAN

：44B for transportation to：GUANGZHOU，CHINA

：44C latest date of shipment：JULY，15，2003

：45A Shipment of goods and/or services：COMPONENTS FOR SOPHO-S451482-155200

QTY：ONE LOT

46A DOCUMENTS required：

[X] Signed commercial invoice in FOUR copies indicating L/C No. and Contract No.

[X] Packing list/Weight memo in FOUR copies.

[X] Certificate of quality in FOUR copies issued by THE MANUFACTURERS.

[X] Certificate of origin in THREE copies issued by THE CHAMBER OF COMMERCE IN THE COUNTY OF ORIGIN.

[X] BENEFICIARY'S CERTIFIED COPY OF CABLE TO THE ACCOUNTEES ADVISING SHIPMENT IMMEDIATELY AFTER SHIPMENT EFFECTED.

[X] CLEAN AIR WAYBILL CONSIGNED TO ORDER OF ISSUING BANK MARKED FREIGHT COLLECT SHOWING THE L/C NO. AND NOTIFY THE APPLICANT WITH FULL ADDRESS.

：47A Additional conditions：

：48 Period for presentation：15 DAYS

：49 confirmation instruction：WITHOUT

53A reimbursement bank-BIC：

：78 instructions to pay/acc/neg bk：

1.Each presentation must be noted on the reverse of this advice.

2. All documents are to be despatched in ONE lot by registered airmail to us at：BANK OF CHINA，GUANGDONG PROVINCIAL BRANCH，INTERNATIONAL DEPARTMENT.

12/F，FINANCIAL BLDG.，DONGFENGXI RD.GUANGZHOU，CHINA

3.In reimbursement-We shall reimburse you in accordance with your instructions upon receipt of documents in compliance with credit terms.

图 6.4 SWIFT 信用证示例

第三节 信用证的种类

按照不同分类维度，信用证可分为不同的类型，常见的信用证分类主要有以下几种。

一、光票信用证和跟单信用证

根据信用证使用过程中是否附带货运单据，可分为光票信用证（clean L/C）和跟单信用证（documentary L/C）。

（一）光票信用证

光票信用证是指不附单据，仅凭汇票（或收据）付款的信用证。预支信用证及旅行信用证均属此类。光票信用证不附货运单据，受益人可以在装运货物取得货运单据前开出汇票请求银行议付，因此常有“Payment in advance against clean draft is allowed”或类似文句，起到预先支取货款的作用。

（二）跟单信用证

跟单信用证是指凭规定的单据或跟单汇票付款的信用证，国际贸易结算中绝大多数信用证都是跟单信用证。

二、即期信用证和远期信用证

信用证根据其付款时间可分为即期信用证（sight L/C）和远期信用证（usance L/C），还有一种较为特殊的假远期信用证（usance credit payable at sight）。

（一）即期信用证

即期信用证是指开证行或指定银行收到受益人提交的符合信用证条款规定的即期跟单汇票或单据后，立即付款的信用证。即期信用证结算，受益人交单后可立即得到货款，这有利于资金周转，在国际结算中应用最为广泛，即期信用证须明确注明“at sight”或“sight”字样。

（二）远期信用证

远期信用证指开证行或指定银行收到符合信用证条款的单据和汇票后，不是立即付款，而是等到信用证规定日期才履行付款义务的信用证。远期信用证的受益人提示单据汇票后，只能在规定的日期获得付款。在远期信用证下，受益人应出具远期汇票，该汇票的付款人应是开证行或被指定银行，由付款人先承兑该远期汇票，注明承兑日期、到期日并签字。承兑后的汇票可以由开证行保留，也可以寄回寄单行，当汇票到期时由承兑行履行付款责任。

远期信用证是卖方先发货交单，买方后付款，实际上是出口商为进口商提供信贷，解决了进口商的资金周转困难，出口商要承担一定的风险。

（三）假远期信用证

假远期信用证是一种开证申请人远期付款，而受益人即期收汇的信用证。当买卖双方达成即期交易，但进口商由于某种目的和需求，在信用证中要求受益人以即期交易价格报价，开立远期汇票，由进口商负担贴现利息及有关费用，而受益人按规定即期收汇，此类信用证即为假远期信用证。

假远期信用证开立的原因主要是某些国家外汇紧缺，国家法令规定进口交易必须远期付款，银行只能开出远期信用证，或对银行开立即期信用证有严格限制，于是在即期交易中，进口商就采用开出远期信用证，要求银行保证贴现出口商的远期汇票，贴现利息和费用由进口商承担的假远期做法。此外，进口商也可通过开立假远期信用证的做法以较低的贴现利息和费用来融通资金，减轻费用负担，降低进口成本。

三、保兑信用证和不保兑信用证

根据是否有另一家银行对信用证加具保兑，可分为保兑信用证（confirmed L/C）和不保兑信用证（unconfirmed L/C）。

（一）保兑信用证

保兑信用证是指开证行开出的信用证经另一银行加以保兑，保证兑付受益人所开具的汇票。对信用证加具保兑的银行就称为保兑行。若开证行委托通知行予以加保，称为委托保兑。若保兑行不是经开证行指定的，而是由出口商指定的银行对信用证加以保兑，称为无委托保兑或沉默保兑。这种保兑代表了保兑行和受益人之间的协议，仅对受益人和保兑行有效。

保兑行对信用证所负的责任与开证行所负的责任相当，即当信用证规定的单据提交到保兑行或任何一家指定银行时，在单据符合信用证规定的情况下，则构成保兑行在开证行承诺之外的确定承诺。也就是说，凡同意对跟单信用证加以保兑者应承担对受益人签发的即期或远期汇票的议付、承兑、付款的责任。因此，保兑信用证具有开证行和保兑行双重确定的付款承诺。

保兑信用证的使用有以下两种情况：一是受益人对开证行的信用程度及金融地位不了解和信任时，或对进口国政治上有顾虑时，要求开证申请人指示银行开立不可撤销加保兑的信用证；二是开证行本身担心其开出的信用证不能被受益人接受或不容易被议付行议付时，主动要求一家银行对其开出的信用证加具保兑。

（二）不保兑信用证

不保兑信用证是指未在信用证中注明 “保兑信用证”字样的信用证。即便开证行要求另一家银行加保，如果该银行不愿意在信用证上加具保兑，则被通知的信用证仍然只是一份未加保兑的不可撤销信用证。通知行在给受益人的信用证通知中一般会写上，“This is merely an advice of credit issued by the above mentioned bank which conveys no engagement on the part of this bank.”（这是上述银行所开信用证的通知，我行只通知而不加保证。）

不保兑信用证的特点是，只有开证行一重确定的付款责任。

四、付款信用证、承兑信用证和议付信用证

按信用证下指定银行的付款方式，可分为付款信用证（paying L/C）、承兑信用证和议付信用证（negotiation L/C）。

（一）付款信用证

付款信用证是指卖方向信用证规定的被授权付款银行提交符合信用证规定的单据时，付款银行立即给予付款的信用证。根据被授权付款银行的付款时间，也可分为即期付款信用证和延期付款信用证。

（二）承兑信用证

承兑信用证是指在信用证中规定开证行授权受益人开立以开证行为付款人或以其指定的其他银行为付款人的远期汇票，在银行审单无误后，承担承兑汇票并于到期日付款的信用证。

在承兑信用证中，开证行的承诺条款是，“We hereby engage that drafts drawn inconformity with the terms of this credit will be dully accepted on presentation to drawee bank and dully honored on maturity.”(兹保证凭向受票银行提示符合信用证规定的单据时，承兑汇票并于汇票到期日届满时付款。)

（三）议付信用证

议付信用证是指开证行指定某一银行议付或任何银行均可议付的信用证。议付信用证一般都要求汇票，汇票付款人必须是议付行以外的当事人，如开证行、保兑行等。议付是指授权议付的银行对汇票或单据支付对价。受益人将汇票及所需单据提交议付行之后，议付行经审核确认其表面合格，即从票面金额中扣除议付利息及手续费，将其余净款垫付给受益人，并向开证行交单索汇。若开证行因单证不符而拒付，议付行可以向受益人行使追索权。从这个角度讲，受益人获得议付行的垫付并非意味着其已获得最终支付，只有当开证行向议付行支付了议付垫款后，受益人才最终获得了开证行的付款，才解除了议付行对受益人的追索权。

议付信用证可以分为限制议付信用证和自由议付信用证（freely negotiation L/C）两种。限制议付信用证由开证行指定议付行，受益人只能向该指定银行交单并要求议付；而自由议付信用证是指开证行没有指定特定银行为议付行，信用证通常可以由出口商所在地的任何一家银行自由议付。对开证行而言，由于限制议付信用证指定了议付银行，容易控制，而自由议付信用证项下的议付银行可以是任何银行，开证行难以控制，风险较大。

常见的限制议付的信用证文句有：

We hereby authorize____Bank to negotiate the draft.（兹授权___银行议付汇票）。

Credit available by negotiation with the Nominated Bank.（该证由指定银行议付）。

五、可转让信用证和对背信用证

（一）可转让信用证

根据 UCP 600 第三十八条的规定，可转让信用证（transferable L/C）是指特别注明“可转让”（transferable）字样的信用证。可转让信用证可应受益人（第一受益人）的要求转为全部或部分由另一受益人（第二受益人）兑用。可转让信用证的转让行是指办理信用证转让的指定银行，开证行也可担任转让行。

凡可转让信用证必须载明以下文句，以表示其可以转让：

This credit is transferable.（本信用证可以转让）。

Transferable to be allowed.（本信用证允许转让）。

在信用证中使用“可分割”“可分开”“可让渡”“可转移”之类措辞，并不能使信用证成为可转让信用证。如果使用了此类措辞，可不予置理。

可转让信用证适用的贸易方式包括：

（1）进口商委托国外中间商采购商品时，可开具以中间商为受益人的可转让信用证。中间商可将一地或异地的各供应商作为第二受益人，分割转让其信用证的全部或部分金额。对中间商而言，这种做法一方面可以保守商业秘密，不让国外进口商知道实际的货源和交易条件；另一方面又可以赚取中间利润。中间商作为信用证的第一受益人，所签发的商业发票比第二受益人所出具的发票金额要大，两者之间的差额就是中间商获得的中间利润，即佣金。

（2）大公司接受国外大量订货，而实际由分散各口岸的分公司分头装货时，可要求进口商开立可转让信用证。大公司可以总公司作为信用证的第一受益人，然后再将信用证的金额分别转让给实际供货的各分公司，即信用证的第二受益人。

（二）对背信用证

对背信用证（back to back L/C）指信用证的受益人（中间商）以该信用证为保证，要求一家银行开立以该行为开证行、以原证受益人为申请人、以实际供货人为受益人的一张条款相似的信用证。这种信用证通常靠中间商转售他人货物赚取差价，或者两国不能直接进行贸易，需通过第三者来进行交易的情况下使用。这种贸易通常有两份合同，一份是中间商与进口商签订的贸易合同,另一份是中间商与实际供货商签订的贸易合同。中间商与进口商签订的贸易合同下，由进口商申请开立的信用证称为原信用证；中间商与实际供货商签订的合同下，由中间商在原信用证基础上要求银行开立的信用证称为对背信用证。

对背信用证在原证基础上开立，其条款与原证基本相似，但可略有变动：①原证受益人是中间商，新证受益人是实际供货人；②原证申请人是进口商，新证申请人是原证受益人（中间商）；③原证开证行是进口地银行，新证开证行是出口地银行；④新证较原证金额及单价降低；⑤装运期和有效期提前，交单期缩短。

（三）信用证与可转让信用证的区别

信用证和可转让信用证均可用于中间贸易，两者有相似之处，但也有很大区别。

1. 信用证性质不同

可转让信用证下原证和新证的开证行是同一家银行，转让行转开新证，无保证付款的义务，新证与原证是相互联系的，原证下的受益人与新证下的受益人处于相同地位，两者均可获得原证开证行的付款保证。对背信用证与原证的开证行是两家不同的银行，两证是相互独立的，两家开证行分别承担第一性付款责任，实际供货商只能获得新证开证行的付款保证，与原证开证行没有任何联系。

2. 业务性质及开立背景不同

可转让信用证明确规定了信用证可转让的性质，即开证行、进口商、中间商均可能知道会出现新证受益人和新证业务，若第一受益人不能如期替换发票，转让行还可直接将第二受益人提交的单据寄给开证行索汇。而对背信用证下原证和对背信用证是相互独立的两笔业务，原证开证行、进口商可能并不知道对背信用证的存在，新证的受益人（实际供货商）也可能不知道其所使用的信用证是对背信用证；中间商在申请开立对背信用证时还应提供质押，对背信用证开证行不能直接将对背信用证受益人的单据寄给开证行索汇。

3. 通知行的地位有所不同

可转让信用证下通知行受原证开证行的委托转开信用证，并不改变其地位或增加其责任，它并没有成为一家新的开证行，对第二受益人不负保证付款的义务。而对背信用证下，通知行若开立新证，则其地位发生改变，成为一家新的开证行，必须对开出的信用证承担第一性付款责任。

六、其他信用证

（一）循环信用证

循环信用证（revolving L/C）是指信用证的金额在部分或全部使用后，能恢复到原金额，并能循环多次使用，直至达到信用证规定的循环次数、时间或累积金额为止。在普通信用证的基础上增加一条“循环条款”，就可以实现循环。

一般而言，如果同一份买卖合同项下分批交货，前后跨越时间较长或累积金额较大时，可以使用循环信用证。循环信用证可以避免信用证保证金的利息损失（跨越时间长时）、减少保证金金额（累积金额较大时）。

1. 按时间循环

按时间循环的信用证是指信用证上规定受益人每隔某一段时间，可循环使用信用证上规定的金额。

循环条款举例：

This credit is available for up to USD15 000 per month during January 2002 to May 2002.The aggregate amount under this credit is USD75 000.（2002 年元月至 2002 年 5 月期间，本信用证每月兑付金额达 USD15 000。本信用证总金额为 USD75 000）。

2. 按金额循环

按金额循环的信用证是指信用证项下的钱款付给受益人后，信用证恢复到原来的金额供受益人再度使用。按金额循环的信用证又可分为自动循环、半自动循环和非自动循环三种。自动循环使用是指出口商可按月（或按一定时期）支取一定金额，不必等待开证行的通知，信用证就可在每次支款后自动恢复到原金额；非自动循环使用是指出口商每次支取货款后，必须等待开证行的通知，才能使信用证恢复到原金额，再加以利用；半自动式循环使用指的是，出口商每一次支取货款后，经过若干天，如果开证行未提出不能恢复原金额的通知，信用证即自动恢复原金额。

（二）预支信用证

预支信用证（anticipatory L/C）是指开证行应进口商要求，在信用证上加列条款，授权议付银行或指定银行在受益人交单前向其预付全部或部分货款的信用证。这种先付款后交货的贸易方式，是进口商给予出口商的一种融资便利。进出口双方需在谈判时确定支付条件、金额和方法，并要在信用证中列明。

预支信用证适用的贸易方式包括：

（1）合同中商品系市场上供不应求的紧缺商品，进口商欲采用优惠的有竞争性的竞争方式；

（2）出口商资金紧缺或周转不灵，进口商可借此机会采用预支货款的支付方式，以求压低价格。

（三）对开信用证

对开信用证（reciprocal L/C）是指两张信用证的开证申请人互以对方为受益人而开立的信用证。对开信用证的特点是第一张信用证的受益人（出口人）和开证申请人（进口人）就是第二张信用证的受益人和开证申请人。一般在进料加工贸易中使用，对开信用证的第一张信用证是根据进口原料或零配件的合同开立的，第二张信用证是根据生产出的商品（来料、来件等）的出口合同开立的。例如，进口料件时工厂向客人开出料件进口的远期信用证，同时客人向工厂开出成品进口的即期信用证。工厂在履行完成品出口合同、收妥货款的同时，也可保证客人能够收妥当初提供料件合同的款项，从而保障了双方的利益。

第四节　信用证欺诈及防范

一、信用证欺诈的含义及产生原因

对于信用证欺诈（fraud on L/C）的含义，目前国际上还没有一个统一的规定，国际商会在 UCP600 中也没有对此做出界定，这主要是因为国际商会更倾向于就国际银行业务技术的统一进行规定，他们认为对于信用证欺诈这类非银行业务做出统一的规定，可能引起各国立法机构的异议，且国际商会也无法保证这些规定会得到各国的一致承认和遵守。因此，各国对信用证欺诈的主要认定依据是各国的国内法。

《美国统一商法典》规定：若一次交单在其表面上严格与信用证的条件和条款相符，但是其中所要求的一张单据是伪造的，或者实质上是欺诈的，或者兑付该交付的单据将促成受益人对开证人或开证申请人的实质上的欺诈，那么这种行为就构成信用证欺诈。简而言之，在信用证结算中，只要存在伪造单据或者存在实质上可以认定为欺诈的情形，就可认定存在信用证欺诈行为。

我国2006年1月1日起施行的《最高人民法院关于审理信用证纠纷案件若干问题的规定》第八条规定，“凡有下列情形之一的，应当认定存在信用证欺诈：受益人伪造单据或者提交记载内容虚假的单据；受益人恶意不交付货物或者交付的货物无价值；受益人和开证申请人或者其他第三方串通提交假单据，而没有真实的基础交易；其他进行信用证欺诈的情形”。

综合相关法律规定，可将信用证欺诈定义为，在信用证业务中，一方当事人故意告知另一方当事人虚假情况或故意隐瞒事实真相，诱使其陷于错误认识而失去其有价财产或某项权利，以从中获取不正当利益的行为。

信用证欺诈产生的主要原因有以下几个方面。

（一）信用证本身的缺陷

UCP600第四条规定：“信用证与可能作为其开立基础的销售合同或其他合同是相互独立的交易，即使信用证含有对此类合同的任何援引，银行也与该合同无关且不受其约束。因此，银行关于承兑、议付或履行信用证项下其他义务的承诺，不受申请人基于其与开证行或与受益人之间的关系而产生的任何请求或抗辩的影响。”

UCP600第五条规定：“在信用证业务中，银行所处理的是单据，而不是与单据有关的货物、服务及/或其他行为。”第十四条规定：“按指定行事的指定银行、保兑行（如果有的话）及开证行须审核交单，并仅基于单据本身确定其是否在表面上构成相符交单。”第三十四条规定：“银行对于任何单据的形式完整性、准确性真实性、伪造、法律效力或单据上规定的或附加的一般或特别条件，概不负责；对于单据所代表的货物的描述、数量、重量、品质、状况、包装、交货、价格或存在，或货物的发货人、承运人或保险人或其他任何人诚信或行为及/或不行为，清偿能力及资信情况等也不负责。”

这些条款构成了信用证结算的最核心原则——独立抽象性原则。对银行而言，它确立了银行承付或议付相符单据的绝对责任，即使涉及基础合同的违约也不能免除银行的责任。同时也清楚强调银行对于假单证不负任何把关责任，银行也无义务核对受益人所提供的单据的真实性。因此，这一原则给了不法商人可乘之机，他们利用表面完全相符、但实际上是伪造的单据向银行提示并要求承付或议付，导致信用证欺诈案件频繁发生，给银行及有关当事人带来严重损失。

（二）信用证欺诈能给不法商人带来巨额收益，而风险却较小

目前国际贸易中存在大量投机商或不法商人，他们利用信用证业务骗取货款或货物，对于欺诈者而言，无须付出重大成本。目前国际社会对信用证欺诈尚无有效、有力的制裁措施，在司法管辖权、法律适用、国际司法援助等方面也没有形成一致的做法，这也使得信用证欺诈问题广泛存在。

（三）单据文件极易伪造

信用证是一项单据处理业务，银行结汇时只管单据不管货物。随着印刷技术、电子科技的高速发展，伪造单据变得易如反掌，且足以以假乱真。而且在国际结算中，各国对于单据的格式也无统一标准，这样就使得银行或交易者难辨真伪，从而受骗上当。同时不法商人的诈骗手段也不断更换翻新，且各种手段交织在一起，更具隐蔽性、多样性和复杂性，更加难以防范。

（四）贸易商对交易方缺乏了解，相关业务人员缺乏业务知识、经验及责任心

信用证业务涉及众多处于不同国家的当事人，对交易方的资信、经营作风、财务状况进行了解有相当的难度；信用证业务涉及众多国际惯例、法律和复杂的专业技术知识，如一项进口业务涉及许多单证，包括运输单据、保险单据、商业发票及其他单据，以及这些单据下的租船、商检、配载、卸载、管理和交付等行为，还涉及对卖方及船方的资信、货物数量和质量、船舶状况及船员配备的了解，以及贸易程序、水文气象、国际法等知识。对一般商人来说，全面了解和掌握这些烦琐的程序和实际情况，并做出精确判断是有困难的，加上有些业务人员责任心不强，警觉性不高，给了不法商人可乘之机，加大了贸易和结算风险。

二、信用证欺诈的类型

（一）受益人（卖方）对开证申请人（买方）的欺诈

受益人欺诈是指受益人或他人以受益人身份，用伪造的单据或具有欺骗性陈述的单据欺骗开证行和开证申请人，以获取信用证项下的银行货款。这是国际贸易中发案率最高的一类信用证欺诈，它包括以下几个表现形式。

1. 伪造全套单据

这种欺诈方式是指受益人在根本无货的情况下，伪造与信用证条款要求相符的全套单据，使银行因单证表面相符而付款，从而达到骗取信用证项下货款的目的。

由于银行在信用证结汇中只对有关单证作表面的审查，只要单证一致、单单一致，就应对卖方付款，而对货物不予审查，这就使得一些不法商人有机可乘。卖方利用银行不管货物的特点，销售一些根本不存在的货物，并伪造提单。常见做法有：以根本不存在的某船公司或其代理的名义签发提单；设立假公司，伪造假提单；涂改真实提单的签名或其他内容。由于提单及其他单据都是伪造的，根本没有相应的货物，买方付款后无法取得货物，损失难以追回。

2. 与船东共谋欺诈

与船东共谋欺诈包括以下几种类型。

（1）用保函换取清洁提单。在国际贸易结算中，对于有船方批注的不清洁提单（货物外表状况不良），银行是不接受的。为达到欺诈目的，卖方与船方串通，出具货物在良好状态下装船的清洁提单，隐瞒货物装船前存在的瑕疵，向买方实施欺诈。通常船方要求卖方出具保函，保证抵偿船方因签发清洁提单所造成的损失。这类保函构成了对收货人或提单持有人的欺诈，一般不具有法律效力。

（2）预借提单或倒签提单。预借提单是指由于信用证规定的装船日期已到，而卖方因故未能及时备货装船，或尚未装船完毕，而要求承运人（船方）签发已装船提单以便交单结汇。倒签提单则是指货物由于实际装船日期迟于信用证规定的装运日期，如果按实际装船日期签发提单，可能导致银行拒付，为了使提单签发日期与信用证规定的装运日期相符，承运人应托运人要求，在提单上仍按信用证装运日期填写的提单。

预借提单和倒签提单均掩盖了货物迟交的真相，是托运人和承运人合谋签发的不符合信用证装船日期的提单，构成了对买方的欺诈。这两种提单均属于表面符合要求的单据，卖方可凭此向银行要求付款。即使买方收货后发现货物与合同不符，或者交货延迟，也难以追回损失。

（二）开证申请人对受益人的欺诈

开证申请人利用信用证对受益人进行欺诈主要有以下手法。

1. 伪造信用证

有些贸易合同列有出口商预付佣金、质押金、履约金等条款，规定出口商收到信用证后立即支付，开证申请人利用这些条款，以根本不存在的虚假银行的名义开立假信用证，或冒用银行名义开立伪造的信用证，从而骗取出口商支付的佣金、质押金、履约金或货物。

2. 在信用证中设立“软条款”进行欺诈

“软条款”（soft clause）又称为陷阱条款，指进口商在申请开证时，故意设置若干隐蔽性的陷阱条款，以便在信用证运作中置受益人于完全被动的境地，申请人或开证行可随时将受益人置于陷阱，并以单证不符为由，解除信用证项下的付款责任。其主要类型有以下几种。

（1）在信用证中附加生效条款，即申请人要求开证行开出暂不生效信用证，规定必须取得某种文件或某种条件之后才能生效，如等到申请人确认后才生效，或由开证行签发通知才生效，或受益人先提供履约保证书等。这样，如果开证申请人不通知生效，就会造成出口商不能及时按照信用证条款履行责任，使得支付的佣金、质押金等落入开证申请人手中；或者无法按装运期装货，造成单证不符，遭开证行拒付，给出口商带来巨大损失。

（2）凭证文件规定由申请人或其代理人出具的条款，如检验证书由申请人出具，或由开证行核实等。此时出口商完全没有提示该单据的主动权，如果申请人不出具该单据，出口商就无法按信用证规定交单，从而蒙受损失。

（3）对货物运输的限制条款，如规定装运港、装船日期或目的港须由申请人通知或经其同意，或船公司、船名应由申请人指定，或受益人必须取得申请人指定验货人签发的装船通知才能装船等。这样，如果申请人不通知装船，出口商不仅损失质押金，还要承担一大笔货物滞留港口待运的费用。

（4）由受益人出具的商业发票、检验证书等必须由开证申请人或其代理人签字或会签，其签字字迹必须与开证行存档的笔迹相符。诈骗分子以申请人代表的名义在受益人出货地签发检验证书，但其签名与开证行留底印鉴式不符。

3. 伪造信用证修改书

伪造信用证修改书指诈骗分子不经开证行而是直接向通知行或受益人发出信用证修改书，引诱受益人发货，以骗取货物。其特征是原证虽是真实合法的，但含有某些制约受益人权利的条款，如信用证中规定船名及目的港在以后的信用证修改中通知，修改书以电报或电传方式发出，盗用银行密押；修改书不通过开证行发出，而是直接发给通知行或受益人；规定装运后邮寄一份正本提单给申请人；装运期和有效期较短，迫使受益人仓促发货。

4. 利用可转让信用证欺诈

这类欺诈主要发生在转口贸易中，一些不法分子利用中国香港这一转口贸易中心，通过中间商转让国外信用证方式进行诈骗。在这类可转让信用证中通常有以下条款。

（1）交单期和有效地点在中国香港，且交单期限很短，如要求提单签发日 7 天之内应寄到中国香港某转让银行。由于交单期限短，很容易造成逾期交单，有效地点在中国香港，国内出口公司较难控制。

（2）规定中国香港转让行收到国外原开证行付款后，再付款给境内公司，这实际上是将信用证方式改为托收方式，易造成出口商的损失。

（三）开证申请人和受益人共谋的信用证欺诈

这种欺诈方式是指申请人与受益人相互串通勾结，编造虚假贸易合同，或虚报、谎报进口货物名称及金额，利用信用证独立于贸易合同，以及只要受益人提交相符单据银行就必须付款的特点，由申请人向银行申请开证，受益人向银行提交表面相符但实际上是伪造的单据，骗取银行付款。这种申请人和受益人共谋的欺诈，隐蔽性很强，不明真相的银行往往容易受骗。

三、信用证欺诈的防范

（一）进口商对风险的防范

1. 加强对出口商资信的调查，谨慎签订贸易合同

进口商在和出口商洽谈贸易合同之前应仔细了解出口商的资信、经营范围、经营作风、财务状况等，选择资信良好的贸易商作为交易伙伴，以减少风险损失及贸易纠纷。在签订贸易合同时，应详细列明各项条款，尽可能使合同条款严密，无懈可击。

2. 明确订立信用证条款，严格审查单据

进口商在申请开证时，应明确订立信用证条款，不能含糊其辞，模棱两可，特别是对受益人提交的单据应提出明确具体的要求，从而避免出口商利用信用证条款含糊不清而提交不符合合同要求但符合信用证要求的单据来骗取货款。也可在信用证中加列条款来约束受益人，如规定装运期限、装运港、卸货港、是否允许分批装运、是否允许转运、规定交单期限等，以约束出口商按时发货交单。此外，进口商应严格审查受益人提交的单据，若发现单证不符可拒绝付款。

3. 选择正确的价格条件

在签订贸易合同时，进口商应尽量选择 FOB 成交，在 FOB 价格条件下，租船订舱、办理保险的主动权都掌握在进口商手中，进口商可选择信誉良好的船方运输货物，在装船前可以派出有关人员核对清点货物名称、数量、规格、包装情况等是否与合同相符，从而有效防范卖方以次货、坏货、假货、无货进行欺诈的风险。

（二）出口商对风险的防范

1. 加强对进口商和开证行资信的调查

做好对进口商资信的调查是出口商防范风险的重要手段之一，资信的高低直接关系到进口商的履约能力及能否诚实守信地履行贸易合同下的各项责任。同时，出口商也应掌握开证行的资信状况及经济实力，信用证开证行承担第一性付款责任。开证行的资信直接影响到出口商的货款能否顺利收取。如果对开证行资信不了解或不信任，可拒绝接受其开立的信用证，或者要求开证行以外的另一家银行进行保兑，从而降低收汇风险。

2. 仔细审核信用证条款

接到信用证之后，出口商应对信用证条款进行仔细审核，如果发现信用证条款与合同不符，或者存在似是而非、对自己不利的陷阱条款，应及时要求对方修改，从而确保

自身利益。

3. 投保出口信用保险

出口商可以向保险公司投保出口信用保险，从而将收汇风险转嫁给保险公司。

（三）银行对风险的防范

1. 严格审查开证申请人的资信及提交的文件

银行在申请人提出开证申请时，应对申请人的经营情况、财务状况、资金周转情况、资信状况、贸易项目情况、进出口合同等进行严格审查，并通过保证金或其他担保机制来控制开证申请人的信用风险，对凭第三者担保的开证，应确认担保的合法合规及担保人的主体资格。

2. 认真缮制信用证，加强信用证业务的管理

银行应在进口商填写申请书时给予必要的指导，劝阻进口商在开证申请书中加注过多的细节，以及对单据提出一些不切实际的要求，如使用“第一流”“著名”等词语来描述单据出单人。在缮制信用证时注意信用证条款应明确无误，各条款必须相互一致，不能自相矛盾。信用证中的寄单要求、偿付条款等应清楚。开立信用证的正文应加注“依照 UCP600 开立”的文句（使用 SWIFT 开证的除外），简电开证时，必须随即寄送证实书，证实书与简电内容应一致。同时银行要加强对信用证相关文件，如信用证副本、开证申请书、购汇申请书、使用开证额度申请书等文件的档案管理。

3. 全面、严格审查单据，以确定银行是否承担付款责任

银行应按照 UCP600 的要求，认真、谨慎地做好审单工作。审单时要注意提交单据是否在信用证规定的交单期及有效期之内、汇票金额或索汇金额是否符合信用证规定、单据的种类份数等是否与信用证条款相符，如果信用证限制指定银行议付、付款、承兑，单据是否由指定银行提交等。

4. 认真负责地核验信用证的真实性、有效性，掌握开证行的资信

银行在接到国外银行开来的信用证时，应仔细核对印鉴、密押是否相符，以防假冒和伪造，如果发现信用证中含有主动权不在自己手中的“软条款”或其他不利条款，应迅速与出口商联系，并提示出口商要求对方修改，或采取相应的防范措施。

对受益人提交的单据应严格审查，在审单中如果发现不符点，应及时联系受益人修改，不符点应一次性提出。如果不符点无法改正，经受益人同意可以电讯方式向开证行提出不符点，征询其意见。如果开证行同意接受不符点，按单证相符处理；如果开证行不同意接受不符点或迟迟不予答复，银行不能付款，可将单据交受益人自行处理。

四、专项训练：信用证软条款识别和审证

根据合同，审核信用证，指出信用证的错误和风险，并说明如何修改。

SALES CONFIRMATION

S/C NO.：SHHX98027

DATE：03-APR-98

The Seller：HUAXIN TRADING CO.，LTD.The Buyer：JAMES BROWN & SONS

Address：14TH FLOOR KINGSTAR MANSION，Address：#304-310 JALAN STREET，

676 JINLIN RD.，SHANGHAI CHINA　TORONTO，CANADA

Art. No.	Commodity	Unit	Quantity	Unit Price (USD)	Amount (USD)
					CIFC5 TORONTO
HX1115	CHINESE CERAMIC DINNERWARE 35PCS DINNERWEAR & TEA SET	SET	542	23.50	12737.00
HX2012	20PCS DINNERWARE SET	SET	800	20.40	16320.00
HX4405	47PCS DINNERWARE SET	SET	443	23.20	10277.60
HX4510	95PCS DINNERWARE SET	SET	254	30.10	7645.40
					46980.00
TOTAL CONTRACT VALUE：SAY US DOLLARS FORTY SIX THOUSAND NINE HUDRED AND EIGHTY ONLY.					

PACKING：HX2012 IN CARTONS OF 2 SETS EACH AND HX1115，HX4405 AND HX4510 TO BE PACKED IN CARTONS OF 1 SET EACH ONLY.

TOTAL：1639 CARTONS

PORT OF LOADING &

DESTINATION：FROM：SHANGHAI　TO：TORONTO

TIME OF SHIPMENT：TO BE EFFECTED BEFORE THE END OF APRIL 1998 WITH PARTIAL SHIPMENT ALLOWED

TERMS OF PAYMENT：THE BUYER SHALL OPEN THOUGH A BANK ACCEPTABLE TO THE SELLER AN ERREVOCABLE L/C AT SIGHT TO REACH THE SELLER BEFORE APRIL 10，1998 VALID FOR NEGOTIATION IN CHINA UNTIL THE 15TH DAY AFTER THE DATE OF SHIPMENT.

INSURANCE：THE SELLER SHALL COVER INSUANCE AGAINST WPA AND CLASH & BREAKAGE & WAR RISKS FOR 110% OF THE TOTAL INVOICE VALUE AS PER THE RELEVANT OCEAN MARINE CARGO OF P.I.C.C. DATED 1/1/1981.

Confirmed by：

THE SELLER　　　　THE BUYER

HUAXIN TRADING CO.，LTD.

MANAGER 赵建国

REMARKS:

1. The Buyer shall have the covering letter of credit reach the Seller 30 days before shipment, failing which the Seller reserves the right to rescind without further notice, or to regard as still valid whole or any part of this contract not fulfilled by the Buyer, or to lodge a claim for losses thus sustained, if any.
2. In case of any discrepancy in Quality, claim should be filed by the Buyer within 30 days after the arrival of the goods at port of destination; while for quantity discrepancy, claim should be filed by the Buyer within 15 days after the arrival of the goods at port of destination.
3. For transactions concluded on C. I. F. basis, it is understood that the insurance amount will be for 110% of the invoice value against the risks specified in the Sales Confirmation. If additional insurance amount or coverage required, the Buyer must have the consent of the Seller before Shipment, and the additional premium is to be borne by the Buyer.
4. The Seller shall not be held liable for non-delivery or delay in delivery of the entire lot or a portion of the goods hereunder by reason of natural disasters, war or other causes of Force Majeure, However, the Seller shall notify the Buyer as soon as possible and furnish the Buyer within 15 days by registered airmail with a certificate issued by the China Council for the Promotion of International Trade attesting such event(s).
5. All deputies arising out of the performance of, or relating to this S/C, shall be settled through negotiation. In case no settlement can be reached through negotiation, the case shall then be submitted to the China International Economic and Trade Arbitration Commission for arbitration in accordance with its arbitral rules. The arbitration shall take place in Shanghai. The arbitral award is final and binding upon both parties.
6. The Buyer is requested to sign and return one copy of this S/C immediately after receipt of the same. Objection, if any, should be raised by the Buyer within 3 working days, otherwise it is understood that the Buyer has accepted the terms and conditions of this contract.
7. Special conditions: (These shall prevail over all printed terms in case of any conflict.)

THE ROYAL BANK OF CANADA
BRITISH COLUMBIA INTERNATIONAL CENTRE
1055 WEST GEORGIA STREET, VANCOUVER, B.C. V6E 3P3
CANADA
CONFIRMATION OF TELEX/CABLE PRE-ADVISED　　DATE: APR 8, 1998
TELEX NO. 4720688 CA　　PLACE: VANCOUVER

IRREVOCABLE DOVUMENTARY CREDIT	CREDIT NUMBER： 98/0501-FTC	ADVISING BANK'S REF. NO.

ADVISING BANK： SHANGHAI A J FINACE CORPORATION 59 HANGKONG ROAD SHANGHAI 200002，CHINA	APPLICAN： JAMES BROWN & SONS #304-310 JALAN STREET，TORONTO，CANADA
BENEFICIARY： HUAXIN TRADING CO.，LTD. 14TH FLOOR KINGSTAR MANSION， 676 JINLIN RD.，SHANGHAI CHINA	AMOUNT： USD46，980.00 （US DOLLARS FORTY SIX THOUSAND NINE HUNDRED AND EIGHTEEN ONLY）

EXPIRY DATE： MAY 15，1998 FOR NEGOTIATION IN APPLICANTS COUNTRY

GENTLEMEN：

WE HEREBY OPEN OUR IRREVOCABLE LETTER OF CREDIT IN YOUR FAVOR WHICH IS AVAILABLE BY YOUR DRAFTS AT SIGHT FOR FULL INVOICE VALUE ON US ACCOMPANIED BY THE FOLLOWING DOCUMENTS：

\+ SIGNED COMMERCIAL INVOICE AND 3 COPIES

\+ PACKING LIST AND 3 COPIES，SHOWING THE INDIVIDUAL WEIGHT AND MEASUREMENT OF EACH ITEM.

\+ ORIGINAL CERTIFICATE OF ORIGIN AND 3 COPIES ISSUED BY THE CHAMBER OF COMMERCE.

\+ FULL SET CLEAN ON BOARD OCEAN BILLS OF LADIG SHOWING FREIGHT PREPAID CONSIGNED TO RODER OF THE ROYAL BANK OF CANADA INDICATING THE ACTUAL DATE OF THE GOODS ON BOARD AND NOTIFY THE APPLICANT WITH FULL ADDRESS AND PHONE NO. 77009910

\+ INSURANCE POLICY OR CERTIFICATE FOR 130 PERCENT OF INVOICE VALUE COVERING：INSTITUTE CARGO CLAUSES（A）AS PER I.C.C. DATED 1/1/1982.

\+ BENEFICIARY'S CERTIFICATE CERTIFYING THAT EACH COPY OF SHIPPING DOCUMENTS HAS BEEN FAXED TO THE APPLICANT WITHEIN 48 HOURS AFTER SHIPMENT.

COVERING SHIPMENT；

4ITEMS TEMS OF CHINESE CERAMIC DINNERWARE INCLUDING：HX1115 544SETS，HA2012 800SETS，HX4405 443SETS AND HX4510 245SETS

DETAILS IN ACCORDANCE WITH SALES CONFIRMATION SHHX98027 DATED APR.3，1998.

〖 〗FOB/〖 〗CFR/ 〖X〗CIF/ 〖 〗FAS TORONTO CANADA

SHIPMENT FROM SHANGHAI	TO VANCOUVER	LATEST APRIL 30，1998	PARTIAL SHIPMENTS PROHIBITED	TRANSSHIPMENT PROHIBITED

DRAFTS TO BE PRESENTED FOR NEGOTIATION WITHIN 15 DAYS AFTER SHIPMETN，BUT WITHIN THE VALIDITY OF CREDIT.

ALL DOCUMENTS TO BE FORWARDED IN ONE COVER，BY AIRMAIL，UNLESS OTHERWISE STATED UNDER SPECIAL INSTRUCTIONS.

SPECIAL INSTRUCTIONS： ALL BANKING CHARGES OUTSIDE CANADA ARE FOR ACCOUNT OF BENEFICIARY

\+ ALL GOODS MUST BE SHIPPED IN ONE 20' CY TO CY CONTAINER AND B/L SHOWING THE SAME

\+ THE VALUE OF FREIGHT PREP AID HAS TO BE SHOWN ON BILLS OF LADIG

\+ DOCUMENTS WHICH FAIL TO COMPLY WITH THE TERMS AND CONDITIONS IN THE LETTER OF CREDIT SUBJECT TO A SPECIAL DISCREPANCYHANDLING FEE OF USD35.00 TO BE DEDUCTED FROM ANY PROCEEDS.

DRAFT MUST BE MARKED AS BEING DRAWN UNDER THIS CREDIT AND BEAR ITS NUMBER; THE AMOUNTS ARE TO BE ENDORSED ON THE REVERSE HEREOF BY NEG. BANK. WE HEREBY AGREE WITH THE DRAWERS, ENDORSERS AND BONA FIDE HOLDER THAT ALL DRAFTS DRAWN UNDER AND IN COMPLIANCE WITH THE TERMS OF THIS CREDIT SHALL BE DULY HONORED UPON PRESENTATION.
THIS CREDIT IS SUBJECT TO THE UNIFORM CUSTOMS AND PRACTICE FOR DOCUMENTARY CREDITS (1993 REVISION) BY THE INTERNATIONAL CHAMBER OF COMMERCE PRBLICATION NO. 500.

DAVID JONE　　　　YOURS VERY TRULY,
　　　　JOANNE SUSAN
AUTHORIZED SIGNATURE　　　　AUTHORIZED SIGNATURE

第五节 信用证典型案例解析

案例一：单证不符

（一）基本案情

A银行向受益人通知了一份由乙国B银行开来的不可撤销信用证。受益人在规定期限内备货装运后即向A银行交单议付。A银行随即向开证行正式寄单，并于同日按信用证条款，向偿付行C银行索偿。但不久，A银行意外收到C银行的来电，称经其审单后发现存在单证不符之处，故不予偿付。请问偿付行C银行的做法正确吗?

（二）案例分析

偿付行C银行的做法不正确。根据UCP600规定，偿付行通常是见索即付的，没有审单的义务，其付款也不需要提供证实单据与信用证条款及条件相行的证明。

案例二：倒签提单

（一）基本案情

某年7月，中国丰和贸易公司（简称丰和公司）与美国威克特贸易有限公司（简称威克特公司）签订了一项出口货物的合同，以信用证方式结算货款。信用证规定最迟装船日期为12月15日，有效期至次年2月1日。但是，由于丰和公司没有很好地组织货源，直到次年1月才将货物全部备妥，并于1月15日装船。丰和公司为了能够如期结汇取得货款，要求宏盛海上运输公司（简称宏盛公司）按12月15日的日期签发提单，并凭借提单和其他单据向银行办理了议付手续，收清了全部货款。

但是，当货物运抵纽约港时，威克特公司对装船日期产生了怀疑，遂要求查阅航海日志，宏盛公司被迫交出航海日志。威克特公司在审查航海日志之后，发现该批货物真正的装船日期是次年 1 月 15 日，比信用证规定的装船日期要迟延 1 个月。于是，威克特公司向当地法院起诉，控告丰和公司和宏盛公司串谋伪造提单，进行欺诈，既违背了双方合同约定，也违反法律规定，要求法院扣留宏盛公司的运货船只。

美国当地法院受理了威克特公司的起诉，并扣留了该运货船舶。在法院的审理过程中，丰和公司承认了其违约行为，宏盛公司亦意识到其失理之处，经多方努力，争取庭外和解。最后，达成了协议由丰和公司和宏盛公司支付威克特公司赔偿金，威克特公司撤销了起诉。

（二）案例分析

倒签提单属于托运人和轮船公司合谋以欺骗收货人的欺诈行为。收货人一旦有证据证明提单的装船日期是伪造的，就有权拒绝接受单据和货物。收货方不仅可以追究卖方（托运方）的法律责任，还可以追究轮船公司的责任。在本案中，托运人在未能及时备妥货物的情况下，应该及时与威克特公司取得联系，请求修改信用证，并求得对方的谅解，即使对方不同意如此做，至多也只付违约金，而且只有在美方公司确有损失的前提下才付赔偿金，而不应该要求承运人倒签提单，从而造成卖方和承运人共同成为被告，被控合谋伪造单据进行欺诈，既蒙受了经济损失，也丧失了商业信誉。

案例三：信用证软条款

（一）基本案情

A 进出口公司向卡斯基贸易有限公司出口一笔货物，国外开来信用证在特别条款中规定："受益人出具证明书证明品质符合 2009 年 6 月 7 日提供的样品证书并由买方代表杰里迈亚先生会签，其签字须由开证行核实。"

A 进出口公司根据装运期的要求即办理了租船订舱，并按上述信用证条款于 7 月 26 日发电邀请对方代表来装运港验货，但时过半个多月一直未见买方代表。由于对方代表未到又无法进行装船，只好向船方退载，结果向船方交纳空舱费 1 000 多美元。A 进出口公司又连续几次向卡斯基贸易有限公司催促委派代表，直至 9 月 20 日买方代表杰里迈亚先生才来到装运港，经过认真与样品核对认为符合要求并同意装船。A 进出口公司随即出具证书，证明货物品质符合 2009 年 6 月 7 日提供样品的品质，该证书并由买方代表杰里迈亚先生会签。

A 进出口公司于 9 月 30 日装运完毕，10 月 3 日备齐所有单据向议付行交单办理议付。但开证行收到单据后，提出单证不符拒付："第 XX 号信用证项下你方单据中，关于货物品质符合样品的证书，虽然已由买方代表杰里迈亚先生会签，但其签字并非本人签字，经与我行备案的签字存样对照，根本不一致，所以不符合信用证要求。单据暂在我行保管，速告处理意见。”A 进出口公司又直接发电责问卡斯基贸易有限公司，为何杰里迈亚先生的签字与开证行存样的签字会不一致，但买方一直不答复，而开证行又再三催促如何处理。A 进出口公司为了避免货物遭到更大的损失，只好委托驻外机构直接在当地处理了货物而结案。

（二）案例分析

本案中的特别条款是典型的软条款，出口商没有认真对信用证条款进行审核，使自己处于被动，遭受了重大损失。因此，出口商在接到信用证后应仔细审核，从信用证的生效环节、货物检验环节、货物装船环节到货物验收环节，需一一审查其中是否含有软条款，一旦发现，应立即电请开证申请人修改，并说明由此引起的时间延误应通过信用证展期予以弥补。

案例四：海运提单

（一）基本案情

2018 年 2 月，新疆万达有限公司（进口商，简称 A 公司）与新加坡的 Sinarmas CEPSA Pte.Ltd（出口商，简称 B 公司）经一系列磋商，于 2018 年 2 月 6 日签订一份进口合同。合同约定，A 公司自 B 公司处进口原产地为印度尼西亚的 SINAR-FAB 三压硬脂酸集装袋，净重 156 公吨，单价为 855 美元每公吨，总价为 133 380 美元。

合同规定货物在印度尼西亚的帕库港装运，预计离港日为 2018 年 3 月 1 日，最晚装运期为 2018 年 3 月 15 日，并拟定于 2018 年 3 月 22 日到达连云港。签订合同后，A 公司向北京银行申请开立不可撤销即期跟单信用证。2 月 28 日，北京银行开立 SWIFT MT700 格式信用证，贸易术语为 CIF 连云港，信用证到期日为 2018 年 4 月 5 日，到期地点新加坡，允许转运，允许分批装运。

B 公司收到信用证后立即安排备货装运，委托 Tiger Ocean Line 作为承运人，并在 2018 年 3 月 18 日完成装运。但是货物在规定日期内到达连云港后，出口方的单据在四月份都迟迟没有到达开证行，导致了进口方无法取货，产生了滞报金。此外，在出口方传送给进口方的单据中，海运提单给出的是货代单，并不是正本提单。

（二）案例分析

本案例争议的焦点主要涉及两个方面的问题：首先，这批货物在 3 月 24 号已经到港，但进口方没有收到出口方寄的单证，因此无法提货。由此在港口产生一系列的费用，如滞报金、堆存费、滞箱费等，所以到底由谁负责这些费用，牵扯到经济纠纷的问题。其次，这批货物的信用证上规定要使用正本提单（original bill of loading，OBL），但是出口方发给进口方的是货代提单（house bill of loading，HBL），也即，必须先在目的港向货代的代理换取主提单（master bill of loading，MBL），然后再凭着 MBL 去提货，俗称换单，进口方必须在出口方规定的地方换单，这样不仅手续冗余，也会产生多余的费用。

（1）货代提单即货运代理提单，是船公司签发的主提单下的分提单。货代公司从多个货主处揽来货物，集中交船公司托运。船公司签发给货代公司的是主提单，货代公司在船公司签发的主提单下再向货主签发分提单，也就是货代提单。主提单是由实际承运人（船公司）签发的；而货代提单是由货代公司以承运人或其代理人身份签发的。

货代公司扮演着无船承运人的角色。一方面，它与货方直接签订分运输合同，承担承运责任；另一方面，它以自己的名义，作为托运人与船公司签订总运输合同。

（2）货代提单是否具“货权凭证”功能？在《关于审核跟单信用证项下单据的国际标准银行实务》（International Standard Banking Practice for the Examination of Documents under Documentary Credits，ISBP745）一书中，对于货代提单是否具有普通提单所具有的“货权凭证”功能这一问题，回答是肯定的。其中提到国际商会在 R343 中回答一个问题时的一段话：“直到将货交给指定的收货人、提单的被背书人或空白背书提单的持有人以前，货代对装运都负有责任。”据此，该书认为，“显然，这已经表明了货代提单也是提单的一种，从而理所当然地与其他提单一样，通常情况下都具有‘货权凭证’的功能”。

然而，在实际贸易中，当货物到达目的港时，货代提单持有人（买方）需凭着货代提单向货代或其在到达港的代理人换得船东提单即主提单后，再凭船东海运提单提货；或先由货代或其代理人凭船东提单提得货物后，货代提单持有人再凭货代提单向货代或其代理人提货。由此可见，货代提单并不具备海运提单的“货权凭证”功能。海运中货物的实际控制人和实际承运人仅凭其签发的海运提单或海运提单载明的对象交货，货代提单是无法直接提货的。

（3）UCP500 第二十三条 a 款明确指出，提单应由承运人、承运人的具名代理（代表），或船长、船长的具名代理（代表）签署。提单签发人的身份须证实，承运人或船长的任何签署或证实必须表明“承运人”或“船长”的身份。代理人代表承运人或船长签字或证实时，也必须表明所代表的委托人的名称和身份，即注明代理人所代表的承运人或船长。

综上所述，B 公司发出的货代单与信用证规定不符。从产生过程看，货代提单是贸易过程中为平衡各方需求而衍生出来的中间产物。而在银行实务中，其具有特殊的风险特征。如果信用证中有关于货代提单的描述和规定，银行单证人员在进行单据审核时，应提高警惕、区分情况、慎重处理。

案例五：信用证项下溢短装条款

（一）基本案情

2012 年 7 月，S 银行收到一笔出口信用证项下交单，信用证 43P 域允许分批发运，45A 域的货物描述为同一品名的两种等级的纺织品（POLYSTER TEXTURED GRADE

AA：7 000 KG，POLYSTER TEXTUREDGRADE A：1 125KG），信用证 47A 域的附加条款中规定：BOTH QUANTITY AND AMOUNT MORE OR LESS 10PCT ALLOWED。S 银行业务人员审单时发现，发票上的货物描述中显示 AA 等级的货物为 8 024 千克，A 等级的为 710 千克，认为 AA 等级的货物发货数量比规定数量多了 14.63%，不符合 47A 域关于数量浮动幅度不得超过 10%的溢短装条款，构成超装，受益人则认为，只要全部货物的总量符合 47A 域溢短装条款的规定即可,单项等级的货物数量无须遵守这一规定，两种等级的货物发运总数量（8 734 千克）比信用证的规定（8 125 千克）多 7.5%，没有超过信用证允许的幅度，不存在不符点，受益人不愿修改单据并指示交单行寄单。一周后，开证行发来拒付电文，拒付理由为 GRADE AA 超装，GRADE A 短装（PARTIAL SHIPMENT）。S 银行认为关于短装的不符点不成立，因为信用证在 43P 域规定分批装运是允许的，遂向开证行发电文就此进行反驳，但开证行仍坚持其观点。一个月后，开证行付款，但同时扣除了不符点费。

（二）案例分析

本案例争议的焦点在于信用证的溢短装条款，主要涉及两个方面的问题：一是信用证的溢短装条款如何适用于货描中的货物总分项。即当信用证的货物描述中分别规定了不同规格、花色、等级的货物的数量时，类似本案例中的溢短装条款是否仅适用于总的货物数量和金额（如本案例中受益人所持观点），或同时限制每种不同规格、花色、等级的货物数量和金额。二是在信用证允许分批发运的情况下，附加条款中的短装幅度限定是否有效力。

1. 溢短装条款对货描中货物总项和分项的适用问题

国际商会在案例中的结论为：如果货物描述中每一个货物分项的数量在溢短装幅度范围内，总量也一定符合要求，所以如果信用证规定了货物的不同规格、等级、花色等的具体数量，则溢短装幅度的限定同时适用于货物总项和分项。但由于上述意见并未被直接纳入 UCP 或 ISBP 的条款之中，实务中仍有一些银行或进出口商对此缺乏了解，认为此类条款仅适用于货物的总数量和总金额。为了避免误解和争议，开证行在类似情况下应在信用证条款中使用更为明确的表述。例如，BOTH QUANTITY AND AMOUNT XX PCT MORE OR LESS ALLOWED INCLUDING EACH SIZE AND TOTAL.

2. 关于溢短装条款在分批装运许可情况下的效力问题

如果信用证允许分批装运，则受益人可以在装运期内继续装运，也可以在交单期内继续交单，直到发运数量达到信用证规定的上限为止。正如国际商会在 TA816rev/R843 中所述：只要信用证允许分批装运，就总是存在信用证未被完全使用的可能。也就是说，在信用证允许分批装运的情况下，不应该以受益人发货数量未达到信用证规定的最低限度为理由提出拒付。因此通常来说，在信用证允许分批发运的情况下，对于短装幅度的限定是没有效力的，可以不予理会。

（三）案例启示

从进口方来说，开证行开立信用证时要对相关条款进行明确，确保不会产生歧义或误解。就本案例中的情形而言，为避免实务中因溢短装和分批发运条款引起争议，开证行可以在信用证条款中明确规定每个等级的货物实际发运量都不能超过信用证货描中相应规定数量的 10%；由于信用证已经规定允许分批发运，可以对货物短装幅度不予限定，即只限定每项货物及货物总量溢装不得超过信用证规定数量的 10%。

从出口方来说，应从严把握信用证条款，防止开证行利用模糊不清的条款拒付。对于本案例中的情形，信用证条款中没有提及溢短装条款是否适用于分项货物，但出于审慎从严的原则，受益人和交单行即使不了解国际商会 R238 案例的结论，也应力求做到使每一分项货物都满足信用证对溢短装幅度的限定，以避免纠纷。此外，允许分批装运作为实务中经常出现的条款，如进出口双方对具体条款的理解有歧义，则在单证实务中可能存在一定的争议风险。尤其对于一些特定商品如大型机械设备等，允许分批发运是否意味着允许将单个货物拆分成部件后分批发运，各方可能对此有不同的理解。虽然按照国际商会 TA834 案例，这种做法是允许的，但在实务中受益人和交单行还是应尽量审慎处理，应避免如此操作或事先向开证行征求明确的意见，以避免产生纠纷。

案例六：信用证软条款

（一）基本案情

韩国农水产食品流通公社通过某平台向山东某蒜农进口大蒜 2 200 吨。为了能够达成这笔交易，蒜农一方按照韩方的要求先行支付了 100 多万元的保证金，以此获得了韩方出具的信用证，在开立的信用证上明确标注“货物（大蒜）到达韩国后，需要经过韩方三家检验检疫机构检查合格入关后方能支付全部信用证金额下的货款的 90%，同时还需要韩国农水产食品流通公社开具‘同意书’后才能兑付；剩余货款的 10%需要经韩国农水产食品流通公社自行检验后才能兑付，如果出现失重等问题，将从这 10%货款中扣除相关费用”。与此同时，这次与蒜农签约的是韩国大农农产公司，产品质量标准翻译件也由该公司提供。

达成交易，蒜农收到信用证后根据要求进行备货，随后收货方韩国农水产食品流通公社签发了质检合格证书，蒜农将大蒜经青岛港发往韩国釜山，但被抽检不合格，最终此批大蒜被退回国内，蒜农损失估计超过 1 000 万元人民币。

（二）案例分析

显然，此案例中买方所受到的损失主要源于其对软条款理解的偏差与疏漏。信用证软条款是信用证条款中一种异常类型，它没有受到 UCP600 的调整和约束。信用证软条款在一般情况下具有两个特点：一是受益人议付时，除需要提供正常信用证业务中规定的单据外，还被要求提供信用证中约定的其他单据或条件；二是这些单据或条件是受益人（卖方）无法通过自己单方意志能力或自身履约行为来获得的，而是受到开证申请人或第三方制约或需要对方配合才能实现的。

在本案例中，中方出口蒜农出现了几个疏漏。

（1）事先缴纳保证金之后，蒜农一方陷入了被动。信用证业务是买卖双方基于平等互利基础上在合同中达成的双方一致认可的货款支付方式，根据相关的国际贸易规则和国际贸易惯例规定，受益方收到信用证就应进行审核，对不合理条款可以要求开证行进行修改。修改后仍不符，信用证受益人可以在通知对方后单方面撤销合同，以避免后续的经济损失。很显然，蒜农一方不了解国际贸易规则和国际贸易惯例，才会出现这种比较低级的错误。

（2）在收到信用证后，蒜农已经发现上述信用证软条款，但由于迫切想达成这笔交易而提前支付了巨额保证金，担心订单可能被对方取消，蒜农没有提出修改信用证条款，从而导致后续的后果和损失。

（3）产品质量标准翻译由韩方提供，致使韩方只翻译了其中的基本内容和重要信息，而缺少其他大农农产认为无用的信息的翻译。这样，直接导致蒜农处于被蒙蔽状态，引发退货。

（三）案例启示

由以上案例，可以得出几点有关出口公司在进行信用证业务时应注意的内容。

（1）由专业单证工作人员审核信用证条款。识别信用证软条款，相对来说，会帮助当事人降低风险。对于偏远落后国家的开证行，需要加保，并且要及时识破不法外商与一些开证行相互勾结设下的圈套，防患于未然。

（2）要正确对待外贸合同和信用证两者的辩证关系，正确理解并应用信用证这一支付工具。要特别着重审查信用证条款与外贸合同的一致性，做到证同相符。这样就为后续履行合同，凭借信用证即时安全收回货款奠定了良好的基础。

（3）签订合同时，要争取由本国的商检机构来实行商品检验。由本国商检机构实施商检，出口商可以掌握主动权从而降低风险。

（4）认真审证，及时准确地发现是否有信用证软条款。做到及早发现软条款，坚决剔除软条款，宁可失去订单，不可承担软条款带来的巨大风险。

（5）坚持原则，剔除侥幸心理。经过审核信用证，发现问题后要立即与开证申请人联系，要求对方修改信用证，不能存在侥幸心理，或者退让心理，不符合要求的软条款必须完全地得到修改。否则货物已经投入生产，生产完毕甚至已装船，如果开证申请人不配合改证，出口方就会非常被动。

复习思考题：

1. 什么是信用证？信用证的信用性质和特点？

2. 议付行付款与保兑行、开证行付款的不同特点？
3. 信用证记载的基本内容包括哪些？信用证的开立形式？
4. 比较可转让信用证和对背信用证的机制和流程。
5. 什么是信用证软条款？主要表现形式？

第七章 国际贸易中的结算单据

本章导读： 通过本章学习，了解国际结算单据种类及其作用；准确理解信用证有关单据条款；掌握各种单据缮制及审核要求，能依据信用证或合同规定缮制结汇单据；了解议付单据中常见不符点及其处理办法，能熟练运用UCP600惯例处理单证。

第一节 单据的分类及基本要求

一、单据的分类

国际结算单据是国际结算中广泛使用的物权凭证和结算凭证。由于国际结算具有“时空性”的特点，在国际间办理资金结算很难立即做到钱货两清，而是需要通过有关单据的传递、交接清偿债权债务。国际贸易结算是国际结算的主要内容，国际贸易项下的单据既是代表物权的重要凭证，也是出口商履约的证明，单据的转移就代表物权的转移。国际贸易上的货物单据化，使得作为国际结算信用中介的外汇银行及其他有关各方均以符合要求的货运单据作为资金结算的依据，也就是通常所说的“只认单据、不问货物”的国际结算准则。由此可见，国际结算单据在国际资金结算中起着极其重要的作用。

国际结算的单据种类繁多，但按其作用可分为两大类：第一类是基本单据（basic documents）。即在国际贸易中出口方必须提供的常规单据，如商业发票、提单、保险凭证等。第二类是附属单据（additional documents）。是进口方根据本国政府有关当局的规定、进口货物的性质或其他需要，而要求出口方特别提交的单证，如海关发票、领事发票、产地证明书，以及附属于商业发票的有关单证，如检验证明书、卫生证明书、包装单、尺码单、重量单等。也可以根据单据的基本属性分为金融单据、商业单据、运输单据、保险单据和其他官方文件。国际结算单据的分类如图7.1所示。

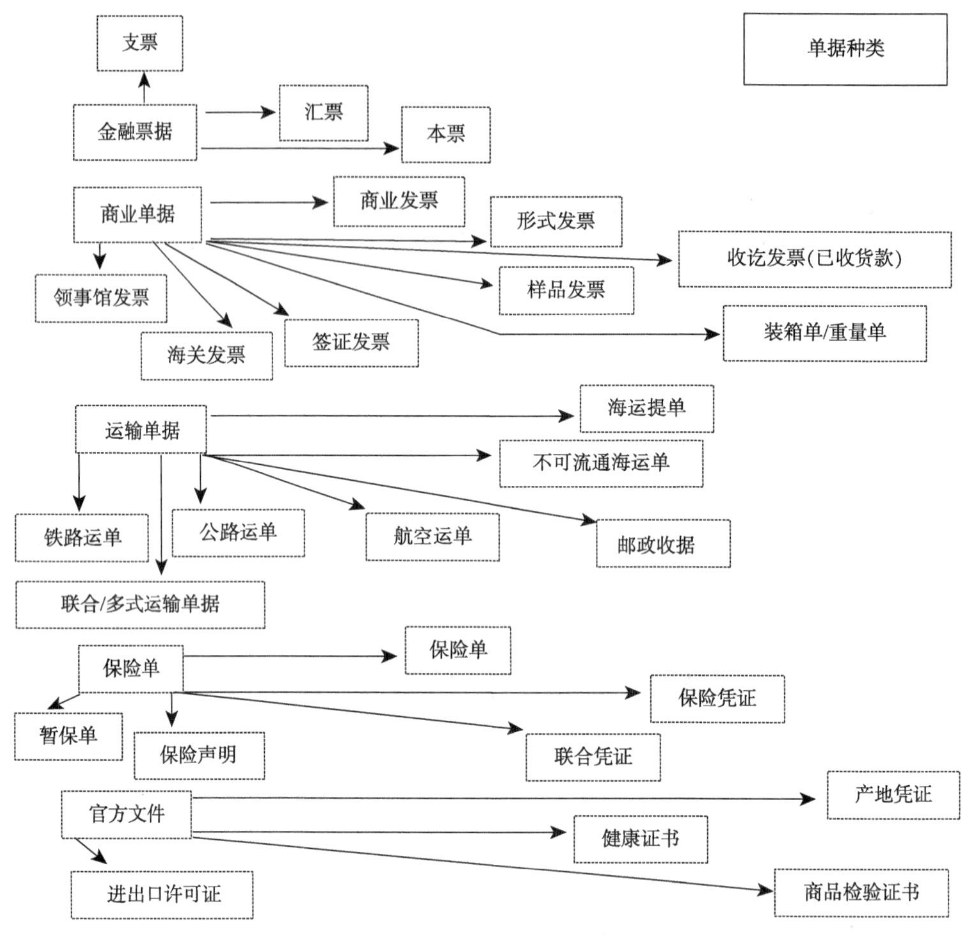

图 7.1　国际结算单据的分类

二、信用证业务中单据审核的基本要求

信用证业务的全部内容就是处理单据，正确审核信用证项下的单据是信用证业务顺利进行的关键。如果不熟悉信用证对于单据的国际标准，信用证在第一次交单时被认为存在不符点而遭到拒付的比例高达 60%～70%，这将严重影响国际贸易的正常开展。信用证业务中对于单据的基本要求包括以下几点。

（一）指示、行为单据化的要求

对于信用证项下的国际结算而言，银行处理的是单据，而不是单据可能涉及的货物、服务或履约行为。因此，信用证理所当然要注明必须提交的单据的种类，这也是开证申请人和开证行的义务。受益人向银行交单时应当提交信用证中要求的全部单据，对信用证没有要求的单据，不应提交，免得自找麻烦。UCP600 第十四条 h 款规定："假如信用证含有一项条件，但未规定用以表明该条件得到满足的单据，银行将视为未作规定并不予理会。” 这意味着对于非单据条件，如只规定受益人洽定的载货船只的船龄不得超过10年，但并未列明如何通过单据来证明，这样的条件将是无效的，可以不予理会，对受益人没有约束力。

（二）单据的形式、签字和证实

对于单据的形式，过去单据都是使用手写或手工打字制作的，一般是加上复写纸在打字机上打印。随着电脑制单和EDI技术的运用，单据的制作方法日益改进，向无纸化方向发展。

对于单据的签字而言，国际商会编制的ISBP745规定“签字不一定手签。摹本签字、打孔签字、印章、符号（如戳记）或用来表明身份的任何电子或机械证实的方法均可。但是签字的单据的复印件不能视为签署过的正本单据，通过传真发送的有签字的单据如果不另外加具原始签字的话，也不视为签署过的正本。除非另有规定，在带有公司抬头的信笺上签字将被认为是该公司的签字，不需要在签字旁重复公司的名称”。

对于单据的签发人，有些信用证在出单人之前加上一些提高身份的修饰语，用“第一流的”“著名的”“合格的”“独立的”“正式的”“有资格的”“本地的”等词语描述单据的出单人，这类词语不宜用来描述信用证所要求的单据的出单人。根据UCP600第三条规定，除非要求在单据中使用，否则这些词语将不被理会。

（三）单据正副本的要求

如果单据的正本是原始手写或原始打制的，这样制出的单据也可不加“ORIGINAL”（正本）字样。但如果单据的正本是影印，自动、电脑处理或复写制成时，应注明“ORIGINAL”字样，需要时可加签字以证明单据的真实性。副本上可注明也可不注明“COPY”（副本）字样，副本不需要签字。

如果信用证中规定某种单据需要提供多份，意为一份正本，其余为副本。例如，信用证要求“一式两份签字商业发票”，受益人只要提供一份正本发票，一份副本发票即可，而且副本发票无须签字。但单据本身另有显示者除外，如在海运中，船公司通常就一批货物签发一式三份正本提单，每份都具有同等法律效力，凭其中一份就可以提货，提货后其余两份即告失效。

信用证中对提单的份数，一般都规定为“3/3”“FULL SET OF”（全套）等，意指受益人应将船公司签发的全部提单正本交银行议付。也有规定了“2/3 SET OF B/L”，意为只要将船公司签发的全套提单中的两份正本提单交银行议付。在保险单中也有相同的规定，一般的保单全套为两份（2/2）。在信用证中常用的代表份数的单词包括“一式两份”（DUPLICATE），如SIGNED COMMERCIAL INVOICE IN DUPLICATE；“一式三份”（TRIPLICATE），“一式四份”（QUARDUPLICATE），“一式五份”（QUINTUPLICATE）或用“FOLDS”来表示“SIGNED COMMERCIAL INVOICE IN SIX FOLDS”等。

（四）出单日期的要求

一般受益人应收到信用证之后才发货，因而各项单据的出单日期，也应当是在信用证签字日期之后。也有些受益人为了能够及早备货出运，在信用证开出之前，就已开始按合同办理货物出运、保险事宜，在这种情况下有关单据的开出日期将早于信用证开出日期。根据 UCP600 第十四条规定“除非信用证另有规定，银行可以接受出具日期早于信用证日期的单据，只要单据是在信用证和本惯例规定的期限内提交”。

各单据的出具日期如图 7.2 所示。

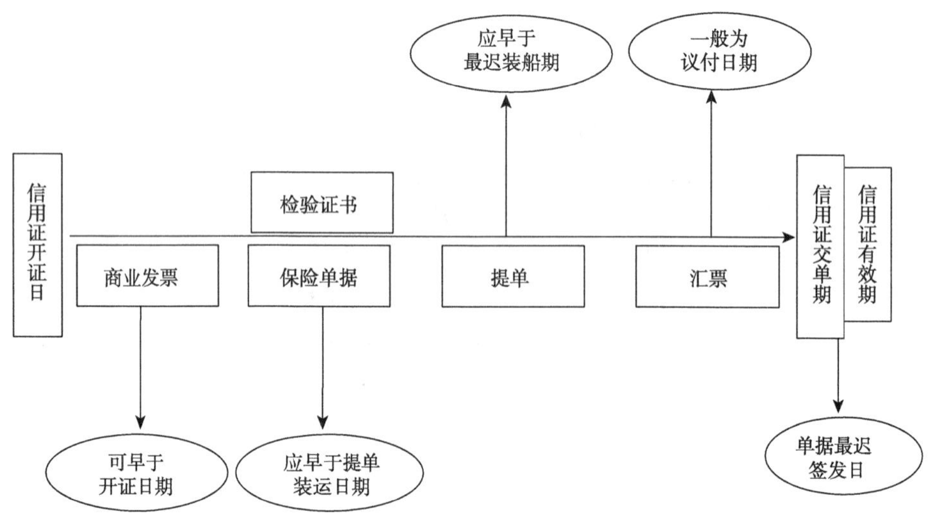

图 7.2 各单据的出具日期

（五）交单时间的要求

受益人应在信用证规定的货物装运后一定时间内向指定银行交单。如果信用证中未规定交单日，则受益人应在货物发运日之后的二十一个日历日内交单，但是在任何情况下都不得迟于信用证的有效期。银行在其营业时间外无接受交单的义务。信用证有关单据审核的规定如表 7.1 所示。

表 7.1 信用证有关单据审核的规定

项目	UCP600	要求
指示行为单据化	第五条	银行处理的是单据，而不是单据可能涉及的货物、服务或履约行为
	第十四条 g 款	提交的非信用证所要求的单据将被不予理会，并可被退还给交单人
	第十四条 h 款	如果信用证含有一项条件，但未规定用以表明该条件得到满足的单据，银行将视为未作规定并不予理会

续表

项目	UCP600	要求
签发人	第三条	用“第一流的”“著名的”“合格的”“独立的”“正式的”“有资格的”“本地的”等词语描述单据的出单人时，允许除受益人之外的任何人出具该单据
正副本单据	第十七条 b 款	银行应将任何带有看似出单人的原始签名、标记、印戳或标签的单据视为正本单据，除非单据本身表明其非正本
	第十七条 c 款	除非单据本身另有说明，在以下情况下，银行也将其视为正本单据： i.单据看似由出单人手写、打字、穿孔或盖章； ii.单据看似使用出单人的原始信纸出具； iii.单据声明其为正本单据，除非该声明看似不适用于提交的单据
	第十七条 d 款	假如信用证要求提交单据的副本，提交正本或副本均可
	第十七条 e 款	假如信用证使用“一式两份”“两份”“两套”等用语要求提交多份单据，则提交至少一份正本，其余使用副本即可满足要求，除非单据本身另有说明
签字	第三条	单据签字可用手签、摹样签字、穿孔签字、印戳、符号或任何其他机械或电子的证实方法为之
出单日	第十四条 i 款	单据日期可以早于信用证的开立日期，但不得晚于交单日期
	第二十条 e 款	保险单据日期不得晚于发运日期，除非保险单据表明保险责任不迟于发运日生效
审单依据和标准	第一条	UCP600 乃一套规则，适用于所有的其文本中明确表明受本惯例约束的跟单信用证（简称信用证）（在其可适用的范围内，包括备用信用证。）除非信用证明确修改或排除，本惯例各条文对信用证所有当事人均具有约束力
	第十四条 a 款	按指定行事的指定银行、保兑行（如果有的话）及开证行须审核交单，并仅基于单据本身确定其是否在表面上构成相符交单
交单时间	第六条 d 款	信用证必须定一个交单的截止日。规定的承付或议付的截止日将被视为交单的截止日
	第十四条 c 款	假如单据中包含一份或多份受第十九、二十、二十一、二十二、二十三、二十四或二十五条规制的正本运输单据，则须由受益人或其代表在不迟于本惯例所指的发运日之后的二十一个日历日内交单，但是在任何情况下都不得迟于信用证的截止日
	第三十三条	银行在其营业时间外无接受交单的义务

三、信用证业务中单据制作

根据信用证项下单据审核要求，出口商在单据缮制上，一是要准确，力求达到“四个一致”：①单证一致——单据与信用证一致；②单单一致——单据与单据之间某一相应的项目要相互一致；③单货一致——单据上所叙述的各有关项目必须与实际货物情况完全一致；④单约一致——单据所表示的内容必须与合同要求完全一致。二是要完整，包括内容完整、份数完整、种类完整。三是要及时，在信用证项下交单必须掌握装运期、交单期和信用证有效期。四是要简明整洁，单据文字内容力求简单明了，页面整洁。

各种单据缮制的流程顺序如图 7.3 所示。

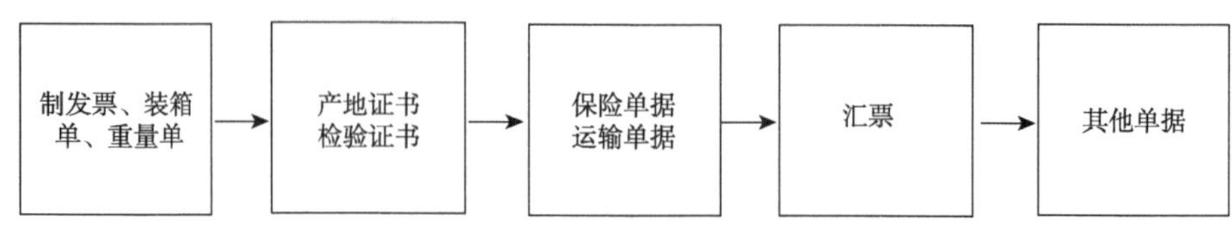

图 7.3 单据缮制流程

①先制发票、装箱单或重量单。在所有单据中，发票是中心单据，其他单据都参照发票制作，以期达到“单单一致”。②根据发票上的数量、单价和金额要求贸促会或商检局签发原产地证书、检验证书，保险公司签发保险单证。③根据发票和装箱单上金额和件数托运，运输公司签发海运提单、空运运单、承运货物收据、国际铁路运单和多式联运单据等。④根据发票金额制作汇票。⑤根据合同或信用证要求制作其他单据。

对于单据更改，所有单据原则上应避免更改。除许可证、产地证、汇票、发票单价金额、提单包装件数，其他单据允许三处以内的更改，但须盖更正章(correction approved)，或称校正章。

第二节 商业发票及其审核

一、商业发票的定义

商业发票（commercial invoice）简称发票，是出口商向进口商开立的发货价目清单，它全面反映合同内容，是买卖双方的记账单据，也是卖方凭以向买方提取货物及服务价款的单据。

在国际贸易实务中，不同的发票名称表示不同的发票种类，它们各有不同的用途。例如，商业发票、海关发票（customs invoice）、形式发票（proforma invoice）、样品发票（sample invoice）、领事发票（consular invoice）等。商业发票是一笔业务的全面反映，内容包括商品的名称、规格、价格、数量、金额、包装等，同时也是进口商办理进口报关不可缺少的文件，因此商业发票是全套出口单据的核心，在单据制作过程中，其余单据均需参照商业发票缮制。

（一）海关发票

海关发票是出口商应进口国海关要求出具的一种单据，基本内容同普通的商业发票类似，其格式一般由进口国海关统一制定并提供。其作用是：①供进口商报送核查货物与估价征税之用；②提供货物原产地依据；③供进口国海关核查货物在其本国市场的价格，确认是否倾销等；④便于统计。

（二）形式发票

proforma 是拉丁文，它的意思是纯为形式的，所以单从字面来理解，proforma invoice 是指纯为形式的，无实际意义的发票。这种发票本来是卖方在推销货物时，为了供买方估计进口成本，假定交易已经成立所签发的一种发票。实际上，并没有发出货物的事实，正因为如此，在日本这种发票也被称为试算发票。

形式发票与商业发票不同的是在发票上有“形式”字样。这种发票可以用作邀请买方发出确定的订单。发票上一般注明价格和销售条件，所以一旦买方接受此条件，就能按形式发票内容签订确定合约。

（三）样品发票

样品发票不同于商业发票，只是便于客户了解商品的价值、费用等，便于向市场推销，便于报关取样。在发送样品时一定要谨慎处理，防止延误或者被海关罚款，这一点非常重要。如果样品没有附上正确的单据，海关就会指控“走私”，被处以严重的罚款。

样品发票应当包括：商品的种类、尺寸、数量、单价及总价。最重要的是，发票里必须要有下面的内容：“样品没有商业价值，仅供报关使用。”对于样品，进口方要交税，因此样品发票的价格要尽可能低。根据产品及其尺寸，可以将发票价格标为 US$0.10/每件或 US$1/每件，海关不允许将发票价格标为“零”，因此就报上几分钱的价格。

（四）领事发票

领事发票是由进口国驻出口国的领事出具的一种特别印就的发票。这种发票证明出口货物的详细情况，为进口国防止外国商品低价倾销的措施，同时可用作进口税计算的依据，有助于货物顺利通过进口国海关。出具领事发票时，领事馆一般要根据进口货物价值收取一定费用。这种发票主要为拉美国家所采用。

二、商业发票的基本内容

各国所使用的商业发票没有统一的标准化格式，但一般商业发票应具备首文（heading）、正文（body）和结文（complementary clause）三部分，如图 7.4 所示。

<table>
<tr><td colspan="6">SHANGHAI FOREIGN TRADE CORP.
SHANGHAI，CHINA</td></tr>
<tr><td colspan="6">COMMERCIAL INVOICE</td></tr>
<tr><td rowspan="4">To：</td><td rowspan="4" colspan="3"></td><td>Invoice No.：</td><td></td></tr>
<tr><td>Invoice Date：</td><td></td></tr>
<tr><td>S/C No.：</td><td></td></tr>
<tr><td>S/C Date：</td><td></td></tr>
<tr><td>From：</td><td colspan="2"></td><td>To：</td><td colspan="2"></td></tr>
<tr><td>Letter of Credit No.：</td><td colspan="2"></td><td>Issued By：</td><td colspan="2"></td></tr>
<tr><td>Marks and Numbers</td><td>Number and kind of package
Description of goods</td><td>Quantity</td><td colspan="2">Unit Price</td><td>Amount</td></tr>
<tr><td rowspan="2"></td><td colspan="5"></td></tr>
<tr><td></td><td></td><td colspan="2"></td><td></td></tr>
<tr><td>TOTAL：</td><td colspan="5"></td></tr>
<tr><td>SAY TOTAL：</td><td colspan="5"></td></tr>
</table>

图 7.4　商业发票图例

（一）首文

首文部分主要写明基本情况，通常标注发票字样及号码、合同和信用证编号、发票签发日期、装运工具、装货地点、卸货地点等。

（1）“INVOICE”（发票字样）：发票上一定要标明“INVOICE”发票字样。

（2）NUMBER AND DATE OF ISSUE（发票编号和签发日期）：发票编号由出口公司自行编制，一般用有关代号加序列号构成，以便查对，同时也被作为相应的汇票编号。

（3）CONSIGNEE’S NAME AND ADDRESS（收货人的名称和地址）：抬头人的名称与地址（to）同样要求填写完整准确。只有少数来证在发票条款中指出发票抬头人，多数来证都不作说明。因此习惯上将信用证的申请人或收货人的名称、地址填入这一栏。根据UCP600的规定：除非信用证另有规定，商业发票的抬头必须做成开证申请人。

（4）EXPORTER'S NAME AND ADDRESS（出口商的名称和地址）：出票人一般为出口商。要求填写完整准确，信用证项下发票的签发人应与信用证的受益人名称地址相同。

（5）CONTRACT NUMBER AND L/C NUMBER（合同和信用证号码）：合同号码应与具体成交的合同号一致，若买卖双方各有编号，则应一一列出；信用证号码与信用证一致。

（6）MEANS OF TRANSPORT AND ROUTE（装运工具及起讫地点）：发票应注明运输工具名称或运输方式，以及装运地点和卸货地点。货物如需转船运输，应加注转运港，转运港应与提单所标明的一致。

（二）正文

正文是说明履约的部分，主要是通过对货物和货价的描述来提供履约的证明。

（1）DESCRIPTION OF GOODS（货物的描述）：发票应严格根据信用证及合同的规定填写商品的名称（TRADE NAME）、规格（SPECIFICATIONS）、数量（QUANTITY）、重量（毛重（GROSS WEIGHT）、净重（NET WEIGHT））等。

（2）UNIT PRICE AND TOTAL PRICE OF GOODS（货物的单价及总价）：发票中货物的单价和总价应与合同相符。在信用证项下，则必须与信用证的规定一致，包括货物的计价单位、计价货币、单价金额和价格术语。总价应与汇票金额相同，在信用证项下，除非另有规定，一般不能超出开证金额。

（3）PACKING OF GOODS（商品的包装）：发票中必须列明商品包装方式及件数，不仅要与提单等一致，还要与唛头相符。

（三）结文

结文部分最重要的内容是出口商的签章（exporter's signature）。在信用证项下，必须由受益人签发发票。除此之外，还可按需要标注进出口许可证号、外汇批准号、税号等内容或证实性文句。发票必须加盖出口商的图章，若信用证要求发票手签，必须另加负责人的手签，否则被视为无效发票。出口商提交的发票张数必须与信用证的要求一致。

三、商业发票的审核要点

根据 UCP600 规定，商业发票的审核要点如表 7.2 所示。

表 7.2 UCP600 有关商业发票的审核要点

项目	UCP600	要求
签发人及签字	第十八条 a 款	必须由受益人出具（第三十八条规定的情形除外）
	第十八条 a 款	无须签名
抬头人	第十八条 a 款	必须出具成以申请人为抬头。（第三十八条 g 款规定的情形除外）
货币和金额	第十八条 a 款	必须与信用证的货币相同
	第十八条 b 款	按指定行事的指定银行、保兑行（如有的话）或开证行可以接受金额大于信用证允许金额的商业发票，其决定对有关各方均有约束力，只要该银行对超过信用证允许金额的部分未作承付或者议付
金额、数量、单价伸缩幅度	第三十条 a 款	“约”或“大约”用于信用证金额或信用证规定的数量、单价时，应解释为允许有关金额、数量或单价有不超过 10%的增减幅度
	第三十条 b 款	在信用证未以包装单位件数或货物自身件数的方式规定货物数量时，货物数量允许有 5%的增减幅度，只要总支取金额不超过信用证金额
	第三十条 c 款	如果信用证规定了货物数量，而该数量已全部发运，及如果信用证规定了单价，而该单价又未降低，或当第三十条 b 款不适用时，则即使不允许部分装运，也允许支取的金额有 5%的减幅。若信用证规定有特定的增减幅度或使用第三十条 a 款提到的用语限定数量，则该减幅不适用
货物描述	第十八条 c 款	商业发票上的货物、服务或履约行为的描述应该与信用证中的描述一致

四、商业发票审核中常见的不符点

商业发票审核中常见的不符点如下。

（1）信用证要求签字而未签字（not signed）。

（2）发票出票人非信用证的受益人（not issued by beneficiary of credit）。

（3）发票抬头人非信用证的开证申请人（not made out to applicant as shown in credit）。

（4）发票日期迟于信用证的有效期（invoice dated later than expiry date of credit）。

（5）价格条件与信用证不符（price term not as specified in the credit）。

（6）单价超出规定的幅度（unit price not within permitted leeway）。

（7）发票金额超过信用证金额，或超过其允许增减额范围（total amount of money on invoice exceeds or not within permitted leeway）。

（8）发票中货物的描述与信用证不符（merchandise description not identical）。

（9）发票中所列的装运条件不正确（invoice does not show correct shipping terms）。

（10）信用证禁止分运时，发票做成分批装运（partial shipments）。

（11）提交发票的份数不足（insufficient number of invoice copies）。

第三节 海运提单及其审核

在国际贸易结算中，运输单据是基本单据之一，运输单据是证明货物载运的单据，由承运人签发给出口商，证明货物已发运，或已装上运输工具，或已由承运人监管。运输单据往往还是一种物权凭证。按运输方式不同，运输单据有海运提单、铁路运单、航空运单等。而海运提单是运输单据中最重要的一种，是国际贸易及其结算中买卖双方及其他当事人最为关注的一种单据。

一、海运提单的定义和特点

海运提单是指港（装运港）至港（卸货港）装运提单，如图 7.5 所示。按照《汉堡规则》的规定，提单是指证明海上运输合同和货物由承运人接管或装载，以及承运人保证凭以交付货物的单据。

依据该定义，海运提单的性质和作用体现在下面三个方面。

1. 作为承运人收到托运货物的书面收据：receipt for the goods

海运提单是海运承运人签发给托运人，确认已按提单上所记载的有关货物的标志、数量及货物的表面状况等内容收到或接管货物的证明。

2. 作为运输合同的证明：evidence of the contract of carriage

提单是承运人与托运人处理双方在运输中的权利和义务问题的主要依据。如果承运人与托运人之间除提单外另外订有运输合同，则在把提单转给第三方之前提单条款内容只能被认为是原订合同的补充，如果提单条款与原订合同有冲突，应以原订合同为准。若承运人与托运人之间没有其他约定时，提单往往被视作双方之间的运输合同。

3. 作为货物所有权证书：document of title

提单代表货物所有权。收货人或提单合法持有人，有权凭提单向承运人提取货物，通过提单的转让可以实现货物所有权的转让。提单作为物权凭证，在国际市场上，提单可以在载货船舶抵达目的港交货之前办理转让或凭以向银行办理抵押贷款，交付提单与交付货物所有权具有同等效力。

二、海运提单的内容

海运提单是由各航运公司自行设计的具有法律效力的单据，但它们具有一致的基本格式与基本内容。完整的提单内容一般包括正面内容和背面内容。

MAERSK LINE

COMBINED TRANSPORT BILL OF LADING

B/L No. MAEU LPK045809

Shipper/Exporter (complete name and address)
ROBERT BOSCH (SEA) PTE LTD
38C-38D, JALAN PEMIMPIN
SINGAPORE 577180

Booking No.

Export references

Consignee (complete name and address)
TO ORDER

Forwarding agent - references
COMPANY NO: 20489-H

Shipper memoranda not part of Bill of Lading

Point and Country of Origin

Notify Party (complete name and address)
NANJING HEROES INTERNATIONAL CO
23, JIE FANG ROAD
NANJING 210016, P.R. CHINA

Domestic routing/export instructions

*Precarriage by	*Place of Receipt PORT KLANG, MALAYSIA	
Vessel LAUST MAERSK / Voy No. 9611	Port of Loading PORT KLANG, MALAYSIA	Onward inland routing
Port of Discharge NANJING, CHINA	*Place of Delivery NANJING, CHINA	

CARRIER'S RECEIPT		PARTICULARS FURNISHED BY SHIPPER - CARRIER NOT RESPONSIBLE		
Container No./Seal No. Marks and Numbers	No. of Containers or pkgs.	Kind of packages; description of goods	Gross Weight	Measurement
MAEU2971445 ML-MY0120804 NJ HEROES	1	CY / CY SHIPPERS LOAD, STOW AND COUNT FREIGHT COLLECT X20FT.CNTR SAID TO CONTAIN 1138 PCS (12 PALLETS) BOSCH BRAND AUTOMOTIVE BATTERIES	KGS 15030.600	CBM 12.061

Freight & Charges	Rate	Unit	Prepaid	Collect
USD/RM EXCH				

Declared Value Charges (see clause 6) for Declared Value of US $

Number of Original B(s)/L 3/THREE

Place of issue PORT KLANG

Total Prepaid

Total Collect

Date OCT 30 96

Shipped in apparent good order and condition, unless otherwise stated herein, for transportation on board the ocean vessel mentioned herein or any substituted vessel or on board the feeder vessel or other means of transportation (rail or truck) if place of receipt is named in this Bill of Lading the goods or packages or containers said to contain goods, hereinafter called "the goods", specified herein for carriage from the port of loading named herein or place of receipt if mentioned herein, on a voyage as described and agreed by this Bill of Lading and discharge at the port of discharge named herein or deliver at the place of delivery if mentioned herein, such carriage, discharge or delivery being always subject to the exceptions, limitations, conditions and liberties hereinafter agreed. In like order and condition at the port of discharge or place of delivery if named as the case may be, for delivery unto the Consignee mentioned herein or to his or their assigns where the Carrier's responsibilities shall in all cases and in all circumstances whatsoever finally cease. It is further agreed that Containers may be stowed on deck without notice persuant to Clause 16 on the reverse side of this Bill of Lading. IN WITNESS whereof the number of original Bills of Lading stated on this side have been signed, one of which being accomplished the other(s) to be void.

*Applicable only when document used as a Combined Transport Bill of Lading

LADEN ON BOARD OCT 30 1996

MAERSK MALAYSIA SDN BHD
For Dampskibsselskabet af 1912, Aktieselskab and Aktieselskabet Dampskibsselskabet Svendborg as carrier

COPY NON-NEGOTIABLE

As Agent(s) only

图 7.5 海运提单示例

（一）正面内容

1. 承运人

承运人是负责运输货物的当事人，即船方，其对货物运送及货物在运送过程中的损坏与灭失负责。承运人不一定是拥有运载工具、执行货物运输的实际运输人他可能是船舶所有人，即船东，也可能是租船人。除非信用证有另外规定，提单上的承运人必须表示以运输公司身份注册。

2. 托运人

托运人是与承运人签订运输合同的当事人，即发货方。一般情况下，托运人即是发货人，一般为出口方，即信用证受益人。如果信用证中有“买方作为托运人”的规定，那么提单上托运人一栏内的托运人就是实际的收货人，即开证申请人。如开证人有需要，要求做第三者提单（third party B/L），出口方也可照办。例如，请货代公司做托运人，银行可以接受第三者提单，此时该栏填写货代公司的全称与地址。

3. 收货人

即有权在目的港凭提单向承运人提取货物的当事人，通常是货物买卖合同的买方。收货人一般都在提单的抬头人一栏内列名，故收货人又称抬头人。实务中，抬头人一栏极少打出实际收货人，往往是指定的代理人，或是“To order”“To order of shipper”，即凭发货人指示。如何填写按信用证规定。

4. 被通知人

是货到后承运人免费通知的对象，一般为进口人或其代理。被通知人的地址须完整、准确，有的港口还要加注邮政信箱号。如地址不详，则无法通知，会造成提货迟误和损失。如果是记名提单或收货人指示提单且收货人又有详细地址的，此栏可不填。如果信用证没有说明哪一方为被通知人，则应将信用证中的申请人名称、地址填入副本提单这一栏中，而正本这一栏保持空白。如果来证将两个或两个以上的公司作为被通知人，出口公司应把这两个或两个以上公司的名称和地址填入此栏。

5. 装货港或收货地

装货港，即起运港，是承运人责任的起点，要填具体的港口，如上海、大连，不能笼统填中国港口。收货地在班轮提单上不填。在联运或集装箱运输情况下，在远离港口的某地接货时提单上才须注明收货地。

6. 卸货港或目的地

卸货港是承运人责任终止的地点，填写货物实际卸下的港口名称，要注意国名与港口问题。世界上不同国家有相同名称的港口，同名港口必须加注国名，在货物将于卸货港被转运时或在集装箱运输时，须填写目的地。

7. 船名、船次

提单中须列明船名。航次是确定船期的依据，注明航次也是很重要的。

8. 货物描述

包括：唛头、件数、货名、重量、体积、包装。由托运人提供上述内容，并保证它们的准确性。承运人应对货物的表面状况负责。承运人应查验货物可看到的表面性状，并与提单上相关内容进行核对。货物名称可以用统称，但须与信用证用字相符，包装按实际状况填写，如木箱（wooden case）、纸箱（carton）等，不可笼统填成件（package），一般以公吨为重量单位，以立方米为体积单位，小数保留 3 位。

9. 运费、其他费用、付款地点和方式

各种类型提单都有运费计算栏，但一般均不填写运费数额，而只填写“运费到付”（freight collect）、“运费预付”（freight prepaid）。

10. 正本份数

正本提单往往有数份，承运人必须在提单上说明整套提单的正本份数。如果信用证要求全套提单，而又未说明份数，习惯上做两份正本。按 UCP600 规定，一份也可算作全套。

11. 提单签发地点、日期、提单编号

提单签发地点涉及适用法律。签发地点就是承运人营业所在地，不一定是起运港，提单签发时间表示货物实际装运的时间或者已接受船方、船代理等有关方面监管的时间，即货权暂时转移的时间。备运提单上的签发日期是收货日期，而已装船提单上的签发日是实际装运日期，提单签发日很重要，如果这一日期迟于信用证规定的装运期，就成为逾期提单，卖方收不到货款，还会引起买方的索赔。

提单必须经签字才能生效。有三种人可以签发提单，即作为承运人的运输公司的有权签字人，载货船舶船长及与承运人订有代理合同的机构的有权签字人。按 UCP600 规定，代理人签字时必须注明代理人身份及被代理人的名称。

提单编号位于提单右上角，它同装货单、大副收据或场站收据的号码是一致的，是承运人处理业务必需的顺序号。

12. 契约文句

提单正面通常印就少量契约文句。主要有四方面内容。

（1）收货（或已装船）文句，表明承运人已实际控制了货物。

（2）内容不知悉文句，注明承运人只对货物表面状况进行核实，对提单上填写的货物重量、数量、品质等内容不负核对之责。

（3）承认接受文句，表明托运人只要接受了提单就意味着接受了提单上的一切记载，包括提单背面的契约条款。

（4）签署文句，表明签发了几张正本提单，凭其中一张提货后其余均告失效。

（二）背面内容

提单背面事先印就许多格式条款，以规定各当事人之间的权利义务。

1. 货方定义

货方是与船方相对的概念，包括了托运人、受货人、收货人、提单持有人和货物所有人。

2. 适用法律条款

包括首要条款（paramount clause）、管辖权条款（jurisdiction clause）和诉讼条款（law of suit of clause）等。首要条款规定了划分提单当事人权利和责任的依据。该条款实际决定了承运人的责任与免责范围，对承运人具有重要意义，故称为首要条款。管辖权条款和诉讼条款是规定如遇有关运输合同发生争执纠纷应按哪国法律解决，由哪国法院审理。世界上许多国家的提单规定，与提单有关的纠纷按船主所在国家法律处理。

3. 承运人责任条款

根据《海牙规则》，承运人从装船开始到卸船为止的期间对货物负责，即通常所称“钩至钩”（tackle to tackle）责任，具体指从货物挂上船上吊机吊钩到卸货时下吊钩为止。

4. 包装与标志条款

该条款一般都规定托运人应妥善包装货物，使之适合海运。货物唛头要明确清晰可辨，不易褪色，如包装不妥、不坚固使货物受损，唛头模糊不清使货物错运，承运人均可免责。

5. 运费条款

该条款一般规定，预付运费应在起运时连同其他费用一并支付，到付运费在目的港连同其他费用一并支付，预付或到付运费船、货或其中之一蒙受任何灭失或损坏，都必须全部支付给承运人而不予退回或扣减。一切与货物有关的税、捐或费用均由货方支付。

承运人有权查对货物的数量、重量、体积和内容，如发现实际情况与申报不符，托运人须支付少付金额2倍的罚金。

此外，背面内容还有舱面货、活动物、植物条款、留置权条款、托运、换船联运条款、集装箱货物条款、危险品条款，战争、检疫、冰冻、罢工、港口拥挤条款等诸多规定。

三、海运提单的审核要点

根据 UCP600，海运提单的审核要点如表 7.3 所示。

表 7.3 海运提单的审核要点

项目	UCP600	要求
签发人	第二十条 a 款	表明承运人名称，并由下列人员签署：承运人或其具名代理人，或者船长或其具名代理人。承运人、船长或代理人的任何签字必须标明其承运人、船长或代理人的身份。代理人的任何签字必须标明其系代表承运人还是船长签字
全套正本	第二十条 a 款	为唯一的正本提单，或假如以多份正本出具，为提单中表明的全套正本
清洁	第二十七条	银行只接受清洁运输单据，清洁运输单据指未载有明确宣称货物或包装有缺陷的条款或批注的运输单据。"清洁"一词并不需要在运输单据上出现，即使信用证要求运输单据为"清洁已装船"的
已装船	第二十条 a 款	通过以下方式表明货物已在信用证规定的装货港装上具名船只：预先印就的文字，或已装船批注注明货物的装运日期。提单的出具日期将被视为发运日期，除非提单载有表明发运日期的已装船批注，此时已装船批注中显示的日期将被视为发运日期
转运	第二十条 c 款	提单可以表明货物将要或可能被转运，只要全程运输由同一提单涵盖
		即使信用证禁止转运，注明将要或可能发生转运的提单仍可接受，只要其表明货物由集装箱、拖车或子船运输
分运	第三十一条 b 款	表明使用同一运输工具并经由同次航程运输的数套运输单据在同一次提交时，只要显示相同目的地，将不视为部分发运，即使运输单据上表明的发运日期不同或装货港、接管地、发运地点不同
交单日	第十四条 c 款	假如单据中包含一份或多份受第十九、二十、二十一、二十二、二十三、二十四或二十五条规制的正本运输单据，则须由受益人或其代表在不迟于本惯例所指的发运日之后的二十一个日历日内交单，但是在任何情况下都不得迟于信用证的截止日
不接受提单	第二十六条 a 款	运输单据不得表明货物装于或者将装于舱面。声明可能被装于舱面的运输单据条款可以接受

四、海运提单审核中常见的不符点

海运提单审核中常见的不符点如下。

（1）不清洁提单（claused or unclean bills of lading presented）。

（2）提单为无装船日期的备运提单（no on board date on the received for shipment bill of lading）。

（3）无"已装船"的证明（no evidence of goods actually "shipped on board"）。

（4）提单上的“已装船”批注没有日期，或批注的日期迟于信用证规定的装运期（“on board” notation not dated，or dated after latest shipment date on credit）。

（5）收货人名称与信用证不符（consignee’s names not as per credit）。

（6）被通知人与信用证规定不一致（notify party differs from that of credit）。

（7）货物与信用证所列货物不一致（description of goods not consistent with credit）。

（8）提单上的数量与信用证规定不符，为短装或超装（bill of lading indicates short shipment or over shipment as per credit）。

（9）提单上的唛头与信用证不一致（marks differ from credit）。

（10）起运港与信用证不符（port of loading not as per credit）。

（11）卸货港与信用证不符（port of discharge not as per credit）。

（12）提单上的转运路线与信用证规定不符（transshipment route not as per credit）。

（13）提单上未注明运费是已付还是未付（bills of lading does not evidence whether freight is paid or not）。

（14）信用证规定的价格条件为 CIF 或 CFR（运费、保险费在内或运费在内）时，提单上未有“运费已付”字样（absence of “freight paid” statement on bill of lading where the credit call for CIF or CFR shipment）。

（15）信用证禁止转运，却提交转运提单（transshipment effected when forbidden by credit）。

（16）违反信用证规定使用租船提单（charter party bill of lading break stipulation of the credit）。

（17）提单上有“货装甲板”的批注（“goods shipped on deck”）。

（18）提单未在有效期内提示（shipping documents not presented in the expiry period）。

第四节　保险单据及其审核

一、保险单据及其分类

（一）保险单据

保险单据是保险人与投保人之间订立的保险合同的证明文件，它是保险人对投保人的承保证明，也是反映双方权利、义务关系的契约。在被保险货物发生保险责任范围内的损失时，保险单据是保险索赔和理赔的主要依据。它的作用主要有以下几点。

第一，保险单是保险人对保险单所列的货物，在其所负责的时间和范围内，承担货物灭失和损害的赔偿责任的凭证。

第二，保险单是保险人与被保险人之间的一种契约。通过保险单上的保险条款，规定了保险人与被保险人的权利和义务。

第三，当保险单上所列的被保险货物在保险人的责任范围内遭受灭失和损害时，保险单是被保险人或合法持有人向保险人要求赔偿的凭证和依据。

（二）保险单据的当事人

保险单据的主要当事人有保险人、投保人、被保险人和受益人。

1. 保险人

根据 UCP600 第二十八条 a 款规定，保险单据必须由保险公司、承保人、代理人或代表出具并签署。代理人或代表的签字必须表明其系代表保险公司或承保人签字。保险人（insurer）或称承保商（underwriter），也称保险方，是指保险合同中经营保险业务的一方当事人。通常是保险公司、保险商或保赔协会。

保险业务中有时会出现保险代理人（insurance agent），其又称保险代理商，是根据代理合同向保险人收取代理手续费，并以保险人的名义为保险人代办保险业务的人。保险代理的权限依代理合同而定，一般包括如签发保险单据、批改保险单据、收取保险费、检验货物、勘察理赔等。

2. 投保人

投保人是指和保险人订立保险合同并支付保险费的人，一般，保险合同签订后，投保人即成为被保险人。投保人，一般对保险的标的具有保险利益。所谓保险利益，就是对保险标的具有的权益。对保险标的的可保利益应符合三个条件：

（1）可保利益必须是合法的；

（2）可保利益必须是肯定的，对期待中的利益是可以实现的；

（3）可保利益必须具备能以货币来表示的经济价值。

投保人可以是法人，也可以是自然人，但在大多数海上保险合同中，投保人是法人。投保人在投保时必须具有行为能力。没有行为能力的投保人签订的保险合同无效。在多数海上保险合同中，投保人与被保险人应该是同一人，但在海上货物运输保险合同中，投保人和被保险人经常是分离的。

3. 被保险人和受益人

被保险人是受保险合同保障的人，其必须对保险标的有可保利益，是在保险标的遭受保险事故并发生损失后有权按照保险合同向保险人请求赔偿的人。受益人是指根据保险合同的约定有权享有保险合同利益的人。被保险人和受益人可以是同一个人也可以不是同一个人。

（三）保险单据的分类

保险单据可以细分为保险单（大保单）、暂保单、联合凭证、预约保险单、保险声明、保险证明（小保单）等类型。

1. 保险单

保险单（insurance policy）是保险人签发给被保险人，证明货物已经投保和保险合同已经生效的文件。保险单是保险人和被保险人之间成立保险合同关系的正式凭证，因险别的内容和形式有所不同，海上保险最常用的形式有船舶保险单、货物保险单、运费保险单、船舶所有人责任保险单等。其内容除载明被保险人、保险标的、运输工具、险别、起讫地点、保险期限、保险价值和保险金额等项目外，还附有关保险人责任范围及保险人和被保险人的权利义务等方面的详细条款。

如当事人双方对保险单上所规定的权利和义务需要增补或删减时，可在保险单上加贴条款或加注字句。保险单是被保险人向保险人索赔或对保险人上诉的正式文件，也是保险人理赔的主要依据。保险单可转让，通常是被保险人向银行进行押汇的单证之一。在 CIF 合同中，保险单是卖方必须向买方提供的单据。

2. 暂保单

暂保单（cover note）又称“临时保险书”，保险单或保险凭证签发之前，保险人发出的临时单证。暂保单是保险人在出立正式保险单之前签发的证明保险人已同意给予投保人以保险保障的一种临时凭证。保险人在同投保人商订保险合同中接受投保的原则意向已定，但还有一些条件尚未完全谈妥，一般就使用这种凭证。如果洽商不能达成协议，暂保单可以取消。达成协议，可签发正式保险单代替暂保单。有效期一般为 1 个月，正式出立保单后即自动失效。如保险人事前通知，也可提前终止效力。

暂保单不是订立保险合同的必经程序，使用暂保单一般有以下三种情况：①保险代理人在争取到业务时，还未向保险人办妥保险单手续之前，给被保险人的一种证明；②保险公司的分支机构，在接受投保后，还未获得总公司的批准之前，先出立的保障证明；③在洽订或续订保险合同时，订约双方还有一些条件需商讨，在没有完全谈妥之前，先由保险人出具给被保险人的一种保障证明。

3. 联合凭证

联合凭证（combined certificate）是一种更为简化的保险凭证。在我国，保险机构在外贸企业的商业发票上加注保险编号、险别、金额，并加盖保险机构印戳，即作为承保凭证，其余项目以发票所列为准。此种凭证不能转让，目前只适用于香港地区一些中资银行由华商开来的信用证。

4. 预约保险单

预约保险单（open cover）是进出口贸易商进行长期或多次运输时，为了避免多次投保的繁杂手续，而与保险人订立的一种保险约定。预约保险单可以是定期的，也可以是永久性的，往往都注有“Cancellation Clause”（注销条款）。

5. 保险声明

保险声明（insurance declaration）也是预约保险项下的一种保险单据，是投保人在确定了货物详情、装运日期、运输工具等细节后，将这些资料填写在印有保险人预先签字（pre-signature）并注明预约保险单号的声明格式上，向保险人做出的单向申报。

6. 保险证明

保险证明（insurance certificate）俗称小保单，是在预约保险单项下签订的一种保险单据，是保险人发给被保险人的用以证明保险合同已生效的文件。保险证明同样也可以经被保险人背书后随物权的转移而转让。它同正式保险单的区别在于，背面通常不载明保险人与被保险人双方的权利和义务等全部保险条款，只列明注意事项和索赔指南。

二、保险单据的基本内容及制作要求

保险单应具备法定记载要件，除应有印定的说明保险人与被保险人（投保人）的保险合同关系的文句外，一般还应有下列内容。

（一）被保险人

进出口业务中大多由出口企业进行投保，因此，保险单的被保险人一栏通常注明为出口企业。例如，投保单位为中国××进出口公司，则被保险人应打：China Import & Export Corporation。凡以出口企业为被保险人的保险单均须加以背书，以便于转让。

（二）唛头与件数

如信用证规定：SHOWING MARKS & NO，则唛头与件数一栏应将发票或提单上所标的唛头和件数写明。

（三）包装及数量

进出口商品的包装一般为运输包装，又称外包装（outer packing）。保险单上的写法按其采用的包装方式而有所不同。

（1）若包装单位单一，则照样缮制。如 Case —— 箱；Bale —— 包；Pallet —— 盘；Container —— 集装箱。

（2）若包装单位是两种或两种以上，可将不同单位的数量加在一起，如 3 Cartons 2 Bales 可打成 5 Packages。

（3）若为散装货，应予注明，如××M/T in bulk（散装××公吨）。

（4）若信用证规定须写明重量，如×××公吨散装及×××袋装以毛作净为××公吨，其写法为×××M/T in bulk and ×× M/T in bags gross for net。

（四）保险标的物

UCP600 规定，商业发票中对货物的描述必须与信用证保持一致，而其他一切单据则可使用货物统称，但不得与信用证相抵触。据此，使用大类货物名称，银行可以接受。

（1）如果货物名称单一的，按发票填写即可。一般写商品名称、品质等。

（2）如果货物的种类很多，可填写总名称，如投保一批工艺品，其中有石刻、景、台屏等，则可填写 Arts & Crafts（工艺品）。

（五）保险金额及货币

根据 UCP600 第二十八条 f 款：保险单据必须表明投保金额并以与信用证相同的货币表示。

（1）信用证对于投保金额为货物价值、发票金额或类似金额的某一比例的要求，将被视为对最低保额的要求。

（2）如果信用证对投保金额未作规定，投保金额须至少为货物的 CIF 或 CIP 价格的 110%。

（六）保费和费率

实际业务中，大多数进出口企业向保险公司集中办理保险，按月结算保费，因而不必在保险单上逐笔列明保费和费率，只需注明“As Arranged”（按约定）即可，除非信用证另有规定。

（1）若信用证要求注明“Premium Paid”（保费已付），则在保险单上将注明 Premium Paid。

（2）若信用证要求注明保费，则注明应收保费。

（七）运输工具

运输工具栏根据信用证注明运输工具名称或运输方式。

（八）承保险别

对于承保险别，按照 UCP600 第二十八条规定执行。

（1）信用证应规定所需投保的险别及附加险（如有）。如果信用证使用如“通常风险”或“惯常风险”等含义不确切的用语，则无论是否有漏保之风险，保险单据将被照样接受。

（2）当信用证规定投保“一切险”时，如保险单据载有任何“一切险”批注或条款，无论是否有“一切险”标题，均将被接受，即使其声明任何风险除外。

（3）保险单据可以援引任何除外条款。

（4）保险单据可以注明受免赔率或免赔额（减除额）约束。

（九）保险人的查勘代理人

保险公司有权使用经自己了解或考察而聘用的查勘理赔代理人。若信用证指定其他与该保险公司无业务往来的查勘理赔代理人，可要求其修正。需要说明的是，查勘理赔代理人的确定是根据保单所载的最后目的港（地），而非赔款地点。

（十）赔款地点

赔款地点，一般都是保险单上所载的目的港（地），因为这里是收货人的收货地点，赔款更方便。此外，还须注明检验代理人的名称和地址。

（十一）出单日期和出单地点

根据 UCP600 第二十八条 e 款规定：保险单据日期不得晚于发运日期，除非保险单据表明保险责任不迟于发运日生效。

（十二）保险人的签章

保险人必须在保单上签有属于自己的签章。

保险单式样如图 7.6 所示。

中 国 人 民 保 险 公 司

THE PEOPLE'S INSURANCE COMPANY OF CHINA

总公司设于北京　　一九四九年创立

Head office: BEIJING　　Established 1949

保　险　单　　保险单号次

INSURANCE POLICY　　POLICY NO. PICCSH 988784

中国人民保险公司（简称本公司）

THIS POLICY OF INSURANCE WITNESSES THAT THE PEOPLE'S INSURANCE COMPANY OF CHINA（HEREINAFTER CALLED "THE COMPANY"）

根　据

AT THE REQUEST OF ______________________________

（简称被保险人）的要求，由被保险人向本公司缴付约

（HEREINAFTER CALLED "THE INSURED"）AND IN CONSIDERATION OF THE AGREED PREMIUM PAID TO THE COMPANY BY THE

定的保险，按照本保险单承保险别和背面所载条款下列

INSURED UNDERTAKES TO INSURE THE UNDERMENTIONED GOODS IN TRANSPORTATION SUBJECT TO THE CONDITIONS OF THIS POLICY

特款承保下述货物运输保险，特立本保险单

AS PER THE CLAUSES PRINTED OVERLEAF AND OTHER SPECIAL CLAUSES ATTACHED HEREON

标记 MARKS & NOS	包装及数量 QUANTITY	保险货物项目 DESCRIPTION OF GOODS	保险金额 AMOUNT INSURED

总 保 险 金 额：

TOTAL AMOUNT INSURED：

保 费 PREMIUM	费 率 RATE	装载运输工具 PER CONVEYANCE S.S.
开 航 日 期 SLG. ON OR ABT.	自 FROM	至 TO

承保险别

CONDITIONS

所保货物，如遇出险，本公司凭本保险单及其他有关证件给付赔款

CLAIMS，IF ANY，PAYABLE ON SURRENDER OF THIS POLICY TOGETHER WITH OTHER RELEVANT DOCUMENTS

所保货物，如发生本保险单项下负责赔偿的损失或事故

IN THE EVENT OF ACCIDENT WHEREBY LOSS OR DAMAGE MAY RESULT IN A CLAIM UNDER THIS POLICY IMMEDIATE NOTICE

应立即通知本公司下述代理人查勘

APPLYING FOR SURVEY MUST BE GIVEN TO THE COMPANY'S AGENT AS MENTIONED HEREUNDER：

中国人民保险公司上海分公司

THE PEOPLE'S INSURANCE CO. OF CHINA

AMSTERDAM BRANCH

530# ARIL ST.

AMSTERDAM，THE NETHERLANDS

赔款偿付地点

CLAIM PAYABLE AT/IN

日 期

上 海

DATE

SHANGHAI

中国人民保险公司上海分公司

THE PEOPLE'S INSURANCE COMPANY OF CHINA

SHANGHAI BRANCH

何 静 芝

地址：中国上海中山东一路 23 号

TEL：3234305

3217466-44 Telex：33128 PICCS CN.

Address： 23 Zhongshan Dong Yi Lu Shanghai，China.

Cable： 42001 Shanghai

Endorsement：

图 7.6　保险单式样

三、保险单据的审核要点和常见不符点

（一）保险单据的审核要点

根据 UCP600 相关规定，有关保险单据的审核要点如表 7.4 所示。

表 7.4 保险单据的审核要点

项目	UCP600	要求
签发人	第二十条 a 款	保险单据，如保险单或预约保险项下的保险证明书或者声明书，必须看似由保险公司或承保人或其代理人或代表出具并签署
份数	第二十八条 b 款	如果保险单据表明其以多份正本出具，所有正本均须提交
类型及接受性	第二十八条 c 款	暂保单将不被接受
	第二十八条 d 款	可以接受保险单代预约保险项下的保险证明书或声明书
签发日期	第二十八条 e 款	保险单据日期不得晚于发运日期，除非保险单据表明保险责任不迟于发运日生效
投保币别	第二十八条 f 款	保险单据必须表明投保金额并以与信用证相同的货币表示
保险金额	第二十八条 f 款	信用证对于投保金额为货物价值、发票金额或类似金额的某一比例的要求，将被视为对最低保额的要求。如果信用证对投保金额未做规定，投保金额须至少为货物的 CIF 或 CIP 价格的 110%。如果从单据中不能确定 CIF 或者 CIP 价格，投保金额必须基于要求承付或议付的金额，或者基于发票上显示的货物总值来计算，两者之中取金额较高者
投保险别	第二十八条 g 款	信用证应规定所需投保的险别及附加险（如有）。如果信用证使用诸如“通常风险”或“惯常风险”等含义不确切的用语，则无论是否有漏保之风险，保险单据将被照样接受
	第二十八条 h 款	当信用证规定投保“一切险”时，如保险单据载有任何“一切险”批注或条款，无论是否有“一切险”标题，均将被接受，即使其声明任何风险除外
投保区间	第二十八条 f 款	保险单据须表明承保的风险区间至少涵盖从信用证规定的货物接管地或发运地开始到卸货地或最终目的地为止

（二）常见不符点

保险单据审核中常见的不符点如下。

（1）保险单据种类与信用证的要求不符（insurance document of a type other than that required by the L/C）。

（2）保险凭证次于信用证所要求的级别（insurance document of lower order presented than required by the L/C)。

（3）保险的币别与信用证的币别不一致（insurance cover expressed in a currency other than that of the L/C)。

（4）保险金额与信用证规定不符（amount of insurance not as shown on L/C)。

（5）保险不足额（under insured)。

（6）保险的种类与信用证规定不符（insurance risks covered not as specified in the L/C)。

（7）保险项目少于信用证规定的保险险别（insurance risks covered less than those specified in the L/C)。

（8）保险日期迟于装运日期（insurance dated later than shipped on board date)。

（9）受益人未在保险单上背书（endorsement missing，when policy is payable to the order of the beneficiary)。

（10）保险单的背书不正确（insurance document endorsed incorrectly)。

（11）保险单上的理赔地点与信用证规定不符（insurance policy indicating place of settling claim differs from that in the credit)。

（12）保险单漏载理赔地点（insurance policy not indicating place of settling claim)。

（13）保险单的受益人与信用证规定不符（insurance policy/certificate made out to … whereas L/C stipulates to…)。

（14）保险单上的装运港和卸货港与信用证规定不一致（port of loading or discharge not as shown on L/C)。

（15）保险单上的货物描述与信用证有矛盾（merchandise description conflicts with L/C)。

（16）保险单上的唛头和件数与提单不符（marks and numbers are in conform to those on bill of lading)。

（17）承保的公司与信用证要求不一致（not issued by an insurance company as required by the L/C)。

（18）未提交全套保险单据（full sets of insurance documents not presented)。

第五节　其他单据的审核

一、原产地证书：certificate of origin，C/O

原产地证书，简称为“产地证”，是证明出口货物原产地或制造地点的文件。它对来自不同国家的进口商品实行差别关税，为进口配额限制提供了依据。原产地证书包括一般原产地证书和普惠制产地证（generalized system of preference certificate of origin，GSP）两种类型。

（一）一般原产地证书

1. 一般原产地证的签发

一般原产地证书的签发人由进出口双方在洽商贸易合同时确定，一般情况下，可以是出口商本身、出口商所在地的同业公会、商会、商品检验机构等。在信用证业务中，若没有具体规定，则上述任何人出具的原产地证书都可接受；若要求受益人或厂商出具，而受益人提供了商会或商品检验机构出具的原产地证书，也可以接受；若要求由商会或商品检验机构出具原产地证书，则不能提交受益人出具的原产地证书来取代。我国的规定是，一般的出口商品原产地证书（不包括普遍优惠制原产地证书），由商品检验机构或中国国际贸易促进委员会负责签发；一般对出口商品证明中国生产或中国加工制造，国外需要证明具体产地的，经核实后，也予以证明。一般产地证样单如图 7.7 所示。

2. 一般原产地证的缮制

一般产地证的缮制遵循以下原则。

（1）原产地证是一份独立出具的单据。

（2）原产地证必须按信用证要求签字、公证、签证，如文字有更改，需有贸促会加盖更正章。

（3）原产地证书必须标明原产地国，其他内容应与发票及其他单据相一致。例如，中国原产地证都有出口商和原产地证书签发机构的声明文句。出口商需声明："兹声明上述表述详情正确无误，所有商品都在中国生产，符合中华人民共和国原产地规则。（The undersigned hereby declares that the above details and statements are correct, that all the goods were produced in China and that they comply with the Rules of Origin of the People's Republic of China.）" 并由签署人签名、注明签署的日期和出口商签章；原产地证书签发机构需声明，如："兹证明出口商的声明正确无误。（It is hereby certified that the declaration by the exporter is correct.）" 并由签发人签名、注明签署日期、签发地点和签发机构签章。

（4）原产地证如有补充、遗失已签发的证书，应向贸促会书面证明，重新办理申请手续。

（5）申请签发原产地证应在装运之前办理。

原产地证书的具体缮制按照其栏目内容如下填制。

（1）出口商名称地址（exporter）与发票一致。

（2）收货人（consignee）与发票一致。

（3）运输工具及线路（means of transport and route）与提单、发票一致。

（4）目的港（destination）与提单一致。

（5）当局盖章（for certifying authority use only）由贸促会盖章。

（6）唛头及件数（marks & no of packages）按发票填制。

ORIGINAL

<table>
<tr><td colspan="3">1.Exporter
German Sebastian EX&IM Commerce Co.,Ltd.
NO.110,Kurfurstendamm,berlin,Germany
Germany</td><td colspan="3" rowspan="2">Certificate No. GZ0000001

CERTIFICATE OF ORIGIN</td></tr>
<tr><td colspan="3">2.Consignee
Symbol Import and Export Company
No.388,Atlantic Ave.Brooklyn,New York,America
America</td></tr>
<tr><td colspan="3">3.Means of transport and route
FROM HAMBURG,GERMANY TO NEW YORK,AMERICA BY AIR</td><td colspan="3" rowspan="2">5.For certifying authority use only</td></tr>
<tr><td colspan="3">4.Country / region of destination
America</td></tr>
<tr><td>Choice</td><td>6.Marks and numbers</td><td>7.Number and kind of packages; description of goods</td><td>8.H.S.Code</td><td>9.Quantity</td><td>10.Number and date of invoices</td></tr>
<tr><td>○</td><td>N/M</td><td>TWO HUNDRED(200) CARTONS OF 18K Gold Pendant
Size: 29mmx17mm, Gold weight: 3.42g,
Packed with elegant giftbox, 10boxes/carton</td><td>7113192990</td><td>2000 PCS</td><td>IV0000022
July 19,2019</td></tr>
<tr><td colspan="6">[添 加][修 改][删 除]</td></tr>
<tr><td colspan="3">11.Declaration by the exporter
The undersigned hereby declares that the above details and statements are correct, that all the goods were produced in China and that they comply with the Rules of Origin of the People's Republic of China.

....
Place and date, signature and stamp of authorized signatory</td><td colspan="3">12.Certification
It is hereby certified that the declaration by the exporter is correct.

....
Place and date, signature and stamp of certifying authority</td></tr>
</table>

图 7.7 一般产地证样单

（7）货物描述（description of goods）填货物的最大包装件数及货物名称。

（8）协调商品名称及编码制度（H.S code）应按分类，正确填写。

（9）数量及重量（quantity or weight）填发票的数量或重量。

（10）发票号及日期（No. & date of invoice）填发票号码及日期。

（11）出口商申述（declaration by the exporter）包括出口商名称、地址及专人签字、日期。

（12）当局盖章（certification）由贸促会盖章，并签具日期及出具地点。该栏的签发日期不应早于出口商申述栏日期，也不应晚于提单签发的日期。

（13）证书编号（certificate No.）由贸促会编号，经贸促会盖章，签字后售给使用单位，由各单位自行填写各栏目。

（二）普惠制产地证

普惠制是发达国家给予发展中国家出口制成品和半制成品的普遍的、非歧视的、非互惠的优惠关税待遇。凡是对给惠国出口“可受惠商品”的货物，可以申请普惠制产地证书并寄交客户使其能享受普惠制低税甚至免税的待遇。普惠制产地证由出入境检验检疫局签发，由出口公司购买并缮制，连同申请书及商业发票副本各一份送出入境检验检疫局，经签章后，即成为有效证书。

1. 普遍优惠制产地证书 A 格式（generalised system of preference certificate of origin form A——GSP FORM A）

这是发展中国家的原产品出口到实施普遍优惠制关税的国家，要享受给惠国减免进口关税的优惠待遇，必须提供的官方凭证。这是由联合国贸易与发展会议优惠问题特别委员会一致通过的“格式 A”（GSP Form A）。这是针对性比较广泛的一种普惠制项下的证书。所有实施普遍优惠制的给惠国家都接受“格式 A”。在具体填写时，须按照各给惠国的有关规定办理。普遍优惠制原产地证书与一般的原产地证书内容不同，可向各地的商品检验局购买，由出口商填写后，连同一份申请书和商业发票送商品检验局审核。经商品检验局审核并签章后，即成为有效的普遍优惠制产地证书。全套普遍优惠制产地证书包括一份正本和两份副本，正本可用于办理结算和议付融资事宜，副本则只供寄单参考和留存备查。普遍优惠制原产地证书申请书格式见图 7.8。

也有个别的给惠发达国家不要求发展中国家向其出口制成品或半制成品时，一定要提交普遍优惠制产地证书 A 格式，而可以使用其他形式的原产地证书，如新西兰可以接受该国规定的简化格式“59A”；澳大利亚可以接受由出口商签发的简化格式 A 证书，或出口商在普通商业发票上申报的简易原产地证书，即在商业发票上加注以下声明文句：（a）that the final process of manufacure of the goods for which special rates are claimed has been performers in China and（b）that not less than one-half of the factory cost of the goods is represented by the value of labour and materials of China.

此外，一些发达国家根据自身情况和进口商品的情况，还提出一些其他产地证书的要求。例如，美国对向其出口商品要求的原产地声明书有三种类型：格式A是单一国家声明书（single country declaration），声明商品的原产地只有一个国家；格式B是多国家产地声明书（multiple country declaration），声明商品的原材料是由几个国家生产的；格式C是否定式声明书（negative declaration），凡向美国出口纺织品，其主要价值或主要重量属于麻或丝的原料，或其中所含羊毛量不超过17%，可使用这一格式。

普遍优惠制产地证书申请书

申请人郑重声明： *FORM A NO* ________________

本人是正式授权代表出口单位办理和签署本声明的：

本项商品系在中国生产，最终销售国为____________，完全符合该给惠国给惠方案和国家商检局的有关规定，其原产地情况符合以下第____________条：

1. “*P*”（完全自产，不含任何进口成分）；

2. “*W*” 其 *CCCN* 税则号为____________；

3. “*F*”（对加拿大出口产品，其进口成分不超过产品出厂价值40%）。

本批商品的发票号为____________；*FOB*____________美元；

毛重或其他数量为____________；

现提交商业发票副本一份，*FORM A* 原产地证书一正二副，及____________份，请审核签证。

本申请书及格式 *A* 的全部内容正确，如发现弄虚作假，冒充格式 *A* 所列货物，自愿接受签证机构的处罚及负法律责任。

进口商特殊要求 或申请人备注	

申请人（签名）： 申请单位（盖章）

电话：

日期： 年 月 日

注：1.凡含有进口成分的商品，必须按要求提交（含进口成分受惠成本明细单）；2.如因签证或给惠国要求查询，需要有关证件、资料时，申报单位要负责提供；3.凡进口商有特殊要求的，应提供合同、信用证、来往函电及有关单据

图7.8 普遍优惠制产地证明书申请书

2. 普惠制产地证的内容

如图7.9所示，普惠制产地证包括以下栏目。

第一栏：出口商的名称、地址、国家；

第二栏：收货人名称、地址、国家；

第三栏：运输方式和路线；

第四栏：供签证方使用；

第五栏：商品顺序号（Item number）；

第六栏：唛头和包装号；

第七栏：商品名称、包装件数及种类；

第八栏：原产地标准；

第九栏：毛重或其他数量，与一般原产地证填法相同；

第十栏：发票号码及日期，与一般原产地证填法相同；

第十一栏：签证机构证明（certification）由检验检疫机构签字并盖章。注意签证日期不得早于出货日期，不晚于发票日期；

第十二栏：出口商申述（declaration by the exporter）。

普惠制产地证样式：

ORIGINAL

<table>
<tr><td colspan="3">1.Goods consigned from (Exporter's business name, address, country)</td><td colspan="4" rowspan="2">Reference No. JS7/00033/0046
GENERALIZED SYSTEM OF PREFERENCES
CERTIFICATE OF ORIGIN
(Combined declaration and certificate)
FORM A
Issued in THE PEOPLE'S REPUBLIC OF CHINA
(country)
See Notes overleaf</td></tr>
<tr><td colspan="3">2.Goods consigned to (Consignee's name, address, country)</td></tr>
<tr><td colspan="3">3.Means of transport and route (as far as known)</td><td colspan="4">4. For official use</td></tr>
<tr><td>5.Item Number</td><td>6. Marks and numbers of packages</td><td colspan="2">7. Number and kind of packages; description of goods</td><td>8. Origin criterion (see Notes overleaf)</td><td>9. Gross weight or other quantity</td><td>10.Number and date of invoices</td></tr>
<tr><td colspan="3">11.Certification
It is hereby certified, on the basis of control carried out, that the declaration by the exporter is correct.
……………………………………………………
Place and date. Signature and stamp of certifying authority</td><td colspan="4">12. Declaration by the exporter
The undersigned hereby declares that the above details and statements are correct, that all the goods were produced in …………CHINA……………………
and that they comply with the origin requirements specified for those goods in the Generalized System of Preferences for goods exported to
……………………………………………………
(Importing country)
……………………………………………………
Place and date. Signature of authorized signatory</td></tr>
</table>

图 7.9　普惠制产地证

二、装船通知：shipping advice

在 CPT、FOB、CFR 和 FCA 条件下，装船通知为成交的合同的买方提供办理货物保险的凭证。买方为了避免卖方因疏忽未及时通知，所以经常在信用证中明确规定，卖方必须及时发出装船通知，并规定通知的内容。而且在议付时必须提供装船通知的副本。该通知副本（copy of telex/fax）常作为向银行交单议付的单据之一；在进口方派船接货的交易条件下，进口商为了使船货衔接得当也会向出口方发出有关通知。

装船通知或称装船声明（shipping statement），是指按照信用证或合同规定，发货人通常在装船后将装船通知给进口商，以便及时办理保险或准备提货租仓。依据其功能，装船通知的制作包含以下内容，图 7.10 提供了装船通知样单。包括：①单据名称。②通知对象。③通知内容，主要包括所发运货物的合同号或信用证号、品名、数量、金额、运输工具名称、开航日期、启运地和目的地、提运单号码、运输标志等，并且与其他相关单据保持一致，如信用证提出具体项目要求，应严格按规定出单。此外通知中还可能出现包装说明、ETD（船舶预离港时间）、ETA（船舶预抵港时间）、ETC（预计开始装船时间）等内容。④制作和发出日期，日期不能超过信用证约定的时间。⑤签署，一般可以不签署，如信用证要求“certified copy of shipping advice”，通常加盖受益人条形章。

ROBERT BOSCH (SOUTH EAST ASIA) PTE LTD
Visitor Address : 239-241 Alexandra Road, 3rd & 4th level Cycle & Carriage Bldg. S(031
Correspondence Address : Thomson Road P.O. BOX No 4　Singapore 9157 01
Telephone : (0065) 2585511　Telefax : (0065) 2584611

30TH OCTOBER 1996

BENEFICIARY CERTIFICATE　BY FAX

WE HEREBY CERTIFY THAT WE HAVE DISPATCHED TO THE APPLICANT BY FAX THE FOLLOWING DETAILS WITHIN 24 HOURS AFTER SHIPMENT.

A) NAME OF VESSEL　: LAUST MAERSK V. 9611

B) ETD PORT KLANG　: 29.10.96

C) QUANTITY SHIPPED　: BATTERY
12 PALLETS (1138 PCS)
IN 1 X 20' CONTAINER

D) WEIGHT OF GOODS　:15,030.60 KGS

E) VALUE OF SHIPMENT : US$ 31,496.71

CONTRACT NO. HRBOSCH002/96

L/C NO. 010LC60216HJ DATED 24.10.96
ISSUED BY HUA XIA BANK, NANJING

for ROBERT BOSCH (SOUTH EAST ASIA) PTE. LTD.

图 7.10　装船通知样单

三、受益人证明：beneficiary’s certificate

受益人证明，或称受益人声明，是受益人根据信用证的要求来缮制的，证明货物的品质、数量、包装标识、装运及寄单等事项的单据。

（一）受益人证明类型

受益人证明通常包括寄单寄样证明、包装说明的证明、产品制造方面的证明及其他方面的证明四种类型。

（1）寄单证明（beneficiary’s certificate for dispatch of documents），如 CERTIFICATE FROM THE BENEFICIARY STATING THAT ONE COPY OF THE DOCUMENTS CALLED FOR UNDER THE LC HAS BEEN DISPATCHED BY COURIER SERVICE DIRECT TO THE APPLICANT WITHIN 3 DAYS AFTER SHIPMENT.

（2）寄样证明（beneficiary’s certificate for dispatch of shipment sample），如 CERTIFICATE TO SHOW THAT THE REQUIRED SHIPMENT SAMPLES HAVE BEEN SENT BY DHL TO THE APPLICANT ON JULY 10，2015.

（3）包装和标签证明，如某信用证要求：A CERTIFICATE FROM THE BENEFICIARY TO THE EFFECT THAT ONE SET OF INVOICE AND PACKING LIST HAS BEEN PLACED ON THE INNER SIDE OF THE DOOR OF EACH CONTAINER IN CASE OF FCL CARGO OR ATTACHED TO THE GOODS OR PACKAGES AT AN OBVIOUS PLACE IN CASE OF LCL CARGO.（受益人应证明已把一套发票和箱单贴在集装箱箱门内侧（整箱货）或拼箱货的显眼的地方）。

（4）其他规定，如“BENEFICIARY'S CERTIFICATE STATING ORIGINAL B/L OF 1 SET CARRIED BY THE CAPTAIN OF THE VESSEL”；或者“A STATEMENT FROM THE BENEFICARY EVIDENCING THAT PACKING EFFECTED IN 25KGS CTN”等。

（二）受益人证明缮制

受益人证明一般包含以下内容。

（1）出单人——受益人。

（2）受单人——开证申请人或 To whom it may concern。

（3）出单日期——装运日或装运日之后若干天。

（4）单据名称。

（5）参考信息：证明上通常会显示发票号、合同号或信用证号以表明与其他单据的关系，如 L/C No.、S/C No.、B/L No.、Invoice No.等。

（6）证明的内容应严格与合同或信用证规定相符。WE HEREBY CERTIFY THAT WE HAVE MAILED THE COPY OF B/L TO THE APPLICANT AFTER THE DATE OF

SHIPMENT IMMEDIATELY.

（7）因属于证明性质，按有关规定证明人（受益人）必须签字。

受益人证明一般都应在规定的时间内做出，其样式如图 7.11 所示。

证 明 书

(CERTIFICATE)

Shanghai, 20 Mar, 2006

To whom it may concern

Re: Invoice No.06427, L/C 812099687

We hereby certify that we have sent by registered airmail the following documents directly to Yagi&Co.Ltd., 1c,Alinamikyutaro-kacni 2-Chome, Hignehi-ku,Osaka, Japan:

2 sets of typed and signed non-negotiable shipping documents including original Certificate or Origin.

(SIGNATURE)

图 7.11 受益人证明样式

四、船公司证明：shipping company's certificate

船公司证明是为满足进口商的要求，出口人在交单议付时，按信用证要求出具船公司的有关证明。在实际外贸操作中，来自中东和非洲地区的客户为主。船公司证明通常由出口商或船方用英文制作，具体内容应以信用证中要求为准，所有船公司证明必须签署。

船公司证明通常包括以下类别。

（一）船舶本身的证明文件

（1）集装箱船只证明（certificate of container vessel）。进口商或银行在合同或信用证中规定货物须装集装箱船并出具相应证明的，可由受益人自行制作并加盖有关签发人的图章，也可在运输单据上加以注明。

（2）船龄证明。有些国家或地区来证规定装载货物的船舶的船龄不得超过 15 年，受益人必须要求船代或船公司出具载货船只的船龄证明书（certificate to evidence the ship is not over 15 years old 或 is under 15 years of age），这样的要求主要目的在于禁止使用老龄船，保护货物运输安全。

（3）船籍证明（certificate of registry）用于证明船舶所属国籍。

（4）船级证明（confirmation of class）。有的信用证规定提供英国劳合社船级证明，如“Class certificate certifying that the shipment is made by a seaworthy vessel which are classified 100 A1 issued by Lloyds or equivalent classification society”，劳合社的船级符号为 LR，标志 100A1，100A 表示该船的船体和机器设备是根据劳氏规范和规定建造的，1 表示船舶的装备如船锚、锚链和绳索等处于良好和有效的状态，对这样的要求我们通常应予以满足。国际上著名的船级社有英国劳合社、德国船级社（GL）、挪威船级社（DNV）、法国船级社（BV）、日本海事协会（NK）、美国船级社（ABS）等。

（二）运输和航行证明

（1）航程证明（certificate of itinerary）。主要说明航程中船舶停靠的港口，一些阿拉伯国家开来的信用证中，往往要求在提单上随附声明一份，明确船籍、船名、船东及途中所经港口顺序，出口方须按要求签发此类证明并按证明中所述行驶、操作船舶。

（2）转船证明书（certificate of transshipment）。出口方出具转船证明书，说明出口货物将在中途转船且已联系妥当，并由托运人负责将有关转船事项通知收货人。

（3）货装具名船舶证明。信用证要求："A certificate from the shipping company or its agent stating that goods are shipped by APL"，意思是要求出口方提供由船公司或其代理出具的货装美国总统轮船公司的证明。

（4）船长收据（captain's receipt）。有的信用证规定，样品或单据副本让载货船只的船长转交进口商，并提供船长收据，如委托船长带去而未取得船长收据将影响出口商收汇，常见于近洋运输。此外船证还包括进港证明、运费已交收据、港口费用单（port charges documents）、装卸准备就绪通知书（NOR）和装卸时间事实记录等，由于政治原因，巴基斯坦和印度互不允许悬挂对方国旗的船舶靠岸，巴基斯坦港口还不接受来自南非、韩国、以色列和中国台湾的船舶，如要求出具相应证明的，出口方必须提供。

（三）航运组织和公约证明

（1）班轮公会证明（conference line certificate）。信用证规定货物须装班轮公会船只时，向银行所交单据中应包括船公司或船代出具的证明。

例 1. 信用证要求"A certificate issued by the carrier, shipping Co or their agents certifying that shipment has been effected by conference line and/or regular line vessels only covered by institute classification clause to accompany the documents." 其意思是由承运人、船公司或他们的代理签发证明，证实货物已装运在符合伦敦协会船级条款的班轮公会船只或定期船上，该船证随单据提交。

例 2. 信用证要求"Shipping company's certificate stating that the carrying vessel has entered P&I Club and should be attached with the original documents"，其要求船证应明确载货船舶系船东保赔协会成员并应随附正本证明。

（2）黑名单证明。典型的是阿拉伯国家所要求的抵制以色列证明（certificate of boycott israel）。其通常规定为：The vessel carrying the goods is not Israeli and will not call on any Israeli ports while carrying the goods and that the vessel is not banned entry to the port of the Arab States for any reasons whatever under law and the laws and regulations of such Sates allowed（船上所装货物为非以色列原产，船不经停任何以色列港口，船只可依法自由进入阿拉伯国家法律和规则所容许进出的港口）。

（3）SMC（Safety Management Certificate，船舶安全管理证书）、DOC（Document of Compliance，安全符合证书，也称为船/港保安符合证书）和 SOLAS（International

Convention for Safety of life at sea，国际海上生命安全公约）。这几个缩略语近年来常出现在信用证的要求中，SMC 和 DOC 是按照国际安全管理规则（ISM）的规定载货船舶应在船上拥有的必要证书。我国海事局按 ISM 的规章发给船公司 DOC，船舶则可获 SMC，如船公司没有相应证书，那么就没有办法按信用证要求来出具此类证明。信用证中的一般要求是："The carrying vessel should comply with the provisions of the（ISM）Code which necessitates that such vessel must have on board，copies of the two（SMC and DOC）valid Certificates and copies of such certificate must be presented with the original documents." 也可体现为 "Certificate issued，signed and stamped by the owner/carrier/ master of the carrying vessel holds valid ISM certificate and ISPS（International Shipping And Port Security Safety Code《国际船舶和港口设施保安规则》)"；SOLAS 指的是《国际海上生命安全公约》。"9・11" 事件后国际海事组织于 2002 年 12 月召开缔约国大会通过对 SOLAS 公约的修正案，并在 2004 年 7 月 1 日起开始实施。按上述有关规定，船舶应持有 "安全管理证书" 正本，其船名与国籍证书一致，所载公司名称与 "符合证明" 中的公司名称相一致。

船公司证明样式如图 7.12 所示。

CERTIFICATE

date：2013-12-04

发货人 Shipper：
TEL：
收货人 Consignee：
地址 ADDRESS：

FROM SHANGHAI PORT，CHINA TO KARACHI PORT PAKISTAN
从中国上海港到巴基斯坦卡拉奇港

货轮名称 Name of carrying vessel：
提单号 B/L No：
开船时间 Vessel departure time：
预计到达时间 Estimated time of arrival：
信用证号 Documentary Credit Number：
开证日期 Date of Issue：
开证行 ISSUING BANK：

我方证明该船次商船符合以下要求：
We stating that the carrying vessel comply with the following requirements：
（I）符合船级协会条款
（I）COVERED UNDER INSTITUTE CLASSIFICATION CLAUSE
（II）属于公司合法经营，并遵守巴基斯坦的海事规则和港口法规
（II）OWNED BY COMPANIES OPERATING IN ACCORDANCE WITH PAKISTANI MARITIME RULES AND PORT REGULATIONS
特此证明
we hereby certify

Company signature 公司签章
Date 日期

图 7.12 船公司证明样式

第六节 单据相关典型案例解析

案例一：开证行因发票单价计算而拒绝支付的纠纷

（一）基本案情

2015 年 6 月下旬，中国河北 GD 公司与斯里兰卡 CH 公司签订 1 284 套带框架的球墨铸铁井盖（Ductile Iron Manhole Cover with Frame-QTY：1 284 sets）的销售合同，合同规定采用信用证方式结算货款。合同采用 CIF 贸易术语，CIF 金额为 173 718 美元。7 月上旬，出口商河北 GD 公司收到斯里兰卡 S 银行（一家世界知名银行）开来的即期限制性议付信用证，信用证到期日为 2016 年 10 月 11 日，开证申请人为进口商斯里兰卡 CH 公司，议付行为香港 H 银行。其中，信用证的 46B Documents Required（所需单据）要求发票必须显示 CIF 金额，并且单独显示 FOB 价值、运费和保险费。通知行 S 银行中国分行（与议付行不是同一家银行）确认了信用证的表面真实性，河北 GD 公司审核信用证内容，认为信用证条款没有问题，旋即接受信用证。河北 GD 公司积极生产备货，联系货代办理各种出口手续，并于 9 月 6 日缮制发票。

按照信用证规定，发票上显示了 CIF 总金额为 173 718 美元，并显示运费 5 574 美元、保险费 207 美元、扣除运费和保险费之后的 FOB 金额 167 937 美元。9 月 21 日，河北 GD 公司将信用证项下全套单据快递给议付行香港 H 银行。10 月 2 日，沉浸在国庆假期中的河北 GD 公司外贸业务员小刘收到议付行转来的开证行的拒付通知。拒付依据是，商业发票上存在如下不符点：QUANTITY IN TO UNIT PRICE INCORRECT（意思是，FOB 金额除以总数量得出的单价与发票上的单价不一致，发票的单价是错误的）。原来，信用证上只有货物的数量 1 284 套和总金额 167 937 美元，没有提及货物的单价，小刘为了避免发票上的单价栏位空着，用 1 284 套去除 167 937 美元，求得单价为 USD130.792 056 074 766 4/set，因为除不尽，小刘将单价写成了 USD130.80/set。开证行的观点是，1 284 除 USD167 937，计算出的单价是 USD130.792 056 074 766 4/set，而不是发票上显示的 USD130.80/set。

小刘认为把信用证上没有提及的单价列入发票，为买方提供了方便，纯粹出于好意。而且数学计算中遇到除不尽，必然要将小数点后面多余的位数抹掉。本次纠纷涉及金额大，如果不能及时足额收回货款，公司会蒙受巨大经济损失。交单期为提单日后的 21 天，提单日是 9 月 11 日，交单截止日为 10 月 1 日，已经来不及重新缮制发票并再次交单。小刘咨询了当地银行和大学老师，均没有得到有效解决办法，经人介绍，小刘于 10 月 8 日联系到了笔者。笔者反复对比信用证和发票，结合开证行的拒付通知，参阅了 UCP600、ISBP745 和国际商会发布的关于数学计算的意见书，给出了反驳开证行的理由。反驳意见经过议付行香港 H 银行转给开证行斯里兰卡 S 银行，货款很快全额到账，没有扣除不符点费，说明开证行承认之前的拒付有误。当然，这也可以从侧面看出国际知名银行注重信誉，遵守国际惯例。

（二）案例分析

遇到开证行拒付这样的国际结算纠纷，应该按照国际商会的惯例论证我国出口企业的交单行为和所交单据均符合国际惯例的规定、符合信用证的要求，不存在任何的不符点。国际商会关于信用证的最重要惯例有两个：UCP600 和 ISBP745。

1. UCP600 的视角

UCP600 Article 14（d）：Data in a document，when read in context with the credit，the document itself and international standard banking practice，need not be identical to，but must not conflict with，data in that document，any other stipulated document or the credit.（单据中的数据，在与信用证、单据本身及国际标准银行实务参照解读时，无须与该单据本身中的数据，其他要求的单据或信用证中的数据等同一致、但不得矛盾。）GD 公司所交发票上的总金额和总数量没有问题，其他信息也没有问题，只有信用证上没有提及的单价进行了入（rounding-up）。这样的入跟发票上的其他数据、其他单据上的数据、信用证上的数据没有矛盾，是合理的数学运算，所以没有不符点。

2. ISBP745 的视角

ISBP745 Para A22：When the presented documents indicate mathematical calculations，banks only determine that the stated total in respect of the criteria such as amount，quantity，weight or number of packages，does not conflict with the credit and any other stipulated documents.（当提交的单据显示数学计算时，银行仅确定如金额、数量、重量或包装件数的总量，与信用证及其他规定的单据不相矛盾。）根据本段的规定，开证行只需要核对发票上的总金额、总数量是否与其他单据信用证的要求矛盾，不应该做乘法，以审核单价×数量是否等于发票和信用证上的总金额。

（三）案例启示

1. 必须掌握 UCP600、ISBP745 和国际商会的相关意见书

UCP600 是国际商会最重要的惯例，素有信用证结算的“圣经”之美誉，在国际结算中普遍应用，是信用证业务成败的关键。多年来，UCP 的各个版本，在世界范围内被广大申请人、受益人和银行采纳为信用证业务的操作指南。ISBP745，是当仁不让的信用证审单标准的“圣经”，广泛应用于贸易界和银行界。ISBP745 可以帮助国际贸易从业人员正确理解和运用 UCP600，统一和规范信用证项下的单据制作，减少不必要的争议。

2. 在合同中列明所有关键信息，避免有遗漏或者模糊不清

本案例中开证行和受益人的纠纷在于单价如何计价。如果买卖双方在签订谈判和销售合同的时候，将单价计算清楚并且写入合同，买方在给开证行的开证申请书中就会把单价列入，开证行在开立信用证的时候就会把单价列入信用证。这样，河北 GD 公司的小刘在缮制发票时，就会把信用证上的单价复制到发票上，本案例中的纠纷就可以消弭于无形。

3. 单价计算时应注意的舍与入的问题

在外贸实务中，包括发票的各种单据上的数值之间常常会因为舍与入等原因而形成差异，审单的银行负责核对总量，同时必须考虑四舍五入的计算规则；外贸企业缮制单据时，也要注意数字的舍与入。实务中，舍与入的原则如何应用，需要掂量。例如，装箱单上显示货物毛重 1 000.1 千克，提单显示毛重 1 000 千克，可以吗？当然可以，与 1 000 相比，0.1 微乎其微，这是四舍五入处理的结果。计算保险金额时，不能舍，只能入。一般来说，投保金额至少是货物 CIF 或 CIP 价格的 110%。这是最低金额要求，计算时如果做了舍，保险金额就会不足。因此，计算保险金额时，进位取整，只入不舍。

4. 积极接洽开证申请人，说服其放弃不符点

本案例中受益人所做交单没有不符点，最终银行全额付款，没有扣除不符点费。如果某种情况下交单存在不符点，出口商又来不及改单，就应该积极与进口商接洽，劝其放弃不符点。在 UCP600 的前言中提到，在 UCP600 出台前，信用证在初次交单时的拒付率高达 70%。当然，多数情况下最后都收回货款。如果不符点不严重，不至于使开证申请人蒙受损失，开证申请人一般会同意接受单据。开证申请人同意后，开证行一般会扣除不符点费，然后付款。出口商与进口商的积极协商，是成功收回货款的重要因素。

（四）扩展学习：关于 ISBP

ISBP 是国际商会在信用证领域编纂的国际惯例，ISBP 不仅是各国银行、进出口公司信用证业务单据处理人员在工作中的必备工具，也是法院、仲裁机构、律师在处理信用证纠纷案件时的重要依据，它的生效在各国的金融界、企业界、法律界产生重大影响。ISBP 提供了一套审核适用 UCP500 的信用证项下的单据的国际惯例，它对于各国正确理解和使用 UCP500、统一和规范各国信用证审单实务、减少拒付争议的发生具有重要的意义。

ISBP 的 200 个条文共分为 11 部分，包括先期问题、一般原则、汇票与到期日的计算、发票、海运提单（港到港运输）、租船合约提单、多式联运单据、空运单据、公路、铁路或内河运输单据、保险单据和原产地证明。ISBP 较 UCP500 增加了许多新的内容，如原产地证明、缩略语、未定义的用语、语言、数学计算、拼写错误及打印错误、多页

单据的附件或附文、唛头等。

ISBP 是银行、进出口商、律师、法官和仲裁员在使用 UCP500 处理信用证实务和解决争端时的重要依据，对各国国际业务从业人员正确理解和使用 UCP500，统一和规范信用证单据的审核实务、减少不必要的争议具有重要意义，也是 UCP600 定立的重要标准。

ISBP 就是 UCP500 第 13 条所指的国际标准银行实务，它的大部分内容是 UCP500 没有直接规定的——它是对 UCP500 的补充、细化和解释，而非对 UCP500 的修订。

ISBP 抽象了国际商会自 1994 年以来做出的咨询意见中所代表的审单惯例和这些惯例所体现出来的标准，反映了 UCP500 自 1994 年正式施行以来国际商会对它的理解和认识。ISBP 可以说是这些意见和各国普遍做法的条文化、规范化。

当事人在信用证上注明适用 UCP500 或开立 SWIFT 信用证时，UCP500 即对当事人具有法律效力。但是就 ISBP 而言，国际商会并不建议在信用证中直接予以援引。这是因为 UCP500 第 13 条要求信用证业务应当遵守国际标准银行实务，而 ISBP 即为该条所指"国际标准银行实务"，ISBP 本身又是对 UCP500 的补充，因此，当事人选择适用 UCP500 就意味着选择适用了 ISBP，而无须再作特别约定。

案例二：一起单据不表示发票号码引起的纠纷

（一）基本案情

PH 进出口公司对新加坡出口一批货物。2000 年 3 月 5 日由 N. H.M.银行开来装船期为 3 月 23 日、效期为 4 月 3 日的信用证，在单据条款中要求提供"FULL SET OF CLEAR ON BOARD OCEAN BILL OF LADING AND ONE COPY OF NON-NEGOTIABLE B/L … AND GENERALIZED SYSTEM OF PREFERENCES CERTIFICATE OF ORIGIN FORMA.", "ALL DOCUMENTS EXCEPT DRAFT AND INVOICE MUST NOT SHOW THE CREDIT NUMBER AND INVOICE NUMBER."

PH 进出口公司制单人员在装船前缮制 GSP 原产地证书时，发现信用证要求所有单据不能表示发票号，而 GSP 原产地证书格式 A 却要求填写"发票号和日期"。PH 进出口公司立即与当地商检机构联系，商检机构坚决不同意出具发票号留空不填的 GSP 原产地证书，其理由是联合国贸易和发展会议对于填写 GSP 原产地证书格式 A 的有关规定，此栏目不得留空不填。

PH 进出口公司立即发传真给新加坡进口商，提出"你信用证要求一切单据除发票和汇票外，不得表示发票号和信用证号，但是你又要求我提供 GSP 原产地证书，该证书按照联合国贸发会规定必须填写发票号，故你信用证与上述规定有抵触，而且我地出证当局也不同意接受此条款。请你修改信用证为 ALL DOCUMENTS EXCEPT DRAFT, INVOICE AND GENERALIZED SYSTEM OF PREFERENCES CERTIFICATE OF ORIGIN FORM A MUST NOT SHOW THE CREDIT NUMBER AND INVOICE NUMBER."

新加坡进口商电复：请立即装船，信用证正在申请办理修改中。

PH 进出口公司随即安排 3 月 22 日装船，装船后一周仍未见其修改信用证开到，效期将至。联系新加坡进口商，却称已经办理信用证修改。4 月 3 日，PH 进出口公司只好出具保函向中国光大银行办理担保议付。

PH 进出口公司向中国光大银行提交的提单中船名标明：“INTENDEDVESSEL ‘FREESEA’”，但是在“已装船”批注中填有经承运人加注实际已装船的船名和装船日期，并有承运人签章。

单据寄到国外后，开证行提出单证不符，暂代保管单据。不符点有二：“其一，GSP 原产地证书格式 A 第 10 栏的发票号，与我信用证的规定不符；其二，正本提单上承运人加注了实际装船的船名和日期，但是在副本提单上却无此批注，开证申请人不同意接受。”

PH 进出口公司接到中国光大银行送来的开证行拒付通知后感到奇怪，对于 GSP 原产地证书的发票号一事，早已向新加坡进口商提出，对方不但同意，而且还办理了信用证修改，为何还提出单证不符？

PH 进出口公司立即通过中国光大银行向开证行提出：对于该信用证项下单据的不符点一事。

（1）GSP 原产地证书的发票号系根据联合国贸发会的规定。只要稍有这方面的常识，就不应该提出异议。同时，开证申请人不但同意此不符点，而且已经修改了信用证，如何还存在单证不符？

（2）对于提单的“预期船名”，我方在提单上已经由承运人批注了实际装船的船名和装船日期，并有承运人签章。根据 UCP500 第二十三条 A 款 II 项中规定：“当提单中含有‘预期船’字样或类似有关限制船只的词语时，装上具名船只必须由提单上的装船批注来证实。该项装船批注除注明货物已经装船的日期外，还应该包括实际装货的船名，即使实际装船的船只就是‘预期船’，亦是如此。”故我方提供的提单已符合 UCP500 规定，构成“装上船”的要求，提单正本是有效文件。至于提单副本属于不生效的参考文件，承运人不可能在副本提单上加注和签章。因此，我方提供的提单已构成“装上船”的提单，已经单证相符。根据上述情况，你方应该接受单据，按时付款。

开证行收到 PH 进出口公司的申辩后又提出反驳意见。

对于 GSP 原产地证书不表示发票号的条款问题，我行并未修改信用证，经查对我申请人也未有过申请修改的情况。根据 UCP500 第十三条规定，银行对单据审核的唯一标准就是以单据表面上是否与信用证条款相符，并不考虑联合国贸发会的规定。原产地证书上标明了发票号，就是表面上单证不符。

对于正本提单上有承运人批注内容，而副本也应该有该批注的内容。虽然承运人可以对提单副本不进行签章，但其各方面内容均应与提单正本内容完全一样。正本有，而副本没有，即构成单单不符。

根据上述情况，申请人无法接受该单据。请速告对单据处理意见。

最后，买卖双方经过反复交涉，又由于当时货物价格趋涨，买方才决定付款。付款时间比正常收汇拖延了 3 个月，PH 进出口公司损失利息 14 000 美元。

（二）案例启示

国际贸易中一定要严格遵守“单证一致、单单相符”和信用证相关规定，若发现本案例中信用证规定与原产地证书相矛盾的状况，一定要经买卖双方确认，已开到修改信用证时，再发货，避免根据双方口头承诺和主观臆断造成的不必要的麻烦。

案例三：CIF合同下到底谁有权利向保险公司索赔?

（一）基本案情

某进出口公司作为卖方，根据美国客户的订单于某年8月委托某船公司作为承运人的美国发运一批货物。贸易合同规定的价格术语为CIF波士顿，付款条件是T/T。8月8日，进出口公司向某保险公司投保一切险。8月10日，上述货物被装入集装箱运送到青岛港。装船开航之后两天货船发生碰撞事故造成货物全损。美国买方得知货物发生全损后，以货物不能满足合同要求，不能实现合同目的为由拒绝支付货款。进出口公司向保险公司索赔保险金，而保险公司认为，CIF 术语下，美国买方承担货物装上船之后的风险，卖方已无任何风险且保险单已经背书转让，进出口公司已不享有可保利益，因此不享有索赔权和诉讼权，不应当向其索赔。对于到底谁有权利向保险公司索赔的问题发生了争议。

相关知识：

1. CIF贸易术语

CIF是指成本、保险费和运费，在Incoterms 2010关于CIF的使用说明中指出：“该术语仅用于海运或内河水运。货物灭失或损坏的风险在货物交到船上时转移。卖方必须签订合同，并支付必要的成本和运费，以将货物运至指定的目的港。卖方还要为买方在运输途中货物的灭失或损坏风险办理保险。卖方按照所选择的术语规定的方式将货物交付给承运人时，即完成其交货义务，而不是货物到达目的地之时。由于风险转移和费用转移的地点不同，该术语有两个关键点。虽然合同通常都会指定目的港，但不一定都会指定装运港，而这里是风险转移至买方的地方。”

2. 货物所有权转移

有关货物所有权的转移问题，《联合国国际货物销售合同公约》（简称公约）在第二章第三十条有关“卖方的义务”中规定：“卖方必须按照合同和本公约的规定，交付货物，移交一切与货物有关的单据并转移货物所有权。”在CIF合同中，货物所有权的转移是通过海运提单的转让而实现。《中华人民共和国海商法》第四章第四节第七十九条指出：“提单的转让，依照下列规定执行：①记名提单：不得转让；②指示提单：经过记名背书或者空白背书转让；③不记名提单：无需背书，即可转让。”

3. 货物风险转移

Incoterms 2010 有关"卖方义务"的规定中指出:"除按照 B5 的灭失或损坏情况外,卖方承担按照 A4 完成交货前货物灭失或损坏的一切风险。"有关"买方义务"的规定中指出:"买方承担按照 A4 交货时起货物灭失或损坏的一切风险。如买方未按照 B7 通知卖方,则买方必须从约定交货日期或交货期限届满之日起,承担货物灭失或损坏的一切风险,但以该货物已清楚地确定为合同项下之货物者为限。"《公约》第四章有关"风险移转"的规定第六十六条指出:"货物在风险移转到买方承担后遗失或损坏,买方支付价款的义务并不因此解除,除非这种遗失或损坏是由于卖方的行为或不行为所造成。第六十七条:(1)如果销售合同涉及货物的运输,但卖方没有义务在某一特定地点交付货物,自货物按照销售合同交付给第一承运人以转交给买方时起,风险就移转到买方承担。如果卖方有义务在某一特定地点把货物交付给承运人,在货物于该地点交付给承运人以前,风险不移转到买方承担。卖方受权保留控制货物处置权的单据,并不影响风险的移转。(2)但是,在货物以货物上加标记,或以装运单据,或向买方发出通知或其他方式清楚地注明有关合同以前,风险不移转到买方承担。第六十八条:对于在运输途中销售的货物,从订立合同时起,风险就移转到买方承担。但是,如果情况表明有此需要,从货物交付给签发载有运输合同单据的承运人时起,风险就由买方承担。尽管如此,如果卖方在订立合同时已知道或理应知道货物已经遗失或损坏,而他又不将这一事实告知买方,则这种遗失或损坏应由卖方负责。第六十九条:(1)在不属于第六十七条和第六十八条规定的情况下,从买方接收货物时起,或如果买方不在适当时间内这样做,则从货物交给他处置但他不收取货物从而违反合同时起,风险移转到买方承担。(2)但是,如果买方有义务在卖方营业地以外的某一地点接收货物,当交货时间已到而买方知道货物已在该地点交给他处置时,风险方始移转。(3)如果合同指的是当时未加识别的货物,则这些货物在未清楚注明有关合同以前,不得视为已交给买方处置。"

4. 可保利益及转让

可保利益,在保险单背书转让之后更准确地应该称为"保险利益"。《中华人民共和国保险法》第三章第十二条规定:"财产保险的被保险人在保险事故发生时,对保险标的应当具有保险利益"。"被保险人是指其财产或者人身受保险合同保障,享有保险金请求权的人。投保人可以为被保险人。保险利益是指投保人或者被保险人对保险标的具有的法律上承认的利益。"另外,第二章第四十八条有关"财产保险合同"的规定指出:"保险事故发生时,被保险人对保险标的不具有保险利益的,不得向保险人请求赔偿保险金。"第二章第四十九条有关"财产保险合同"的规定指出:"保险标的转让的,保险标的的受让人承继被保险人的权利和义务。保险标的转让的,被保险人或者受让人应当及时通知保险人,但货物运输保险合同和另有约定的合同除外。"另外,《中华人民共和国海商法》第十二章第一节第二百二十九条规定:"海上货物运输保险合同可以由被保险人背书或者以其他方式转让,合同的权利、义务随之转移。合同转让时尚未支付保险费的,被保险人和合同受让人负连带支付责任。"

英国《1906 海上保险法》第 5 条有关“保险利益的定义”规定：“(1) 根据本法各条规定，与海上冒险有利益关系的每一个人具有保险利益。(2) 一个人与海上冒险有利益关系，尤其是在他与该冒险或处在危险中的任何保险财产，具有任何法律上或衡平的关系，因而若保险财产安全或及时抵达他便能从中获取利益；反之，如果保险财产灭失，损坏，或被滞留或招致有关责任，他的利益将受到损害。”第 6 条有关“何时应具有利益”规定：“(1) 虽然投保时被保险人无须对保险标的具有利益，但在保险标的灭损时，他必须对其具有利益。(2) 如果被保险人在灭损当时不具有利益，他不能在他知晓该灭损后，通过任何行为或选择而获取利益。”第 45 条有关“利益转让”的规定：“被保险人若转让或以其他方式放弃其保险标的利益他并不因此将其保险合同下的权利转让给受让人，除非与受让人订有转让保险权益的明示或默示协议。但本条规定不影响因实施法律而发生的利益转让。”第 50 条有关“何时及如何转让保险单”规定：“(1) 除非保险单中明文规定禁止转让，海上保险单可以在损失发生前或发生后转让。(2) 在海上保险已经转让，以便转移此种保险单中的利益之场合，保险单的受让人有权以自己的名义起诉，被告有权援用该合同引起的任何抗辩，好像诉讼是由订立保险单的人或代表他提起的一样。(3) 海上保险单可以用在保险单上背书或用其他习惯方式转让。”第 51 条有关“无保险利益者不能转让保险单”规定：“在被保险人对保险标的已经没有或丧失利益，且在此之前或当时未明示或默示同意转让保险单之情况下，则随后保险单的任何转让均属无效。但本条规定不影响在发生损失之后的保险单转让。”

（二）案例分析

在国际货物运输保险实践中，当货物发生了海上风险或外来风险之后造成了损失，被保险人向保险公司索赔的条件有三个：第一，索赔人与保险公司之间必须有合法有效的合同关系，即索赔人必须是保险单的合法持有人（合法持有人主要是指投保人或受让人）；第二，向保险公司行使索赔权利的人，必须享有保险利益；第三，被保险货物在运输过程中遭受的损失必须是保险公司承保范围内的风险造成的。

从案情介绍中我们可以推理得知在保险单背书转让之前，保险公司和卖方之间存在合法有效的保险合同关系。货物在运输过程中遭受的损失是保险公司承保范围内的风险造成的。卖方已经背书转让了保险单，按照以上理论分析卖方已经不是保险单的合法持有人，且货物是在装船之后出现的损失从而卖方也对货物没有了可保利益，卖方不具备索赔的条件，没有权利向保险公司索赔。但是，在本案例中，美国买方得知货物发生全损后拒绝支付货款。CIF 贸易术语是“凭单交货，凭单付款”。美国买方的正确做法应该是付款拿到合格单据，然后买方作为保险单的合法持有人向保险公司索赔，从而保险公司必须进行赔偿。但是，美国买方拒收的根本违约行为下，卖方又具有什么权利呢？针对这个问题，我国《中华人民共和国保险法》《中华人民共和国海商法》都没有明确的条文规定。我国《中华人民共和国合同法》第一百四十八条对于卖方根本违约情况下，风险承担的规定为：“买受人拒绝接受标的物或者解除合同的，标的物毁损、灭失的风险由出卖人承担。”本案例中，因为美国买方根本违约从而货物风险又回转到了卖方手中，从而被保险货物的保险利益也随之发生回转，而不受到保险单已经背书转让的约束。

因此，本案例中卖方有权利向保险公司提出索赔，保险公司应该给予赔偿。

案例四：FOB 合同下到底谁有权利向保险公司索赔？

（一）基本案情

FOB 意即装运港船上交货，是海上运输最早出现的贸易术语，在国际海洋运输贸易中普遍采用，也是目前我国对外贸易中应用较多的贸易术语之一。根据国际商会 Incoterms 2000 的解释，FOB 术语下，风险的转移以装运港船舷为界，即货物在装运港越过船舷前的风险由卖方承担，越过船舷后（包括交货后整个运输过程）的风险由买方承担，因而人们往往认为，在 FOB 术语下，买方为了自己的利益着想，通常要投保海洋货物运输险，而根据保险业的习惯，海运保险一般适用“仓至仓”条款，所以卖方无须再进行投保。实际情况如何呢?请看下面的案例。

2000 年 6 月，我国沿海某省 A 公司向英国 B 公司按 FOB 条件出口一批家用电器。装运前，进口方 B 公司在当地向保险公司按 ICC（A）协会货物条款办理了保险。货物在从 A 公司仓库用卡车运往装运港码头途中，由于不慎翻车，致使大部分货物毁损。事后，A 公司以保险合同含有“仓至仓”条款为由，向保险公司提出索赔，遭到保险公司拒赔；后在 A 公司请求下，B 公司又以自己的名义凭保险单向保险公司索赔，同样遭保险公司拒赔。最终 A 公司只能自己承担这部分损失。

（二）案例分析

为什么会出现这种情况呢?先让我们来分析一下保险标的物发生有关损失后，在什么条件下，保险公司才会受理相应的索赔。

（1）所发生的风险损失必须在所投保险险别规定的承保范围内。在办理国际货物运输保险时，不论是卖方投保，还是买方投保，均涉及选择保险险别这一问题。不同的险别，保险公司承保的责任范围不同，保险费率也不相同。各国保险法都明文规定，保险合同中须注明投保险别或保险责任。

（2）只有保险单的合法持有人，才能向保险公司索赔。保险单是证明保险合同成立的法律文件，它既反映了保险人与被保险人之间的权利和义务关系，又是保险人的承保证明，将来一旦发生承保责任范围内的损失，它就是被保险人索赔的法律依据。根据各国海上保险法的规定，海运货物保险单可以转让。所谓保险单的转让，是指被保险人将根据保险单赋予的损害赔偿请求权及相应的诉讼权转让给受让人。《中华人民共和国海商法》第二百二十九条规定“海上货物运输保险合同可以由被保险人背书或者以其他方式转让”。例如，货物在运输途中，货主以卖路货的方式，通过单据（包括保险单）的转让对其进行了转卖，新的买主即成为保险单的受让人；又如，按照 CIF 贸易术语成交的进出口业务，由卖方办理投保手续，保险单中被保险人一栏一般就写卖方，在移交单据时，卖方须在保险单上背书，将其转让给买方。而所谓保险单的合法持有人，就是指该项保险的投保人（即被保险人）或保险单的受证人。

（3）向保险公司行使索赔权利的人，不仅是保险单的合法持有人，还必须享有可保利益。可保利益（insurable interest），又叫保险利益，是被保险人对保险标的所具有的利害关系。在保险合同中，保险人所给予保障的并不是保险标的（保险所保障的对象，如财产保险中的建筑物、商品等有价物）本身，而是被保险人对保险标的所享有的经济利益。也就是说，被保险人因保险事故发生，致使保险标的不安全而受到损失，或因保险事故不发生，致使保险标的安全而得益，这种损益关系就是可保利益。如果保险标的有损失，但被保险人的经济利益并不受影响，那么他对该保险标的并不具有可保利益。可保利益原则，是世界各国保险法共同认可和遵循的基本原则之一。

对于货物保险来说，被保险人对于货物所有权必须有某种利益，或者至少这批货物是由他承担风险的。这样，当货物发生损失时，才能得到保险公司的赔偿。也就是说，不论买方或卖方，对已投保的货物，须拥有所有权或对其承担风险，如果该货物遭受意外，将使他受到损失，这样，该项保险才能生效，否则，该保险合同不能成立的。例如，某甲以他人的货物为标的向保险公司投保，后发生保险事故致使货物受损，保险公司是不会对某甲给予赔偿的。因为货物的所有权不属于某甲，他对该货物不具有可保利益，他企图以少量保险费换取货物损失赔偿的做法实际属于一种赌博行为。可保利益原则使被保险人不可能通过不具有可保利益的保险合同获得额外利益，这样就避免了把保险合同变为赌博合同的可能性。

根据分析，我们不难理解为什么保险公司拒绝 A 公司和 B 公司所提出的索赔要求。

从 A 公司来看，当损失发生时，他对货物拥有所有权，货物的损失直接对他造成了经济利益的损害，从而他享有可保利益。但是由于保险是由 B 公司为其自身利益自行办理的，B 公司是该批货物的投保人，A 公司既不是被保险人，也不是保险单的受让人，尽管保险单内包括“仓至仓”条款，而 A 在损失发生时也拥有可保利益，但 A 不是保险单的合法持有人，因此 A 无权向保险公司要求赔偿。

从 B 公司来看，他是该批货物的投保人，因此他是保险单的合法持有人。但是货物损失发生在运往装运港途中，此时 B 公司不拥有对货物的所有权，而且根据 FOB 条件，风险转移以船舷为界，所以损失发生时，风险并没有从 A 转移给 B，也就是说，该损失没有给 B 带来经济利益的损害，因此他不具有可保利益。保险人对 B 所负的赔偿责任仅限于货物在装运港越过船舷之后至目的地收货仓库为止，由承保风险所造成的损失。所以尽管上例中的损失属于 ICC（A）的承保范围，B 公司也无权向保险公司要求赔偿。

（三）案例启示

案例四提醒我们，在 FOB 合同及 CFR、FAS 合同下，货物由发运地仓库运往装运港途中的风险千万不可忽视。因为这几个术语下，风险转移都是以装运港船舷或船边为界，在此之前的风险都是由卖方承担，买方不具有可保利益，所以即使买方投保了包括“仓至仓”条款的有关保险，保险公司也不对在此期间发生的损失承担责任。

为了自己的利益起见，卖方应对该运输过程中的风险单独进行投保，以避免上述案例中的情况发生。

案例五：单证不符

（一）基本案情

2007 年 2 月 6 日，我国某开证银行收到议付行悉尼 N 银行寄来单据一套，发现面函金额与汇票及发票金额有差异，于 2 月 10 日向议付行发出 SWIFT MT999 询问，并于当日收到议付行确认金额为 USD7 480 320.00。开证申请人 A 公司表示不接受单据不符点，要求开证行对外提出拒付。2 月 13 日开证行以“保险证明签发日期晚于提单日期”为由向议付行发出 SWIFT MT734 拒付通知。

议付行提交的保险证明的签发日期为 2007 年 1 月 28 日，而已装船海运提单签发日期为 2007 年 1 月 27 日，故构成保险证明签发日期晚于提单日期（goods insured later than the date of shipment）。2 月 16 日议付行发出反驳电传。

（1）你行在 2 月 6 日我行面函金额与汇票及发票金额不符，为何未提单据之不符点；

（2）你行 2 月 13 日所提不符点不能成立。保险单上“date of departure”一栏已写明发货日期为 2007 年 1 月 27 日，所以货物投保日期不存在问题。

开证行于 2 月 19 日去电表示：根据 UCP500 第三十四条 E 款之规定，除信用证另有规定，或除非在保险单据上表明保险责任迟于货物装船或发运或接受监管之日起生效外，银行将不接受出单日期迟于装船或发运或接受监管的保险单据。你保险证明上仅注明发货日为 2007 年 1 月 27 日，而没有任何文字表明保险责任从该日生效，因此，此不符点成立。

2 月 23 日议付行再次电传开证行：根据 UCP500 第三十四条 D 款，开证行应接受保险公司及其代理预签的预约保险单下的保险证明书。我方保险证明上“date of departure”栏注明的 2007 年 1 月 27 日是预约保险条款所包含的，即保险是从 2007 年 1 月 27 日生效，保险公司对此出具了证明函。

同日，开证行收到议付行发来的保险公司证明函的传真，经与申请人联系，A 公司仍然坚持不接受单据，开证行回电称：保险公司出具的证明已超过信用证规定的最迟交单期，并通知议付行准备退单，议付行立即回电要求开证行保留单据，并称如果没有议付行授权不得退单，否则将寻求法律途径解决争议。

开证行电传议付行再三申明。

（1）不符点仍然存在；

（2）至今未收到申请人放弃不符点的通知；

（3）根据 UCP500 第十四条 D 款，开证行无须任何方授权，有权退单。

3 月 20 日，受益人及其律师来到开证行，要求从法律途径解决问题。开证行再联系申请人，要求买卖双方尽快协商解决此事。4 月 7 日，开证行在申请人同意放弃不符点并同意付款的情况下，向议付行支付了信用证项下的款项。至此，历时两个月的争议最终结束。

（二）案例分析

本案争议的焦点在于：保险证明签发日期晚于提单日期是否构成不符点。UCP500 第三十四条 E 款规定：除非信用证另有规定，或除非在保险单据上表明保险责任迟于货物装船或发运或接受监管之日起生效外，银行将不接受出单日期迟于装船或发运或接受监管的保险单据。据此，开证行向议付行提出的拒付是合理的。然而，议付行又向开证行提交了预约保险合同和保险公司出具的证明函，证明其投保日期即为货物装船日，表明保险证明已符合信用证的有关规定。开证行后来仍坚持单据的不符点显然是没有道理的。实际原因在于信用证项下货物价格下跌，开证申请人认为已无利可图，因此极力要求开证行对外拒付。本案中开证行的做法有欠妥当，开证行顺从申请人的某种要求简单地以细微的非实质性的不符点拒付，不仅损害了开证行的商业信誉，而且也将自己卷入商务纠纷，最终被迫付款。

案例六：FOB 条件下运输合同的托运人

（一）基本案情

2015 年 3 月，我国某进出口公司（简称 M 公司）与新加坡 T 公司签订了出口 3 000 吨散装货物的买卖合同，贸易条件为 FOB，5 月 10 日，M 公司收到经 T 公司申请开证行开来的信用证，信用证中要求 M 公司先装运约 1 000 吨的货物，并在代表该批货物的提单的托运人栏内填写 T 公司的名称。5 月 21 日，我方 M 公司将 1 000 吨的货物交给了某远洋运输公司所属的 H 轮承运，并请求某外轮代理公司在提单托运人栏内填写了 T 公司的名称。装船完毕后，外代公司签发了清洁提单，并载明托运人为 T 公司，收货人为“To Order”，运费预付。当载货船舶 H 轮将货物运抵目的港后，几天不见提单持有人前往码头提货，当地港务当局也不准许该批货物进入仓库。因此，承运人按提单托运人 T 公司的声明，将该批货物在无正本提单的情况下，直接交给了收货人。

我方 M 公司在装运完毕取得清洁提单，并在该提单上背书后向银行办理结汇，但银行在其背书上打上“X”退回 M 公司。因此，我方 M 公司无法获得 T 公司应付的货款。于是，我方 M 公司持正本提单向远洋运输公司和外代公司以无单放货为理由，要求其承担赔偿责任。但远洋运输公司和外代公司则认为，M 公司虽然持有正本提单，但该提单为指示提单，其托运人为 T 公司，而非 M 公司，提单未经托运人 T 公司背书，M 公司不能证明其具有提单合法当事人的地位，因而 M 公司与远洋公司和外代公司不存在权利和义务关系，因此，M 公司不能向远洋公司和外代公司主张权利。

（二）案例分析

本案中，M公司作为贸易合同的卖方，究竟是否拥有托运人的地位和权利？这就涉及如何确定FOB条件下运输合同的托运人的问题。

根据我国《中华人民共和国海商法》和《汉堡规则》的规定，托运人是指：①本人或者委托他人以本人名义或者委托他人为本人与承运人订立海上货物运输合同的人；②本人或者委托他人以本人名义或者委托他人为本人将货物交与海上货物运输合同有关的承运人的人。

由此可见，托运人包括与承运人签订海上货物运输合同的人和将货物交给承运人的人，其核心条件是订约或交货，只要具备一种行为即为托运人。

1. 从法律的视角

在本案的FOB贸易条件下，买方T公司负有自费订立运输合同的义务，显然属于上述第一种托运人；卖方M公司负有按贸易合同的规定，提供并交付货物给买方指派的承运人装运的义务，显然卖方属于上述第二种托运人。

在这种情况下实际交货的人与运输合同的托运人是不一致的。此时买卖双方的义务有明确分工、互不交叉更不重叠。他们都是运输合同的托运人，这一身份和地位是法律赋予的，不取决于他们之间的约定、变更或放弃，也不受他们在有关运输合同及其证明文件（提单）中仅表述了其中一方为托运人这一现象的影响。他们虽然均为托运人，但其所负义务各不相同，将他们所分别负有的义务结合起来，才构成了运输合同中托运人这一整体概念所代表的主体义务的全部内容。

根据上述分析，以FOB贸易条件的买卖合同双方本来都是为履行该合同而成立的运输合同的法定托运人，但这并不是说作为该运输合同证明的指示提单中的托运人栏内可随意填写买方或卖方的名称。

在指示提单中，承运人签发提单后要将提单交给卖方，以便其办理结汇手续；另外，该提单应由其载明的托运人背书后才能提交银行，以便使该提单进一步转让，这就意味着指示提单中的托运人栏内必须填写卖方的名称，使卖方既可作为受益人结汇，又可作为托运人背书。如果把买方名称填写在提单托运人栏内，而又由卖方作为托运人背书，这种做法虽然在法律上并无错误，但按照UCP600的规定，银行只负有在表面上审核单据的义务，银行一旦发现提单上作为托运人进行背书的第一背书人的名称并非提单正面托运人栏内填写的名称，肯定会以单据本身有疑点为由拒收单据。而本案提单托运人栏内载明的是买方T公司，而第一背书人则为卖方M公司，这理所当然地会被银行以单据本身自相矛盾为由在背书上打“X”后退回M 公司。

2. 从合同当事人的视角

在信用证支付方式下，作为信用证的开证申请人，买方一般不应在信用证中要求卖方所提交的提单以买方为托运人载明于提单中；同样作为信用证的受益人，卖方也不能接受载有这种条款的信用证，必须要求买方删除或修改这种条款。

如果为避免卖方和真正收货人之间相互知悉，可以采用转让信用证或对背信用证加以规避；如果卖方基于某种特殊原因，接受在提单中将买方名称载明于托运人栏内，则应要求买方事先做出书面承诺：一旦卖方从承运人处取得提单后，买方有义务在提单上做出第一手背书，并在背书后立即将提单交还卖方。这样第一背书人与提单正面载明的托运人名称一致，且与信用证规定相符，卖方作为信用证受益人，仍有权将提单等货运单据提交银行结汇，因提单本身并无疑点，银行将收单结汇。另外，卖方在办理交货时应取得买方的委托书，以便承运人明确谁为托运人。

而在本案中，作为卖方的 M 公司不仅接受了作为买方的 T 公司关于在提单托运人栏内填写买方名称的要求，而且又没有请买方前来进行第一手背书，而是自行在提单上以托运人名义背书，最终导致提单被银行拒收而无法使提单进入正常的转让程序，这是卖方的重大失误，是严重的教训。

3. 从银行的视角

对银行而言，尽管卖方在法律上具有托运人的身份和地位，但银行对此并不知悉，也没有义务去知悉，银行在卖方的名称未载明于提单托运人栏内的情况下，不认为卖方是托运人，这完全是正当的，是与 UCP600 中银行只负责表面审核单据的规定相符。

通过上述分析和论证，就本案我们可以得出以下结论。

第一，本案中外代公司获授权签发的提单，尽管未经买方的有效背书，该提单未能进入正常转让程序，但这并不影响提单作为物权凭证的性质和作用，提单所代表的物权也未发生任何转让和变更。因此，货物所有权或占有权仍处于装运时的初始状态，换言之，货物所有权和占有权并没有分离，应属于实际交付装运的 M 公司所有，M 公司持有该提单完全属于正当。

第二，该提单未经有效背书，没有进入正常转让程序，除 M 公司为合法的提单持有人外，不可能再产生其他合法的提单持有人。因此，承运人将货物交给收货人，而该收货人并没有通过背书转让的合法途径取得正本提单而成为合法的提单持有人，因而该收货人无权提货。

第三，尽管买方 T 公司是提单上的托运人，但 T 公司并没有通过合法有效的途径取得转让的提单，T 公司对承运人的准许无单放货的声明属无效行为，它不能构成货物所有权或占有权转移，也不能构成实际提货人合法取得货物所有权或占有权的依据。因此，本案中的承运人在本来暂时无合法提单持有人提货的情况下，未凭正本提单放货，在放货对象上发生错误，违反了承运人应尽的义务，理应赔偿由此而给卖方 M 公司造成的损失。

第四，提单已经有效签发，承运人对货物的责任期间已经开始，但因上述原因该提单没有进入正常转让程序，M 公司一直是货物的合法持有人和提单的正当持有人。承运人与 M 公司双方对该提单及其项下货物所产生的权利和义务也没有发生变化。因此，远洋运输公司和外代公司认为，他们与 M 公司不存在权利和义务关系的观点不能成立，换言之，M 公司可以要求承运人（远洋运输公司和外代公司），也可以同时要求实际提货人共同赔偿其损失。

（三）案例启示

就本案而言，承运人也应吸取一定教训。承运人将货物运抵目的港后，如果无人凭正本提单向其或其代理人提取货物，其原因不外乎三种情况：第一，提单还在托运人手中，没有进入正常转让程序；第二，提单在银行或托运人以外的其他持有人手中，提单没有完成正常转让程序；第三，因某种特殊原因，无人认领货物。在前两种情况下，无人提货只是暂时的，最终还是有人提货。因此，当载货船舶抵港后，若无人提货，承运人一开始不能确定最终是否会有人来提货，则暂时按有关法律或公约规定的收货人延迟提货的情况处理，即船长有权代表承运人将货物暂时卸在仓库或其他适当场所。若经过一定时间后仍无人提货，可按当地有关法规的规定，通过拍卖货物等形式从拍卖价款中受偿。若港口当地没有卸货场所或当局不准在港口库存货物时，承运人可在附近其他港口或场所处理货物。如果收货人延迟提货，由此产生的风险、费用由前来提货的人依法承担，但此时承运人仍负有凭正本提单提货的义务，这样才可免除风险和责任。在暂时无人提货的情况下，如果承运人凭主观臆断，将货物交付非正本提单持有人，则应承担由此产生的责任。

案例七：指示提单

（一）基本案情

厦门汽车股份有限公司（简称厦汽公司）将三家公司——福建省厦门轮船总公司（简称福建省轮船公司）、海丰船务（香港）有限公司（简称海丰公司）、厦门海运集装箱联合公司告上法庭。

经过法院查明：1993 年 9 月，原告厦汽公司与富乐门公司约定，由其供应货值 63 073.40 美元的服装，富乐门公司通过香港浙江兴业银行开出一份以原告为受益人的信用证，该信用证规定受益人厦汽公司除提交商业发票、装箱清单、保险单、检验证外，还应提交全套已装船并制成凭开证行香港浙江兴业银行指示、运费已付、通知人为富乐门公司的清洁提单。接到信用证后，原告通过被告海丰公司厦门代表处将价值 63 073.40 美元的货物排载于“开元”轮上。

应原告要求，1993 年 10 月 1 日，由被告海运公司授权厦门外轮公司签发了一式三份收货人为“凭香港浙江兴业银行指示”的提单。该提单抬头为福建省轮船公司，托运人为厦汽公司，通知人为富乐门公司。1993 年 10 月 7 日，富乐门公司向东亚银行厦门分行和原告出具保函，要求原告尽快提交一份提单，以便安排下程运输，并保证原告可以凭副本提单向东亚银行厦门分行入单议付，该保函由新菱贸易有限公司加保。1993 年 10 月上旬，原告将一份正本提单邮寄给富乐门公司，另两份正本提单及其他单证交给东亚银行厦门分行。同年 10 月 9 日，富乐门公司凭一份未经开证行香港浙江兴业银行背书的正本提单，从被告海丰公司处提走货物。同年 10 月 15 日，东亚银行厦门分行以押汇形式将 63 073.40 美元的货款付给原告。1994 年 1 月 19 日，开证行香港浙江兴业银行以开证申请人富乐门公司不付款和信用证受益人原告提交单证不符为由，拒付信用证项下的货款，并退回所有单证。1994 年 4 月 4 日，东亚银行厦门分行向原告追回货款。原告交给东亚银行厦门分行的两份提单和其他单证，因其未还清货款利息及其他费用，被扣留在东亚银行厦门分行。

另经查明，“开元”轮原所有人为厦门外轮公司，1993 年元月 28 日变更为海运公司。厦门外轮公司原为福建省轮船公司的下属公司，其使用的提单为福建省轮船公司的提单。1993 年 10 月 1 日由厦门外轮代理公司签发给原告的提单，系海运公司借用厦门外轮公司的提单。被告海丰公司为被告海运公司在香港的船务代理人。

（二）案例分析

（1）所谓指示提单是指在提单收货人一栏内只填写“凭指示”或“凭某某的指示”字样的提单。指示提单经过记名背书或空白背书后可以转让。指示提单除由出让人将提单交付给受让人外，还必须背书，这样提单才算完成了转让。

（2）如果提单收货人一栏内只填写“to order”，这种提单被称为“托运人指示提单”。收货人一栏内如填写“to the order of shipper”也一样为“托运人指示提单”。这种提单在托运人未指定收货人或受让人之前，提单所载明的货物仍属于托运人。

（3）如果提单托运人一栏填写了“to the order of ×××”则被称为记名指示提单。在这种情况下，由记名的指示人指定收货人或受让人。记名指示人可以是银行，也可以是贸易商等。

（4）在本案例中已经明确地指出提单的收货人是香港浙江兴业银行，这是一种提示提单，承运人应该按照银行提示交货。但是厦门外轮公司没有严格按照按指示提单的要求，将货物交给经指示人背书的提单持有人，没有经过银行的背书和提示通知就让富乐门公司提走货物，造成厦汽公司不能追回货物，承运人应承担主要责任。

（5）信用证的特点是这样的：①开证行负第一性付款责任；②信用证是一项独立的文件，不受交易合同的约束；③信用证业务处理的是单据，而非货物。经过银行严格的审证，在审证中，银行业务员会检查是否单单一致、单证一致。如果检查出有不符点则不会进行议付，所以厦门汽车公司也是要承担一部分责任的。

案例八：关于多式运输单据的纠纷

（一）基本案情

贸易公司通过开证行开出信用证给卖方—农垦集团公司。信用证规定：“shipment from Harbin，China to Paris. Multimodal transport document acceptable. Tran shipment prohibited.”（装运从中国哈尔滨至巴黎。多式运输单据可以接受。禁止转运。）

农垦集团公司备货后从哈尔滨装火车陆运经大连改为装船运至马赛，再转运至巴黎。直接由哈尔滨外运公司签发多式运输单据。单据经议付行审查，认为单证相符，即向偿付行索汇。单据寄到开证行，经复查，开证行向议付行提出单证不符，拒收单据。提出货款及利息一起退还。其拒收单据理由如下。

（1）提单上所表示的船名有“预期”（intended）字样。UCP500 第二十三条规定：“当提单含有‘预期船’字样或类似有关限定船只的词语时。装上具名船只必须由提单上的装船批注来证实。该项装船批注除注明货物已装船的日期外，还应包括实际装船的船名，即使实际装货船只的名称为‘预期船’，亦是如此。”

根据上述条文规定，提单上既表示了预期船只，则提单上还应该有实际装货的船名，即使实际所装船只就是预期船名，也应另有实际船名批注。因此，你所提供的提单没有已装船的船名，不符合 UCP500 规定。

（2）我信用证规定禁止转运，你所提供的提单却表示转运字样，故单证不符。

农垦集团公司经研究认为上述不符点的提法是没有道理的，所以研究后答复如下。

（1）我提交的运输单据所表示的运输方式系采用二种以上不同运输（多式运输）方式，所以它是属于多式运输单据。你信用证亦规定接受多式运输单据。该运输单据的多式运输营运人在哈尔滨接受监管时即签发多式运输单据，至于下一段运输，装船海运至马赛的船名，当时也只能按原计划安排装“预期船只”。所以我多式运输单据只能表示“预期船名”，无法表明实际已装船的船名，其实签发单据的当时并未装船，哪有已装船的船名?只可以说已装火车。所以要求在多式运输单据上注明已装船的船名是不现实的。

（2）在该多式运输单据上有关装卸地点和运输工具项目是这样表示的：“Pre-carriage by”（前段运输）；“Train”（火车）；“Place of receipt”（收货地点）；“Harbin，China”（中国哈尔滨）；“Ocean vessel”（海运船只）；“intended s. s. B1NCI-IENG”（预期船“滨城”）；“Port of loading”（装货港）；“Dalian”（大连）；“Port of discharge”（卸货港）；“Marseilles”（马赛）；“Place of delivery”（交货地点）；“Paris”（巴黎）。从上述各项目的表示，说明本多式运输单据的运输路程从中国哈尔滨到法国最终目的地巴黎，在同一张运输单据中已包括信用证规定的全程运输。所以即使信用禁止转运，也应允许在多式运输单据上有将转运的批注。根据 UCP500 第二十六条 b 款规定：“即使信用证禁止转运，银行也将接受注明转运将发生或可能发生的多式运输单据，只要同一多式运输单据包括运输全程。”因此我单据符合 UCP500 的上述规定，所谓单证不符不能成立。

开证行接到农垦集团公司的意见后，仍不接受该提单，又提出如下意见。

关于信用证项下的单证不符问题，我们认为即使根据 UCP500 条文允许接受多式运输单据有将转运的批注，但对批注有预期船只而又未表明已装船的实际船名，开证申请人对该单据仍坚持不同意接受。速告单据处理意见。

农垦集团公司最后与议付行研究，认为对方与开证申请人串通，故意对单据挑剔作为借口，以期达到延期付款甚至不付款的目的。最后经研究答复如下。

对于我运输单据上的“预期船名”未另加注已装船的船名问题，我们认为多式运输方式的多式运输单据，尤其以海运方式以外的其他运输方式为第一程运输时，不可能是已装船的提单，只能是已发运、已接受监管或已装载的多式运输单据，所以不可能有已装船的船名批注。这一点我方前次已经阐明过。尤其你们不能将我多式运输单据以UCP500第二十三条的规定审核，即不能以UCP500对港至港的海洋运输的提单规定去要求我多式运输单据。我多式运输单据不适用于UCP500第二十三条，只能适用第二十六条。因为第二十六条是专门对多式运输单据的要求。该第二十六条第a款规定：“除非信用证另有规定，银行将接受下述运输单据，不论其称谓如何；（b）含有‘预期’或类似限定有关船只及/或装货港及/或卸货港的批注。”

我所提供的运输单据符合上述UCP500条文的规定。按上述规定，你们应接受有“预期”限定船只批注而又不加注实际已装船的船名的运输单据。所以，单据不存在单证不符的情况。

最后开证行只好接受了单据。

（二）案例分析

本案例的单据本来是正确的，单证相符，也符合UCP500的规定，开证行却无中生有地挑剔单据，与开证申请人串通提出拒收单据。

开证行在第一次提出时，依照UCP500第二十三条关于港至港海运提单的规定去衡量本案例的运输单据的做法是错误的。因本案例的运输单据是多式运输单据，应按第二十六办理。农垦集团公司第一次答复开证行时并未根据UCP500第二十六条的规定去反驳开证行，仅阐明了多式运输单据上如果要求表明已装船的实际船名批注的难处及其理由，所以未能说服对方。开证行又以开证申请人不同意接受为借口，以期拖延付款时间。其实开证行的付款依据并不以开证申请人是否同意付款为准，是根据单证是否相符。本案例的单证本来是相符的，开证行本应熟悉UCP500条文的精神，却毫无道理地以第二十三条关于港至港海运提单的规定去要求多式运输单据的内容，虚构单证不符，提出拒收单据，这是开证行的错误。

农垦集团公司第二次反驳开证行时，才引证了UCP500第二十六条的规定，阐明我单据符合UCP500条文，并指出开证行不应该以第二十三条港至港海运提单的规定要求我多式运输单据的错误提法，才使开证行接受了单据。

从本案例的双方交涉过程中可以看出一个问题。开证行提出两个不符点，第二个不符点，农垦集团公司恰如其分地引证了UCP500第二十六条反驳对方，使开证行无言以对。而第一个不符点，农垦集团公司开始没有引证UCP500条文，则无法说服对方，至最后又引证了UCP500条文才驳倒了对方。说明以UCP500条文审查信用证项下的单据是否正确，是何等重要。

复习思考题：

1. 商业发票在国际贸易中有哪些内容和作用？

2. 信用证的开证申请人、开证行和受益人应分别在海运提单上体现在什么位置上?
3. 信用证项下的受益人对海运提单应如何背书?
4. 国际货物运输中，保险单据有哪些种类?在实际使用中，应如何掌握?
5. 信用证项下交单时，哪些单据应加背书?
6. 银行在审查商业发票、海运提单、保险单据时，分别有哪些要点?

第八章 银行保函

本章导读：通过本章学习，掌握银行保函的概念、特点和种类，熟悉银行保函的基本内容和业务流程，以及银行保函各方当事人的权责关系和风险所在，领会保函在国际贸易中的具体应用。

第一节 银行保函概述

一、银行保函的含义

保函，又称保证书，是指银行、保险公司、担保公司或担保人应申请人的请求，向受益人开立的一种书面信用担保凭证，保证在申请人未能按双方协议履行其责任或义务时，由担保人代其履行一定金额、一定时限范围内的某种支付或经济赔偿责任。

A letter of guarantee，refers to a written credit guarantee certificate issued by a bank，an insurance company，a Guarantee corporation or a guarantor at the applicant's request to the beneficiary to ensure that the guarantor performs a certain amount，a certain time limit，in a certain period of time，when the applicant fails to perform its responsibility or obligation according to the agreement of the two parties. Liability for payment or economic compensation.

银行保函是由银行开立的承担付款责任的一种担保凭证，银行根据保函的规定承担绝对付款责任。银行保函大多属于“见索即付”（无条件保函），是不可撤销的文件。银行保函的当事人有委托人（要求银行开立保证书的一方）、受益人（收到保证书并凭以向银行索偿的一方）、担保人（保函的开立人）。以上规定表明，担保人所承担的责任是第一性的、直接的付款责任。担保人付款的唯一依据是单据，而不能是某一事实。担保人与保函所可能依据的合约无关，也不受其约束。索偿时，受益人只需提示书面请求和保函中所规定的单据，其主要内容根据国际商会 1992 年出版的《见索即付保函统一规则》

（The Uniform Rules for Demand Guarantees ICC Publication No.458. 1992 Edition，URDG458）规定包括四方面内容：①有关当事人（名称与地址）。②开立保函的依据。③担保金额和金额递减条款。④要求付款的条件。

二、银行保函的基本特点

根据银行保函的设计原则和实践，银行保函具有以下四个特征。

（1）担保行（guarantor bank）的责任是第一性的。第一性偿付责任（primary obligation）又称独立的偿付责任。

（2）保函是不依附于合同的独立的保证文件。保函与其可能依据的合约或投标条件分属不同的交易，是一种与基础合同相脱离的独立性担保文件，受益人的权利与担保人的义务完全以保函所载内容为准，不受基础合同的约束，受益人只要提交了符合保函要求的单据，担保人就必须付款。所有保函均为不可撤销的文件。保函必须是书面的，书面包括有效的电讯信息或加密押的 EDI 信息。

（3）保函是种或有负债，即保函项下的支付不一定会发生，这与信用证下既定债务是相区别的。如果保函要求的单据条件没有满足，担保人就不必付款或赔偿。

（4）保函是一种信用担保，与信用证相似，是以银行信用代替或补充商业信用，具有保证和融资作用。

三、银行保函的功能

银行保函的功能主要体现在两个方面。

（1）保证合同项下的价款支付，这是保函之所以能成为国际结算方式之一的基本原因。例如，买卖合同及劳务承包合同项下的付款保函、逾期付款保函，补偿贸易合同项下的补偿贸易保函，租赁合同项下的租金保付保函，借贷合同项下的贷款归还保函，票据保付保函及其他诸如费用、佣金、关税等的保付保函，都是用来保证合同项下的付款责任方按期向另一方支付一定的合同价款，保证合同价款与所交易的货物、劳务、技术的交换。

（2）保证在违约情况发生时，受害方可以得到合理的补偿。例如，履约保函、投标保函、预付款保函、质量保函、维修保函等都是保证合同项下除付款义务以外的其他义务的正常履行。可见，银行保函的适用范围和担保职能十分广泛，它不仅可用来充当各种商务支付的保证手段，以解决各种交易（不仅是买卖合同）中的合同及费用支付问题，又可以用来作为对履约责任人履行其合同义务的制约手段和对违约受害方的补偿保证工具。可以说，在任何一种交易过程或商务活动中，倘若一方对另一方的资信、履约能力产生怀疑而寻求银行作为第三者介入并担保时，都可以使用银行保函。

四、银行保函的基本内容

银行保函并没有统一的格式，由于保函的种类多种多样，所涉及的事项各不相同，内容也不太一致。不过，根据国际商会第 325 号出版物《合同担保统一规则》的规定及国际商会第 406 号出版物提供的保函示样，一般银行保函应具备以下内容。

（1）保函的名称，如投标保函、履约保函等。

（2）各当事人的名称和地址。保函中应该写明申请人、受益人，尤其是担保行的完整名称和详细地址，《合同担保统一规则》明确规定“担保书受担保人营业地所在国的法律约束，如果担保人有几个营业地，则受担保人签发担保书的营业地所在国的法律约束”，而各国法律的差异很大。因此，明确当事人各方尤其是担保人的全称和地址，不仅可以保证保函的完整真实，而且对于明确保函的有关法律问题、各方当事人的权利与义务及处理纠纷都十分重要。

（3）有关的交易合同、协议，标书的编号、日期，供应货物的名称、数量，工程项目名称等。这是确定合同和判断交易双方是否违约的依据。

（4）保函的货币名称、金额。保函可以规定一个具体的金额，也可以用交易合同金额的一定百分比来表示，它一般是指担保行担保责任的最高限度，也是计收担保费的主要依据，一般要写明货币种类。

（5）有效日期。关于有效日期涉及生效日期和到期日两方面的内容。有关生效时间的规定有两种情况：一是规定生效日期，一般是自开出之日起生效，但也可以是一个较晚的生效日，这一较晚的生效日可以明确规定，也可以通过说明某一特定日期来规定；二是规定生效事件，即当某一条件履行后生效，如在预付款保函项下，以收到预付款为生效条件，以避免在申请人收到预付款前被无理索赔的风险。

银行保函原则上应规定一个明确的有效期限或到期日，它是受益人的索偿要求送交保证人的最后期限，也是计收担保费用的依据之一，但实际付款日期与此并无必然联系。受益人只有在到期日之前向担保行提出的索偿才能得到支付，否则担保行可以拒绝付款。保函有效期一过，担保行的责任即应解除，担保行应立刻要求受益人将保函退还注销。保函的有效期规定可采取两种方式：一是确定到期日；二是规定失效事件，即以某事件的发生之日为到期日，如施工完毕、交货结束等，但此事件必须以相应的单据证明。当事人可以选择一种或同时采用两种方式，当同时规定两种方式时，保函的到期日以两者较早发生者为准。如果保函没有对有效期限做出规定，根据《合同担保统一规则》的规定，应按以下三种情况分别确定其最后有效期：①在投标保证书情况下，应为自保函开立之日起 6 个月。②在履约保证书情况下，应为有关合同中所规定的交付完成期限或其延展期限后 6 个月。如果合同中规定有保养期间，而履约保证书中又明确包括这种保养期间者，应为保养期间期满后一个月。③在还款保证书情况下，应为合约中规定的最后交付日期或完成日期后，或经延展的此日期后6个月。

（6）付款条件。付款条件也称索偿条件，表明担保行在什么条件下，凭受益人提供的何种证明、单据向受益人付款。付款条件是保函中极为重要的一个条件，也是保函的主体内容。在实际操作过程中，一般认为索偿条件不必与事实相联系，但必须由受益人在有效期内提交保函规定的单据或书面文件，证明申请人违约且申请人提不出相反证据时，即可认定所规定的付款条件已经具备，索赔有效。银行不必去验证是否存在申请人违约的客观事实，这是目前多数保函采取的索偿条件。有时，也存在其他索偿条件：一是以担保人的调查意见作为是否付款的依据，即担保人要对事实进行调查，并以调查意见作为判断是否违约、是否付款的条件，这种做法有利于担保人；二是根据申请人的违约证明付款，即仅凭申请人签发承认违约的证明作为索赔条件，这种做法对受益人非常不利。

（7）其他。例如，保函金额随申请人履约进度递减的规定等。

五、银行保函的主要种类

根据保函在基础合同中所起的不同作用和担保人承担的不同担保职责，保函可以具体分为以下几种。

（一）借款保函

借款保函指银行应借款人要求向贷款行所作出的一种旨在保证借款人按照借款合约的规定按期向贷款方归还所借款项本息的付款保证承诺。

（二）融资租赁保函

融资租赁保函指承租人根据租赁协议的规定，请求银行向出租人所出具的一种旨在保证承租人按期向出租人支付租金的付款保证承诺。

（三）补偿贸易保函

补偿贸易保函指在补偿贸易合同项下，银行应设备或技术的引进方申请，向设备或技术的提供方所作出的一种旨在保证引进方在引进后的一定时期内，以其所生产的产成品或以产成品外销所得款项，来抵偿所引进之设备和技术的价款及利息的保证承诺。

（四）投标保函

投标保函指银行应投标人申请向招标人做出的保证承诺，保证在投标人报价的有效期内投标人将遵守其诺言，不撤标、不改标，不更改原报价条件，并且在其一旦中标后，将按照招标文件的规定在一定时间内与招标人签订合同。

（五）履约保函

履约保函指银行应供货方或劳务承包方的请求向买方或业主方做出的一种履约保证承诺。

（六）预付款保函

预付款保函又称还款保函或定金保函。指银行应供货方或劳务承包方申请向买方或业主方保证，如申请人未能履约或未能全部按合同规定使用预付款时，则银行负责返还保函规定金额的预付款。

（七）付款保函

付款保函指银行应买方或业主申请，向卖方或承包方所出具的一种旨在保证贷款支付或承包工程进度款支付的付款保证承诺。

（八）其他

其他的保函品种还有来料或来件加工保函、质量保函、预留金保函、延期付款保函、票据或费用保付保函、提货担保、保释金保函及海关免税保函等。

第二节 银行保函的业务程序

一、银行保函的当事人

任何银行保函都包括委托人、受益人、担保行三方基本当事人。在不同的开立方式中，还可能存在通知行、反担保行（counter guarantor bank）、转开行（reissuing bank）和保兑行等当事人。

（1）委托人即向担保行申请开立保函的一方，一般为债务人，可以是进口商、投标人或承租人等。委托人的责任如下：①在担保行按照保函规定向受益人付款后，委托人必须立即偿还担保行垫付之款。②负担保函项下一切费用及利息。③担保行如果认为需要时，应预支部分或全部押金。

（2）受益人即接受保函并有权按保函规定出具索款通知或连同其他单据向担保行索取款项的一方，一般为债权人，如出口商、贷款银行等。受益人按照保函规定，提交相符的索款声明，或连同有关单据，有权向担保行索偿并取得付款。

（3）担保行即接受申请人的申请，向受益人开立保函的银行。担保行的责任与权利如下：①一经接受开立保函申请书，就有责任按照申请书开出保函。②一经开出保函就有责任按照保函承诺条件对受益人付款。③如果委托人不能立即偿还担保行已付款，则担保行有权处置押金和抵押品，如果处置后仍不足抵偿，则担保行有权向委托人追索不足部分。

（4）通知行是指接受担保人的委托将保函通知给受益人的银行。一般是位于受益人所在地并与担保行有业务往来的银行，通常是担保行的联行或代理行。通知行与担保行有业务往来，又在受益人所在地，因此可以起到保证保函真实性的作用，减少银行保函业务中的风险，提高效率。

（5）反担保行是指接受申请人的委托向担保行出具不可撤销，承诺在申请人违约且无法付款时，负责赔偿担保行的银行，是与申请人有经济业务往来的其他银行。有了反担保行，担保行就有了向除申请人以外的另一方追索所付款项的选择，而反担保行也有权向申请人索偿。

（6）转开行是指接受原担保行的要求，向受益人开立以原担保行为申请人及反担保行以自身为担保行的保函的银行。转开行一般是受益人所在地银行。转开行有权拒绝担保行要其转开保函的要求，并及时通知担保行，以便担保行选择其他的转开行。但是，一旦转开行接受担保行的要求，就应及时向受益人开出保函。保函一经开出，转开行就成为担保行，承担起担保行的责任和义务，而原担保行就变为反担保行。转开付款后，有权凭反担保保函向反担保行（即原担保行）索偿。

（7）保兑行是指根据担保行的要求，在保函上加具保兑，承诺当担保行无力赔偿时，代其履行付款责任的银行，也称第二担保行。当担保行的资信较差或属外汇短缺国家的银行时，受益人往往会要求在担保行的保函上由一家国际大银行承担付款责任，一旦担保行未能按规定付款，保兑行就必须代其履行付款义务。保兑行付款后，有权凭担保函及担保行要求其加具保兑的书面指示向担保行索赔。

二、各当事人之间的关系

银行保函各当事人之间的关系如图 8.1 所示。

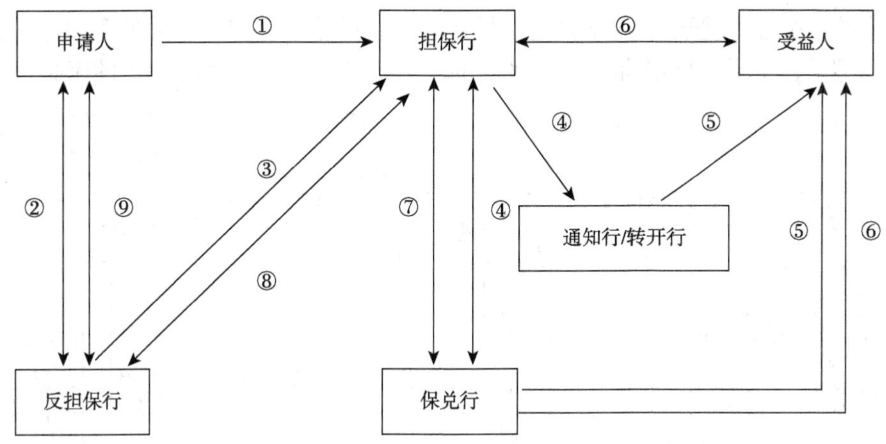

图 8.1 保函当事人之间的关系

①申请人向担保行提出开立保函的申请。②申请人选择反担保行。③反担保行向担保行出具不可撤销的反担保。④路径一，担保行根据受益人的要求，必须找一家国际公认的大银行为其出具的保函加以保兑；路径二，担保行将其保函寄给通知行，请其通知受益人；路径三，担保行将其保函寄给转开行，请其重新开立以受益人为抬头的保函。⑤通知行/转开行/保兑行将保函通知/转发受益人。⑥受益人在发现保函申请人违约时，或担保付款条件成立，向担保行/保兑行或转开行（担保行）索偿，保兑行赔付。⑦保兑行赔付后，向担保行索偿，担保行再赔付给保兑行。⑧担保行赔付后向反担保行索偿，反担保行赔付。⑨反担保行赔付后向申请人索偿，申请人赔付

三、银行保函的开立方式及业务程序

图 8.1 中所示的各当事人关系及银行保函业务流程是当事人比较全的情况。在实际业务当中，根据银行保函的用途和实际交易的需要，银行保函的开立方式也有多种，在比较简单的开立方式中，由于涉及不到某些当事人，图 8.1 中的某些步骤就可以省略。现将实际业务中保函的具体开立方式举例说明如下。

（1）直开法，即担保行应申请人的要求直接将保函开给受益人，或仅通过通知行将保函通知给受益人，这也是保函开立中最简单、最直接的方法。

在直开法当中，不涉及保兑行、转开行的角色，因此执行完图 8.1 中的前三步后，担保行就向受益人直接开出保函，之后如果受益人发现申请人违约，就向担保行索偿；担保行赔付后，向申请人或反担保行索偿，申请人或反担保行赔偿担保行损失；如果是由反担保行赔付，那么反担保行还要向申请人索赔，申请人要进行赔付。直开法的简要流程如图 8.2 所示。

直开法手续简便，担保行可以直接将保函开给受益人，也可以通过受益人当地的银行（即通知行）通知并转递。由于通知行的作用仅限于核验保函表面的真实性并将保函交给受益人，除非它被要求并同意对该保函加具保兑，通知行在该保函项下并不承担任何责任，所以通知行的加入并不影响“直开”的性质。另外，在实际业务当中，利用通知行转递保函的方式更易被受益人所接受，因为有了受益人本地的通知行，受益人可以保证保函的真实性。但无论是否存在通知行，直开法都存在索赔不便的问题。一旦申请

人出现违约，受益人是要向国外的担保行索赔的，受益人与担保行分处两国，索赔文件的起草和翻译、依据的标准和对法律规定的了解、赔款的支付都有一定的困难。

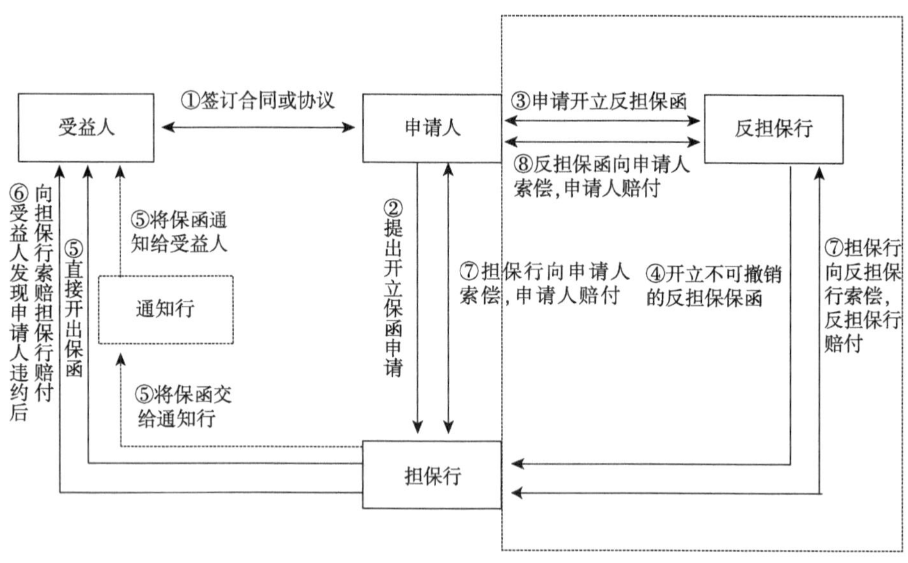

图 8.2　直开法流程

如果不涉及反担保行和通知行，则虚线中的步骤省略

（2）转开法，即申请人所在地的银行（指示行）以提供反担保的形式委托国外受益人所在地的银行（即转开行）出具的保函，并由后者承担付款责任。此时，保函有四个当事人：指示行（反担保行）、申请人、转开行（担保行）、受益人。其中，指示行只对担保行负责，而受益人要求付款的对象只是担保行，与指示行无关。与直开法不同的是，它是由受益人的当地银行开出的，这种保函也称间接保函。转开法的流程如图 8.3 所示。

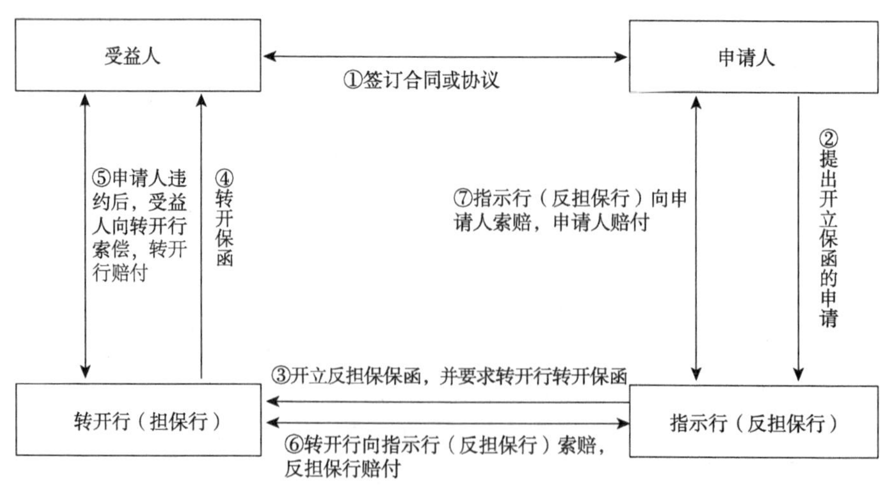

图 8.3　转开法流程

转开法在实际操作中十分普遍。由于转开行是受益人本地的银行，解决了受益人对国外担保行不信任的问题，同时也解决了辨别保函真假的问题，受益人索赔也比较方便。因此，这种开立保函的方式对受益人最为有利。

第三节 银行保函业务的风险与防范

一、银行保函业务的风险

银行保函是担保银行的或有负债，对开立银行来说是高收益高风险的业务。商业银行经营保函业务，可以增加非利息收入，提高银行的盈利水平，增加银行的资金流量，扩大银行客户资源，促进金融产品销售，密切银企关系，促进银行业务规模扩大，提高市场占有率，具有良好的综合效益，但同时银行也要承担一定的风险。

（一）申请人违约的风险

保函是以相应的基础合同为背景签发的，它担保的是申请人对基础合同的履约行为，申请人对于基础合同的履行情况很大程度上决定着保函的风险。申请人违约的情况下，申请人缺少资金、破产、倒闭等均不能构成担保行逃避责任的理由。在商业银行信用证业务中开证行即使不收足开证保证金，但手中持有单据，是物权凭证，如果得不到开证申请人的偿付可以持有货物处理权作为有效补偿。而银行保函的开立行却无法凭借货物为申请人的偿付进行自我保护。此外，申请人发生违约情况通常会极力阻挠担保银行的对外承付，编造各种理由否认自己的违约行为，这就容易使担保银行卷入商务贸易纠纷中不能自拔，影响声誉。

（二）受益人不合理的索赔风险

签发保函的担保银行可能会遭受受益人不合理索赔的风险。根据保函的独立性，保函不受基础合同关系的影响，担保银行的责任是保证在收到受益人递交的符合保函条款规定的索赔书及有关的单据后，向受益人支付一定的赔付金额。而在实际业务中，受益人往往只接受见索即付保函，尤其是融资性保函索偿条款一般是无条件的，在受益人不公正追索的情况下，银行只能按条款偿付，否则将在国际上陷于极被动的境地。

（三）反担保人的信用风险

银行在出具保函前，一般都要求申请人提供足额的反担保，主要方式有保证金、抵押、质押或由第三方出具反担保函等。这样，银行向外赔付后，若申请人无力偿还，反担保人必须对银行进行补偿。若反担保人经营状况不佳导致资金偿还能力低下，或反担保人不守信用推脱责任，就使担保银行面临信用风险。在采取抵押（或质押）作为反担保措施时，如果抵押品（或质押品）价值下降，或抵押（或质押）的手续不全，未按规定办理登记，或出现重复抵押，都有可能造成银行按保函规定向受益人赔付后无法得到补偿而遭受损失的风险。

（四）代理行风险

代理行风险主要表现在转开信用证业务项下，作为转开行，受国外代理行的委托转开保函，较之受国内客户委托开立保函的风险要大。原因在于国内客户在申请开立保函时往往必须提供现金、额度或其他形式的抵押物品，而国外代理行仅凭其信用承诺，而且银行同国内客户同处一地，而与反担保行相距甚远。因此反担保行的资信好坏十分重要。

（五）操作风险

保函业务作为银行的中间业务和表外业务，缺乏严格的会计核算程序、完善的会计凭证进行制约，也不受资金的约束，所以其操作风险相对较大。作为经营保函业务的担保银行，随时存在由于内部管理不严，风险防范机制不健全和业务操作程序不规范而引起的风险，如银行内部人员未经授权或超越权限开立银行保函，不认真审查保函相关情况和内容就开立银行保函等，这都将导致银行内部操作风险，威胁银行的安全。

（六）其他风险

有关国家的政局稳定程度降低、经济政策连续性遭到破坏、对外开放程度下降、外汇管制加强、国家法律法规变化等，也会对保函申请人、受益人和反担保人带来一定的影响，从而构成担保银行的国家风险、政策风险和法律风险；同时，担保银行如果不熟悉本国对外担保的有关法律、法规和政策，盲目出具担保，也会给自己带来不必要的风险；此外，涉外保函业务还具有因汇率变动而导致损失的汇率风险。

二、银行保函业务风险的防范

保函业务存在着高风险，因此在受理保函业务时应持慎重态度，对保函业务进行有效的风险防范。

（一）对申请人进行全面的资信调查与审查

银行在出具保函之前，要对保函申请人进行全面的调查与审查，看其是否为独立的法人，是否具备签约的条件，有无偿还能力，资金来源是否可靠，能否提供有效的反担保措施，提供的有关合约内容和条款是否符合国家政策法规，申请出具保函的项目是否符合有关规定。要着重了解申请人的财务状况、人员素质、管理水平、行业经验及经营业绩等，在此基础上，综合评价申请人的资信状况及履约能力，决定是否出具保函。同时，要对相关的基础合同进行审查，因为基础合同是否严谨合理，直接影响到申请人能否履约，从而关系到担保银行在保函项下承担的责任与风险。担保银行要对合同中不利或不合理之处提出建议，堵住漏洞，防患于未然。

（二）要求申请人提供可靠的反担保措施

为防范风险，银行出具保函时要求申请人必须提供反担保措施。若由第三者出具反担保函，银行要进行严格审查，反担保人必须是有偿还能力的经济实体，具有法人地位，经济实力强，经营状况好，其累计反担保金额不得超过自有资本；反担保函要明确规定反担保人的责任和义务，其中的付款条件和责任不应低于银行对外担保的条件和责任，反担保函的效力不因反担保人的机构或人事变化而受到影响；若采用物权抵押，要求抵押物必须是归抵押人所有或所有人授权其经营管理并同意抵押的财产，要避免同一财产重复抵押；抵押物要通过资产评估机构进行估价，国家债券、银行存单等可按票面金额作价，而变现能力较差的其他财产应根据其磨损程度、市场价格及其变动趋势、抵押期限长短等情况来进行作价，抵押物作价以后再合理地确定担保金额。

（三）实行按风险定价并收取保证金

按照收益与风险相对称、高风险高收益的原则，出具保函的银行可按照保函业务中被担保客户的信用等级与风险大小收取佣金，对于信用等级相对较低、风险较大的客户收取较高的佣金，以弥补风险损失。此外，出具保函的银行还可以要求申请人交存充足的保证金，保证金比例的高低，也可依据被担保客户的信用等级与风险大小，区别不同的保函种类、期限长短及不同项目情况，分别规定高低不同比例的保证金，它既可防范保函业务经营风险，又可使银行获得一定的信贷资金来源。

（四）对保函条款进行全面的审查

银行开立的保函在形式上和内容上都必须符合规范，措辞必须严谨，防止受益人利用保函中模棱两可的表述，进行不公正索赔，使自己处于不利境地。对于索赔条件，银行应当注意将事实条件转化成单据化条件，将无条件的见索即付转换成有条件的凭单付款。银行应根据保函性质对保函的内容和条款进行重点审核。此外，如果客户要求银行开立可转让保函，银行在一般情况下不宜受理，因为可转让保函的索赔随意性较大，担保行承担着很大的风险。

（五）对受益人进行全面的资信调查与审查

签发保函的担保银行可能会遭受受益人不合理索赔的风险，因此对受益人进行全面的资信调查与审查是十分必要的。由于保函受益人地处国外，对其资信的调查和所在国情况的了解，除依靠平时积累资料、搜集信息外，还可通过本行的海外联行、代理行或国际知名的咨询与评级机构或商会等民间组织来进行，争取获得多方协助，以防不法商人进行不合理索赔，骗取赔偿金。

（六）对保函担保项目进行认真调查与评估

为防范风险，银行必须对保函担保项目进行认真调查与评估。保函担保的建设项目的投资方向必须符合国家产业政策，且经济效益良好，有广阔的发展前景。银行要具体调查了解项目的立项批准情况、资金到位情况等，确保项目合法、效益良好、资金及时到位、及时开工，能按时建成投产，使申请人能够按时收回资金。

第四节 银行保函业务典型案例解析

案例一：国际贸易保函欺诈例外原则

（一）基本案情

印度 A 公司于 2005 年 4 月 3 日与中国 B 公司签订了销售合同，向中国 B 公司购买链篦机、混合机等 6 个单机设备。合同约定：合同总价款 23.75 万美元。中国 B 公司应提供相关图纸资料，且在合同签订后一周内需开出以印度 A 公司为受益人的合同总额 10%的见索即付银行保函，以保证印度 A 公司向中国 B 公司支付合同总金额 10%的预付款。合同余款 90%由印度 A 公司在合同签订后两个月内向中国 B 公司开具信用证。交货期为合同生效后 225 天内。

2005 年 4 月 20 日，中信银行沈阳分行根据中国 B 公司的申请，向印度 A 公司开具金额为 23.75 万美元的保函，保函有效期至 2005 年 11 月 18 日。2005 年 5 月 9 日，印度 A 公司根据合同向中国 B 公司汇付了 10%预付款 2.375 万美元。中国 B 公司收到预付款后，分别向印度 A 公司提交销售合同项下 6 个单机设备相关图纸及资料。

2005 年 6 月 17 日，印度 A 公司在中国的独资公司与一家济南设计公司签订技术合作协议，约定由该济南公司提供组建回转窑链篦机系统技术设计。中国 B 公司以主要设备供货方的角色作为该技术协议的第三方在协议上签字，承担督促、协调、配合的义务。

2005 年 6 月 28 日，印度 A 公司向中国 B 公司发电文称：除非收到设计机构出具的初步技术规格说明书，否则将不会开立信用证。2005 年 11 月 7 日，印度 A 公司向中国 B 公司发函称：中国 B 公司未能履行销售合同规定的提供技术资料的义务，故解除合同并要求付现银行保函。次日，印度银行孟买国际部也发函给中国 B 公司，要求中国 B 公司通知出具保函的银行支付保函金额。2005 年 11 月 16 日，印度 A 公司以中国 B 公司违约为由，委托印度银行向中信银行沈阳分行发出索偿通知。

中国 B 公司认为其并未违反保函的基础合同，印度 A 公司对保函之索偿过程中存在欺诈，故向沈阳市中级人民法院提起诉讼，请求判决中信银行辽宁省沈阳市分行终止支付保函金额。

法院经审理认为中国 B 公司并未违反销售合同，而印度 A 公司故意告知银行虚假情况，试图诱使银行向其支付保函款项的行为已构成保函欺诈，故判决银行应终止向印度 A 公司支付保函项下的款项。

（二）案例分析

本案中，中国 B 公司向印度 A 公司开出的保函为见索即付保函。依据国际商会 URDG458 的规定，见索即付保函是独立保函，独立于基础合同，不受基础合同约束，只要符合保函索赔条件，担保人（银行、保险公司等）就应当支付保函项下款项。

然而，针对见索即付保函的独立性，国际惯例同时又确立了“欺诈例外”，即在保函受益人明知保函申请人没有违约而仍隐瞒真实情况，故意告知第三人虚假情况，试图诱使第三人向其做出保函项下的付款，即构成保函欺诈。

保函欺诈属于侵权法上的问题，依据我国的冲突法律规范，侵权行为应适用侵权行为地国家的法律。印度 A 公司向银行索取保函项下款项的结果地在中国，中国是案件的侵权行为结果地，应适用中华人民共和国的法律。故《中华人民共和国民法通则》为案件的准据法来判决是否构成欺诈行为。我国最高人民法院《关于贯彻执行〈中华人民共和国民法通则〉若干问题的意见》第 68 条规定：“一方当事人故意告知对方虚假情况，或者故意隐瞒真实情况，诱使对方当事人做出错误意思表示的，可以认定为欺诈行为。”

涉案保函的基础合同是印度 A 公司与中国 B 公司之间签订的销售合同，其仅对在该合同项下原告应当履行的义务具有担保效力。依据案件中双方提供的证据可以认定中国 B 公司已经先后交付给印度 A 公司 6 个设备相关的图纸及资料，印度 A 公司对交付的图纸及资料并没有提出异议，中国 B 公司履行了符合销售合同中应当履行的图纸及资料的交付义务。而印度 A 公司提交的证据不能证明中国 B 公司存在销售合同项下的违约事实，其亦未指出中国 B 公司存在保函基础交易下其他违约事实和提交其他证明中国 B 公司存在保函基础合同项下违约行为的证据。况且印度 A 公司在往来电文中是声称“除非收到设计机构出具的初步技术规格说明书，将不会开立信用证”，这是印度 A 公司与济南设计公司之间的合同义务履行问题，与保函基础合同的销售合同无关。印度 A 公司在索赔函中陈述的中国 B 公司违反合同义务与事实不符，不能成立。

因此，印度 A 公司向银行做出中国 B 公司在基础合同项下违约的陈述不符合真实情况，其向银行做出虚假陈述为索取保函项下款项的行为已构成保函欺诈。由于印度 A 公司构成保函欺诈，其行为违反了民事活动中应遵循的诚实信用原则，印度 A 公司索取保函项下款项的行为属无效民事行为，中信银行沈阳分行因此应终止向印度 A 公司支付保函项下的款项，也即适用独立保函的“欺诈例外”。

（三）案例启示

在国际贸易实践中，见索即付保函以其独立于基础交易的独立性且结合了银行信用的优点，正日益广泛地被运用于国际经济交易的各个领域，并已成为现在国际担保的重要趋势。见索即付保函是独立保函，其独立于基础合同，不受基础合同约束，只要符合保函规定的索赔条件，担保行就应当支付保函项下款项。这与传统意义上的从属性担保完全不同。

然而，这种独立性实为一把双刃剑，其为经济交易带来方便的同时，却也一定程度上为受益人进行欺诈性索款提供了方便，助长了商业欺诈，破坏了诚信公平的普遍价值。如果明知存在欺诈，却仍然要履行保函义务，那无疑是纵容违法，助纣为虐。

因此，国际惯例同时又确立了“欺诈例外”原则，即在保函受益人存在欺诈的情况下，担保行不应履行保函项下的付款义务。而是否存在欺诈，则需要根据基础交易合同的履行情况来审查认定。这实质上是对保函独立性的一种有限突破，其结果是在一定程度上向传统担保的回归。

本案是见索即付保函“欺诈例外”原则的经典案例。保函受益人企图以其他合同义务来混淆保函基础合同义务，故意虚假陈述保函申请人违约而恶意索偿保函款项。保函申请人积极提起诉讼要求止付保函，最终得以成功保护自身合法权益。

结合本案及此类案件的一般规律，国际经济贸易过程中的当事人从事保函业务时，最好能做到如下几点。

第一，保函申请人在申请开具保函时应努力争取最有利的保函文本，适当增加保函索赔难度，为防范保函欺诈设好第一道保护罩。

第二，在基础合同履行过程中，要保留好履约的各类证据资料，适时催促对方及时确认有关履约结果，不给对方留下启动保函索偿的任何借口，从根本上为防范保函欺诈作好准备。

第三，虽然担保人（开具保函的银行）有在保函受益人索偿时立即将有关文件转交保函申请人（委托人）的义务，但在保函有效期内，保函申请人仍应与保函担保人保持联系渠道的畅通，以保证能及时得知任何有问题的保函索偿，从而可以在最短时间内有效采取行动维护自己合法权益。

第四，一旦确认保函受益人存在保函欺诈，保函申请人必须立即向有管辖权的法院提起诉讼，要求止付保函款项，并通知保函担保人。这时候，决策上的任何迟延都有可能使保函担保银行做出错误判断，错失阻截保函欺诈的最好时机。因此，不失时机地果断出击是保函反欺诈得以成功的关键。

案例二：提货保函

（一）基本案情

2002 年 5 月 2 日，甲船公司所属某货轮在香港承运一批货物。货物装船后，甲船公司签发正本提单一式三份。提单载明：托运人名称、收货人凭指示、通知人乙公司、起运港香港、目的港珠海及相应货物等信息。5 月 3 日，货轮抵达珠海，甲船公司通知乙公司提货，因其不能出示正本提单，甲船公司拒绝交付货物。5 月 9 日，乙公司向甲船公司出具一份银行印制的“提货担保书”。担保书在提取货物栏记载信用证号码、货值、货名、装运日期、船名等。在保证单位栏记载：“上述货物为敝公司进口货物。倘因敝公司未凭正本提单先行提货致使贵公司遭受任何损失，敝公司负责赔偿。敝公司收到上述提单后将立即交还贵公司换回此担保书。”乙公司盖章并由负责人签字。在银行签署栏记载：“兹证明上述承诺之履行”，落款为丙银行，加盖丙银行国际部业务专用章。甲船公司接受“提货担保书”，签发了提货单。但乙公司其后没有交款赎单，提单最终被退给托运人。

2003 年 4 月 6 日托运人持正本提单在香港法院以错误交货为由，对甲船公司提起诉讼，要求赔偿货价损失、利息和其他费用。香港法院判令甲船公司向托运人支付赔偿金并承担托运人所发生的律师费。

甲船公司随后提示相应索赔单据向丙银行提出索赔，认为保函申请人乙公司于 2002 年 5 月 9 日凭提货担保书提取货物后乙公司至今未将该项货物的正本提单交还，要求丙银行赔偿货款损失、利息及其他相关费用。丙银行审核相应单据后向甲船公司进行赔付，并向乙公司提出索赔。

（二）案例分析

提单在国际货物运输中具有关键性作用，对持有人来讲它既是承运人收取货物从而建立运输合同的证据，也是货物所有权的凭证，据此可以向银行议付货款，在卸货港要求承运人交付货物；而对承运人来讲，一旦取得正本提单，就证明其履行完毕交货责任，否则，提单持有人有权要求其交付货物或向其索赔，所以凭正本提单提交货物是一法定程式。但在国际贸易中提单的流转速度往往慢于货物的运送速度，因为提单要随信用证经过申请议付、开证行审单支付和收货人交款赎单等各个环节，而此时货运船舶早已抵达卸货港，这种情况在短途运输中更为多见。为及时提取货物，收货人往往要求承运人在没有正本提单的情况下交付货物，而承运人则只有在收货人提交信誉良好的银行出具保函的情况下才敢交货。这样既可以保证商业流转的正常进行，减少不必要的时间耽搁，也可以使承运人的利益得到有效保护。此案例中提货保函不仅使乙公司提早拿到货物，提高商品流转速度，而且在乙公司违约时也保证了甲船公司的利益，可以在国际贸易中加以利用。

（三）案例启示

本案例给甲船公司（承运人）、乙公司（申请人）和丙银行（担保行）都带来了一定的启示。对甲船公司来说，虽然根据提货担保提货是国际惯例，但是提货保函对于承运人而言有一定的风险，因此承运人应该仔细审核提货担保条款及提货人和担保银行的资信，从而合理保障自己的权益。

对于乙公司来说，凭保函提货本是国际惯例，但是该公司在提货后没有按照正常程序付款赎单并将提单交还承运人，企图赖掉其付款责任。这种做法大大损害了自己的信誉和与银行的业务关系，得不偿失。

对于丙银行来说，出具保函就意味着承担了保证责任，因此一定要谨慎审查保函申请人的资信，并严格控制根据提货担保提取货物的所有权，从而有效控制自身风险。

复习思考题：

1. 什么叫银行保函？它有哪些作用？
2. 银行保函与信用证相比有哪些异同？
3. 银行保函的风险主要有哪些？如何防范？

第九章　备用信用证

本章导读：通过本章学习，掌握备用信用证的概念、性质及其特点；熟悉备用信用证的业务程序；理解银行保函、备用信用证与跟单信用证的不同，领会备用信用证在国际贸易中的具体运用。

第一节　备用信用证概述

一、备用信用证的定义

对于备用信用证，多个国际机构都对其下了定义。

国际商会第 515 号出版物对备用信用证下的定义是，备用信用证是一种跟单信用证或安排，不管其称谓或代表方式如何，它代表了开证行对受益人的以下责任：①偿还开证申请人的借款，或预付给申请人，或记在申请人账户的款项；②支付由申请人承担的任何债务；③支付由开证申请人违约所造成的任何损失。

《联合国独立保函和备用信用证公约》给出的备用信用证定义为："备用信用证是一种承诺，这种承诺是独立地承担责任，在国际惯例中被认为是备用信用证（或是独立保函），由银行或其他机构或个人（担保人/开立人）开立，凭着简单索款要求或伴随其他单据与承诺条款及任何单据条件相符，向受益人支付一定的或确定的金额，表明或推断付款是应该支付的，因为违背了应履行的责任，或因为另一个偶然的事故，或因为借款或预付款项，或因为任何由于委托人/申请人或其他个人承担责任的到期。"所谓承诺的独立性即指备用信用证的开证人对受益人的责任不受没有出现在备用信用证上面的条款或条件的约束，不受任何将来的、不确定的行为或事件的约束。

ISP98 没有给备用信用证下一个定义，只说到它的承诺是独立地承担责任，它在商业交往中通常当作备用信用证而接受。备用信用证的承诺书范围很大，包括了独立承诺书的备用信用证和非独立的一些从属性承诺书。

实际中多数人认为备用信用证是指开证行根据开证申请人的请求对受益人开立的承诺承担某项义务的凭证。即开证行保证在开证申请人未能履行其应履行的义务时，受益人只要凭备用信用证的规定向开证行开具汇票（或不开汇票），并提交开证申请人未履行义务的声明或证明文件，即可取得开证行的偿付。

备用信用证属于银行信用，开证行对受益人保证，在开证申请人未履行其义务时，即由开证行付款。因此，备用信用证对受益人来说是备用于开证申请人发生毁约时，取得补偿的一种方式。如果开证申请人按期履行合同的义务，受益人就无须要求开证行在备用信用证项下支付货款或赔款，所以称作“备用”（standby）的信用证。由于备用信用证所具有的担保性质，有时也称作担保信用证（guarantee L/C），商业信用证和担保信用证合称跟单信用证。

二、备用信用证的特点

根据 ISP98，备用信用证在开立后是一个不可撤销的、独立的、跟单的及具有约束力的承诺，因此，备用信用证具有以下特点：

（1）除非在备用信用证中另有规定或经双方当事人同意，开证人不得修改或撤销其在备用信用证下的义务。

（2）备用信用证项下开证行义务的履行并不取决于开证行从申请人处获得偿付的权利和能力，受益人从申请人处获得的付款的权利，也不取决于在备用信用证中对任何偿付协议或基础交易的援引，或开证行本身对任何偿付协议或基础交易的履约或违约的了解与否。

（3）备用信用证在开立后即具有约束力，无论申请人是否授权开立，开证行是否收取了费用，或受益人是否收到或因信赖备用信用证或修改而采取了行动，对开证行都是有强制性的。

三、备用信用证的种类

备用信用证作为一种金融创新工具，在实践中使用的范围很广，因而其种类也较多，通常以使用目的来划分其种类。ISP98 在其前言中，根据在基础交易中备用信用证的不同作用，对备用信用证进行了描述性分类，共分为如下八种类型。

（一）履约备用信用证：performance standby

它支持一项非款项支付的履约义务，包括对由于申请人在基础交易中不履约所致损失的赔偿。它是用于担保履行责任而不是担保付款义务，在履约备用信用证有效期内，若发生申请人违反合同的情况，开证人将根据受益人提交的符合备用信用证的单据代申请人赔偿该备用信用证规定的金额。

（二）预付款备用信用证：advance payment standby

这种备用信用证用于担保申请人对受益人的预付款所应承担的义务和责任。它通常用于国际工程承包项目中业主向承包人支付的合同总价 10%～25%的工程预付款，以及进出口贸易中进口商向出口商支付的预付款。

（三）招标/投标备用信用证：bid bond/ tender bond standby

它用于担保申请人中标后履行合同的义务和责任，若投标人未能履行合同，开证人则按备用信用证的规定向受益人履行赔偿义务。

（四）反担保备用信用证：counter standby

反担保备用信用证又称对开备用信用证，它用于对其受益人开出的另一独立备用信用证或其他承诺提供担保。

（五）融资备用信用证：financial standby

它用于担保付款，包括任何偿还已借款项义务的证明性文件。

（六）保险备用信用证：insurance standby

它用于担保申请人的某一保险或再保险的义务。

（七）商业备用信用证：commercial standby

它用于申请人若不能以其他方式付款，开证人为申请人对货物或服务的付款义务予以担保。

（八）直接付款备用信用证：direct payment standby

它主要用于担保到期付款，特别是与融资备用信用证有关的基础付款义务的到期付款，而不论是否涉及违约。通常用于担保企业发行债券或订立债务合同时的到期支付本息义务。这种备用信用证已突破了备用信用证“备而不用”的担保性质。

备用信用证文本如下所示。

备用证文本：

TO:（THE “LENDER”）

FROM: BANK AND BRANCH´S NAME

AT THE REQUEST OF CLIENT´S NAME (THE "APPLICANT") WHICH HAS ITS REGISTERED ADDRESS AT XXX，WE，BANK AND BRANCH´S NAME，WITH OUR OFFICE AT XXX HEREBY ISSUE IN YOUR FAVOUR THIS IRREVOCABLE STAND-BY LETTER OF CREDIT NO.(XXX)AMOUNTING TO CNY XXXX(SAY CHINESE XXX). THIS STAND-BY LETTER OF CREDIT IS TO SECURE THE OBLIGATIONS (INCLUDING BUT NOT LIMITED TO ANY INTEREST，COST，EXPENSES AND ANY OTHER SUMS)，FROM TIME TO TIME，DUE AND PAYABLE TO YOU BY CLIENT´S NAME (THE "BORROWER"), WHICH HAS ITS REGISTERED ADDRESS AT XXX , UNDER THE FACILITY AGREEMENT (THE "FACILITY AGREEMENT") WITH REFERENCE NO. XXX DATED XXX AMOUNTING TO CNY XXX (SAY：CHINESE XXX ONLY)FOR THE PURPOSE OF LOAN(CAN BE CHANGED ACCORDING TO THE PORPUSE OF THE OPERATION) .

应客户（申请人）________要求（客户注册地），我行（分行地址）开出以贵行为受益人的不可撤销备用信用证，信用证编号为：_________金额：_________（最大人民币金额）。这份备用信用证用于保证借款人对贵行的还款义务（包括但不限于于 年 月 日签订的编号为________，金额________（美元），借款用途：________的借款合同项下的利息、本金及其他费用合计），借款人注册地为________，账号：________，开户行________。

UPON OUR RECEIPT OF YOUR DEMAND BY AUTHENTICATED SWIFT AT OUR COUNTER NOT LATER THAN THE EXPIRY OF THIS STAND-BY LETTER OF CREDIT , STATING THAT THE BORROWER HAS FAILED TO FULFILL ITS PAYMENT OR REPAYMENT OBLIGATIONS UNDER THE FACILITY AGREEMENT AND THE AMOUNT DRAWN BY YOU REPRESENTS THE UNPAID BALANCE OF INDEBTEDNESS DUE TO YOU BY THE BORROWER , WE SHALL WITHIN SEVEN BANKING DAYS PAY YOU THE AMOUNT SPECIFIED IN EACH OF YOUR DEMANDS PROVIDED THAT THE AGGREGATE AMOUNT DRAWN UNDER THIS STAND-BY LETTER OF CREDIT SHALL NOT EXCEED THE MAXIMUM AMOUNT AFORESAID.

如果我行在备用信用证到期前收到贵行的 SWIFT 报文，贵行在报文中声明借款人不能偿还借款合同项下借款，并声明借款人尚未偿还的借款余额。我行将根据贵行要求在七个工作日内向贵行支付本笔备用信用证担保项下款项，但最高不超过上述最高金额。

EXCEPT AS EXPRESSLY STATED HEREIN，THIS STAND-BY LETTER OF CREDIT IS NOT SUBJECT TO ANY AGREEMENT，CONDITION OR QUALIFICATION. OUR OBLIGATIONS UNDER THIS LETTER OF CREDIT SHALL BE THE INDIVIDUAL OBLIGATIONS.

除了以上所述，此份备用信用证不再受其他的协议或条款限制。我行独立承担此份信用证项下义务。

ANY AMENDMENT OR MODIFICATION OF CONTENTS，OR，EXTENSION OR RENEWAL WITH RESPECT TO THE FACILITY AGREEMENT AFORESAID COULD

ONLY BE MADE WITH OUR PRIOR WRITTEN CONSENT.

提及的融资额度协议的修改、展期等必须事先获得我行的同意。

THIS STAND-BY LETTER OF CREDIT SHALL COME INTO EFFECT ON（×××）（DATE/MONTH/YEAR）AND ITS AMOUNT SHALL BE REDUCED CORRESPONDINGLY AS AND WHEN PAYMENTS THEREOF ARE MADE BY THE BORROWER PURSUANT TO THE FACILITY AGREEMENT OR BY US. THIS STAND-BY LETTER OF CREDIT SHALL EXPIRE AT OUR COUNTER ON THE EARLIER OF（I）（×××）（DATE/MONTH/YEAR），（II）THE TIME WHEN THE SECURED SUMS UNDER THE FACILITY AGREEMENT AS ABOVE MENTIONED HAVE BEEN PAID IN FULL BY THE BORROWER,（III）THE TIME WHEN THERE IS NO AMOUNT REMAINING PAYABLE UNDER THIS STAND-BY LETTER OF CREDIT. UPON EXPIRY, THIS STAND-BY LETTER OF CREDIT SHALL AUTOMATICALLY BECOME NULL AND VOID WHETHER OR NOT IT IS RETURNED TO US FOR CANCELLATION.

此份备用信用证将于##年##月##日生效，其金额将会根据借款人或我行已偿还上述借款合同项下借款金额进行相应扣减。此份备用信用证将在以下情况下失效：（1）##年##月##日在我行柜面到期。（2）我行收到贵行 SWIFT 报文，声称借款人已归还上述借款合同项下全部借款（3）备用信用证金额用完。一旦此份备用信用失效，不论是否被收回撤销，它都将自动失效。

ALL NOTICES AND COMMUNICATIONS TO US SHALL BE SENT TO ×××（SWIFT CODE）BY AUTHENTICATED SWIFT.

所有的信息交流都通过 SWIFT 报文发送给我行（SWIFT CODE）

ALL DEMANDS HEREUNDER MUST BE MARKED "DRAWN UNDER XXX BANK, XX BRANCH , STAND-BY LETTER OF CREDIT NO.（×××）DATED（×××）" PARTIAL DRAWINGS AND MULTIPLE DRAWINGS ARE ALLOWED.

所有的索偿报文都必须标明"##分行及备用信用证号码，日期。"部分索偿或多次索偿都是允许的。

我行承诺贵行所有符合此份备用信用证条款的要求将被兑现。

WE ENGAGE WITH YOU THAT ANY DEMAND UNDER AND IN COMPLIANCE WITH TERMS AND CONDITIONS OF THIS STAND-BY LETTER OF CREDIT SHALL BE DULY HONORED ON DUE PRESENTATION TO US.

THIS STAND-BY LETTER OF CREDIT IS NOT TRANSFERABLE OR ASSIGNABLE AND IS SUBJECT TO UNIFORM CUSTOMS AND PRACTICE FOR DOCUMENTARY CREDITS（2007 REVISION）INTERNATIONAL CHAMBER OF COMMERCE PUBLICATION NO. 600.

此份备用信用证不可转让，且遵守国际商会第 600 号出版物公布的《跟单信用证统一惯例》（UCP600）。

BANK AND BRANCH'S NAME

第二节 备用信用证业务环节

由于备用信用证出身于信用证家族，其业务流程基本符合信用证运作原理。首先，申请人（基础交易合同的债务人）向开证行申请开出备用信用证。其次，开证人严格审核开证申请人的资信能力、财务状况、交易项目的可行性与效益等重要事项，若同意受理，即开出备用信用证，并通过通知行将该备用信用证通知受益人（基础交易合同的债权人）。最后，若开证申请人按基础交易合同约定履行了义务，开证人不必因开出备用信用证而必须履行付款义务，其担保责任于信用证有效期满解除；若开证申请人未能履约，备用信用证将发挥其支付担保功能。

备用证作为一种特殊的信用证，从申请到开证、通知、付款等业务程序与信用证基本一致。结合 ISP98，现将备用证业务中的重要环节加以介绍。

一、备用证的修改

备用证开出后，可能对金额、到期日等提出修改。若备用证中表明可以“自动修改”，则该修改自动生效，无须任何进一步的通知，即这种修改可以被认为没有修改而生效。如果备用证中无自动修改的规定受益人只有同意后，才受此修改的约束。受益人的同意意愿必须明确地通知发出修改的一方，除非受益人提示的单据与修改后的备用证一致（而不是与修改前的一致）。在无自动修改的备用证项下，对于开证行来说，当其发出修改后就要受修改的约束。保兑行有权对修改不予保兑，若相反，则保兑行也是在修改发出后即产生约束。

备用证的修改必须通过同一通知行通知；如果在修改或撤销之前备用证已被使用（付款、议付、承兑等），则此项修改、撤销或展期无效，毫不影响开证人对指定人承担的义务；只对部分修改同意的视为拒绝整个修改。

二、备用证的提示

受益人交付备用证要求的单据即为提示。备用证中应表明提示的时间、地点及位置、接受提示的人和方式。

（一）一份提示必须标明凭以提示的备用证

提示可选用的方式包括：①注明备用证的完整号码和名称，以及开证人的地点或附上备用证的原件或副本；②如开证人不能从收到的单据的表面上判定是否根据该证来处理此单据，或不能确定与该单据有关的备用证，则要等到能认定时才视为提示。

（二）提示地点和对象

一项相符的提示，必须是在备用证中注明或 ISP98 中规定的地点或位置做出。如果在备用证中没有注明提示地点，应在备用证开立的营业处所进行提示；如果是保兑的备用证，且在保兑书中没有注明提示地点，提示必须在开立保兑的营业处所向开证人做出；如果没有注明位置（部门、楼层、房间、驻地、信箱等），可向以下地点提出：①在备用证中注明的普通邮政地址；②指定交付信函或单据的地点；③在提示地被授权接受提示的任何人。

（三）提示的时间和方式

适时的提示应在开立备用证以后及在到期日之前。单据必须以备用证中注明的方式进行提示（电子方式或纸化单据），若未注明方式，单据必须以纸化单据的形式提示。

（四）多次提示和金额

除非备用证表明“禁止多次提示”，否则可以做出一次以上的提示。除非注明“禁止多次提款”或类似的表示，做出的提示可以少于可使用的全部金额；若提出的要求超过了备用证可使用的总金额，则该提示视为不符；使用“大约”等相似意义的词，允许所指的金额伸缩 10%。

（五）提示的独立性

若提出一次不相符的提示，撤销一次提示，并不影响另一次适时的提示，无论备用证中是否禁止部分或多次的提示或提款（对提示的索偿）；不正确地对一次相符提示的拒付，并不构成对备用证下任何其他提示的拒付或对该证的拒付。

三、审核

开证行被提示后，应审核所提示的单据表面上是否与备用证中注明的条款相符，并根据备用证的规定审核单据之间的不一致。审核时，以下几点应予注意。

（1）非备用证要求的单据无须审核。要么退还受益人，要么随其他的单据一起递交。

（2）单据的开立日期可以早于但不得迟于提示日期。

（3）除非在备用证中注明该单据必须签署，否则无须签署。所要求的签署，可以用任何方式，只要与提示的签署单据的载体相符；除非备用证中要求注明签署人的身份，否则不一定要表明身份。

（4）备用证中的非单据性条件必须被忽略。

（5）提示的单据必须是正本。

四、拒付

若开证行认为提示不符，有权拒付，但必须在单据提示以后一段合理的时间（三个营业日内）发出拒付通知，若超过七个营业日将被认为是不合理的。拒付通知可以通过电讯方式或其他快捷的方式发送给交单人，拒付通知中要注明凭以拒付的全部不符点。如果没有按备用证指定的时间和方式在拒付通知中加入不符点，就不能在含有该不符点单据的再提示中声明这种不符点（不同的提示则不受影响）；如果没发出拒付通知，则开证行在到期时就有义务付款。

在存在不符点的情况下，开证行可自行决定或在提示人的要求下，联系申请人放弃不符点。申请人应以快捷的方式及时通知开证人，拒绝接受不相符的提示，若未及时通知，申请人就不能对开证行声称其收到的单据在表面上有任何不符点或其他问题，但这并不影响拒绝在同一或不同备用证下的任何不同的提示。

五、转让取款权利

这里的转让是指受益人请求开证行或指定人支付款项给另外的第三者。只有规定可以转让，备用证才可转让。除非可转让备用证的开证人或指定人对于正本备用证的存在和真实性感到满意，或者受益人向开证行做出了一种可接受的转让申请或提交了正本备用证或为受益人签署的人签名（或授权）的证实，或支付了转让费用，否则开证人或指定人可以不履行转让。如为全部取款权利的转让，汇票应由受让受益人签署，在要求的其他单据中，受让受益人的名称可以代替转让受益人的名称。

第三节　与跟单信用证、银行保函的比较

一、备用信用证与跟单信用证的比较

备用证与跟单信用证相比都具有不可撤销、独立和跟单性等特点，但又有所不同。

（一）付款的条件不同

在跟单信用证条件下，受益人只要履行信用证所规定的条件，即可向开证行要求付款；备用信用证下，受益人只有在申请人未履行义务时，才能行使信用证规定的权利。尽管备用信用证的开证人形式上承担着见索即付的第一性付款责任，但其开立意图实质上是第二性的，具有保函的性质。

（二）作用和用途不同

跟单信用证一般只适用于货物的买卖；而备用信用证既可用于货物买卖，还可用于其他交易，如用作投标、履约及还款等担保业务，或用于赔偿金的支付，备用证用得最多的交易之一是建筑工程承包。

（三）付款的依据不同

跟单信用证一般以符合信用证规定的单据为付款的依据；而备用信用证一般只能凭受益人出具的说明申请人未能履约的证明文件为付款的依据。

（四）有效期限不同

跟单信用证的有效期限一般较短，通常为几个月，很少有超过一年的；备用信用证常用于担保工程的实施或贷款的偿还，项目周期较长，因而备用信用证的有效期限也较长。

（五）对风险的承担不同

跟单信用证开证行因为有物权单据作保障，可减少风险；而备用信用证中申请人一旦破产，开证行无法利用单据降低其付出的款项的风险。

（六）开立的行为主体不同

跟单信用证的开立者并不限于银行，也可以是保险公司等非银行机构；UCP600 虽未明确规定信用证只能由银行开立，但从其条款的措辞中仍可判断 ICC 鼓励由银行开立跟单信用证。

（七）适用的国际惯例不同

跟单信用证适用于《跟单信用证统一惯例》的约束，而备用信用证既可受《跟单信用证统一惯例》的约束，也可受《国际备用证惯例》的约束。

除了以上主要差异外，ISP98 对备用证项下受益人交单的一些具体规定也有别于UCP600，鉴于篇幅所限，不再对其作进一步介绍。

二、备用信用证与银行保函的比较

银行保函和备用信用证作为国际结算和担保的重要形式，在国际金融、国际租赁和国际贸易及经济合作中应用十分广泛。由于两者之间日趋接近。甚至于有人将两者混同。事实上，两者之间既有相同之处，又有许多不同之处。

（一）相同之处

1. 定义和法律当事人

银行保函和备用信用证虽然在定义的具体表述上有所不同，但总的说来，它们都是由银行或其他实力雄厚的非银行金融机构应某项交易合同项下的当事人（申请人）的请求或指示，向交易的另一方（受益人）出立的书面文件，承诺对提交的在表面上符合其条款规定的书面索赔声明或其他单据予以付款。银行保函与备用信用证的法律当事人基本相同，一般包括申请人、担保人或开证行（两者处于相同地位）、受益人。申请人与担保人或开证行之间是契约关系，他们之间的权利义务关系是通过开立保函申请书或开立备用信用证申请书确立的。担保人或开证行与受益人之间的法律关系则是通过银行保函或者备用信用证的条款确立的。

2. 应用

银行保函和备用信用证都是国际结算和担保的重要形式，在国际经贸往来中可发挥相同的作用，达到相同的目的。

在国际经贸交往中，交易当事人往往要求提供各种担保，以确保债项的履行，如招标交易中的投标担保、履约担保，设备贸易的预付款还款担保、质量或维修担保，国际技术贸易中的付款担保等。这些担保都可通过银行保函或备用信用证的形式实现。从备用信用证的产生看，它正是作为银行保函的替代方式而产生的，因此，它所达到的目的自然与银行保函有一致之处。实践的发展也正是如此。

3. 性质

国际贸易中的银行保函大多是见索即付的，和备用信用证一样，它们虽然是依据申请人与受益人订立的基础合同开立的，但一旦开立，则独立于基础合同；再者，它们是纯粹的单据交易，担保人或开证行对受益人的索赔要求是基于银行保函或备用信用证中的条款和规定的单据，即只凭单付款。因此，有人将银行保函称为“担保信用证”。

（二）不同之处

1. 担保责任强度不同

银行保函在性质上有从属性保函和独立性保函之分。

（1）从属性保函

从属性保函（accessary guarantee）是基础合同的一个附属性契约，以基础合同的执行为基础，是银行与受益人之间订立的契约，银行依据保函就申请人的债务向受益人承担担保义务，如申请人不履行债务，银行即应据此向受益人负责。

从属性保函所承担的责任范围与标准应与基础合同的范围和标准一致，申请人根据基础合同所享有的抗辩权，银行也同样可以享有；保函的法律效力随基础合同的存在而存在，随基础合同的变化、灭失而变化、灭失。

从属性保函具有补充性的特点，即一是指在保函的法律关系上，申请人仍然是第一债务人，银行只是第二债务人或从债务人，只有在申请人不履行其债务时，银行才负履行的责任；二是指当申请人不履行其债务时，受益人应当首先向申请人要求清偿，只有在对申请人的财产强制执行后仍不足以抵债时，才能要求银行按照保函承担清偿责任。所以银行承担的是第二性的付款责任。

从属性保函在各国国内使用比较广泛，但在国际银行担保中使用得越来越少。

（2）独立性保函

独立性保函（independent guarantee）是根据基础合同开出，但又不依附于基础合同而存在，是具有独立法律效力的文件。

独立性保函的最主要特点是申请人违约或未履行合同时，银行无条件地履行偿付责任，实质上就是银行放弃先诉抗辩权，使受益人不必像从属性保函那样，须首先对申请人的财产强制执行后，如果尚不足以清偿债务时，才能要求银行清偿，而是可以直接向银行请求清偿。因此，保函本身虽来源于基础合同，但又独立于该合同而存在，银行的责任并不取决于基础合同是否被履行，而是取决于受益人的付款要求。只要受益人提出要求（on demand or on first demand），银行即须付款（见索即付），而不问申请人是否确有违约情况。

国际银行保函还没有统一的模式，对受益人来说，无条件的、第一性付款责任的保函是最有利的；而对申请人来讲，则偏好第二性的、附属性保函；而银行即担保人则喜欢自己能判断是否赔付的保函。故在具体业务中，要根据具体业务性质，参照国际做法，考虑客户的需要等因素，来制定银行保函的条件。ICC 在 URDG758 中虽然推荐了见索即付保函和反担保函的参考格式，但能否得到广泛运用还有待时间的检验。本章对几种主要的银行保函格式的介绍也参考了 URDG758 的推荐格式。

备用信用证作为信用证的二种形式，并无从属性与独立性之分，它具有信用证的“独立性、自足性、纯粹单据交易”的特点。当申请人不履行债项时，受益人可凭备用信用证取得补偿，当申请人履行了其债项，受益人就不必要使用，备用信用证也正是因此得名的。从担保的法律角度而言，备用信用证具有明显第一性付款责任的性质。

2. 对单据的要求不同

备用信用证一般要求受益人在索赔时提交汇票和证明申请人违约的书面文件；银行保函则不要求受益人提交汇票，有时可依据合同执行的证明文件进行抗辩，如完工证明、交接证书、提单副本等，但对于表明申请人违约的证明单据的要求比备用信用证下提交的单据要严格一些。

3. 适用国际惯例不同

银行保函适用各国关于担保的法律规范。由于各国关于保函的法律规范各不相同，到目前为止，尚缺乏一个可为各国银行界和贸易界广泛认可的保函国际惯例。独立性保函虽然在国际经贸实践中有广泛的应用，但大多数国家对其性质在法律上并未有明确规定，此类银行保函目前多受 URDG458 的约束；而备用信用证一般受 ISP98 的约束，且 ISP98 的规定比 URDG458 更详细。而且，备用信用证也可表明同时受 UCP600 的约束。

4. 生效条件不同

按照英美法的传统理论，合同要有对价的支持才能有效成立，银行提供独立保函必须要有对价才能生效。在英国，法律要求担保合同中要有对价条款，否则就不能生效。但开立备用信用证则不需要有对价即可生效。如《美国统一商法典》第 5-105 条规定：“开立信用证，或增加或修改其条款，可以没有对价。”

5. 兑付方式不同

备用信用证可以在即期付款、延期付款、承兑、议付等四种方式中规定一种作为兑付方式，而银行独立保函的兑付方式只能是付款。相应地，备用信用证可指定议付行、付款行等，受益人可在当地交单议付或取得付款；银行独立保函中则只有担保行，受益人必须向担保行交单。

6. 融资作用不同

备用信用证适用于各种用途的融资，申请人以其为担保取得信贷；受益人在备用信用证名下的汇票可以议付；以备用信用证作为抵押取得打包贷款；另外，银行可以没有申请人而自行开立备用信用证，供受益人在需要时取得所需款项。而银行独立保函除了借款保函的目的是以银行信用帮助申请人取得借款外，不具有融资功能，而且不能在没有申请人（委托人或指示方）的情况下由银行自行开立。

第四节　备用信用证典型案例解析

案例一：备用信用证的风险与防范

（一）基本案情

开证银行D向受益人开立了一份不可撤销的备用信用证，要求的单据为：①以D银行为付款人的即期汇票；②未付款之商业发票的副本；③受益人授权代表的声明：证明所附发票已过期至少30天且已向开证申请人要求过付款。在该备用信用证到期前5天，申请人通知D银行：已无任何未结清之发票需付款给受益人，所以D银行对该备用信用证项下之任何索赔都不应予以支付。

但是，就在该证到期前一天，受益人提交下列的单据：①以D银行为付款人的即期汇票；②未付款之商业发票副本，该副本发票未加注日期，但列明了交货的日期在交单15天之内；③备用信用证所需要的违约声明。D银行在审核单据后支付了该证项下的款项。

申请人对此提出异议：①申请人先前已通知D银行对受益人已无未结清之发票，D银行不应支付该信用证项下所支取的任何款项；②银行本应注意到：尽管备用信用证所要求的违约声明称申请人的违约情况存在，但很明显，发票上的交货日期表明并无任何金额过期30天；③发票表明交货仅在提交单据前15天内完成，因此提交单据时仅过去15天，受益人不应宣称已过30天，其陈述与事实不符。D银行拒绝了申请人的要求，并声称其做法完全符合备用信用证的条款。

（二）案例分析

D银行做出付款是正确的，因为作为银行其保证付款的条件是只要提交了规定的单据和符合信用证条款的声明就必须付款，况且银行是不受申请人的陈述制约的。因此，作为申请人应吸取的教训是应注意对单据要求的严谨性，条款上的漏洞使受益人有了可乘之机，从而出现了风险，这是应该引起申请人注意的。

（三）案例启示

本案说明，备用信用证中的单据条款如果对受益人提交单据的类型、形式和内容没有做出明确的指示或要求，则可能被受益人利用，利用其中的漏洞损害申请人的权益。对于本案中的情况，该备用信用证要求的违约声明只是一份已向申请人要求付款的证明，而没有进一步要求加列“不仅已向申请人要求付款，而且申请人也未于到期支付款项”。

更稳妥的方式则应将要求提交的单据改为：提交超过 30 天未付款之商业发票的副本。申请人应该在备用信用证中严格规定受益人出具的证明和单据的格式与内容，防止因条款描述的疏忽而造成损失。

案例二

（一）基本案情

由于国际金融危机，国际油价大幅度下跌，国外的炼油产业不景气，但我国金融市场与国际接轨不完全，所以受影响程度较轻，各国把市场转向了中国。国内一家炼油厂的业务员小王刚在网上发了询盘，立即就有国际大公司来接洽。美国的，英国的，俄罗斯的……看到这么多供应商上门来联系，小王觉得很高兴，可以货比三家，好好砍砍价格，为公司争取个好条件！经过一段时间的初步交流，小王和他的经理打算和这家英国公司深入地谈判。

据英国公司来人乔治先生介绍，他们公司成立于 1980 年，主要业务是大宗商品的买卖，他们自己并不是生产商，但是是投资商。他们通过资本运作，控制了中东和俄罗斯的几家炼油厂。由于国际金融危机，他们损失很大，现在手头有一些燃料油已经在库，急需出售，愿意以优惠的价格出售给小王的公司。这英国的公司到底是国际大公司，操作一板一眼的，规范性很强，作为发展较慢的国内公司，这次业务对小王和他经理来说，不仅是低价位在国际市场上采购的机会，也是一个学习如何按照国际惯例做生意的机会。

英国公司先请小王的公司出具一个 LOI（letter of intent，意向书）与 BCL（bank capacity letter，银行资信证明）。写购买意向书没问题，反正小王的公司本来就打算买燃料油，因此小王他们很快按照乔治的要求，写了 LOI，主要内容有：货物名称、规格、数量、目标价格、交货时间、运输方式、交货地点、付款方式、签字盖章。BCL 有点麻烦，国内的银行都不愿意出这个文件，也没几家银行出过这个文件。小王他们公司通过银行关系，让银行的熟人按照英国公司的格式要求，拿张信签纸打印一下，敲了个银行的业务章，反正作为买家，小王的公司又不是没有这笔钱来买货，而且写封购买能力证明，又不是存款证明，更不是把账上的钱给划走了，也不用担心什么。

这一步做好了，英国公司就立即向小王他们出了 FCO。FCO 是 full corporate offer 的缩写，也就是“全面合作的负责任的报盘”的意思，只要小王他们接受这个 FCO，交易就成立了，FCO 就变成了合同（外贸里面的报盘不仅仅报价格，而是报的成交成立的所有条件）。该英国公司实力强大，价格优惠，办事正规，小王公司就接受 FCO，并与其签约了，同时签订了商业秘密保护协议（non-circumvention non-disclosure，NCND）。

签约时，英国公司考虑到合约金额较大，为了规避双方的风险，保护双方的合法权益，本着公平交易的原则，提出了以下的操作程序。

第一，小王的公司先开立 draft SLC，这个 SLC 是 standby L/C 的意思，也就是备用信用证，就好像汽车的备用胎一样的，其他轮胎有问题才用的，一般情况下是不用的。standby L/C 也是一般情况下不用的，买方支付出了问题才用的。draft 是草稿的意思，也就是买方的银行先给卖方的银行一个备用信用证的样本看看，让卖方核实一下备用信用证的条件是否合适。

第二，如果备用信用证的样本上的条件合适，那卖方就通过银行，向小王的公司开立银行履约保函，金额为合同金额的 2%。

第三，卖方公司提供 POP（proof of product，货物证明）。POP 由卖方的律师或者卖方的银行出具，送达买方的银行。

第四，若小王的公司收到对方通过银行开立的履约保函及对方银行送来的 POP 之后，审核无误，就通过银行，向对方正式开立备用信用证。

第五，卖方收到备用信用证之后，装运货物运往小王公司指定的目的港。

对于这样规范的业务，还有什么值得怀疑的？对方又有银行履约保函，又有货物证明，交易的安全性还有什么值得怀疑？

（二）案例分析

（1）先说说 LOI 的问题。LOI 是购买意向书的意思。在国际贸易中，一家公司如果想买什么东西，会提出一个询盘（inquiry），中文也翻译成询价。国际贸易中的询盘，不仅仅询问的是商品的价格，而是询问的完整的成交条件。有意销售的卖家会发出一个报盘（offer），这个报盘就是针对询盘的一个明确的答复，如果报盘被对方接受，那么双方的交易就达成了。这里的接受，必须是收盘人的接受，而且是全盘接受。国际贸易中，接受的含义就是全盘接受，包括对信用证项下的单据的接受，保函附带文件的接受，部分接受视为不接受。

LOI 是一个公司购买的意向，一般说来，意向仅是一个想法，和正式的询盘在法律上不可具有同等的意义。在国际贸易里面，判断一个文件是否有法律效力，并不完全看文件的名称，而是看文件的内容。一些国家的判例表明，如果 LOI 的内容，已经表明了明确的购买意图，而且内容涵盖了成交的所有条件，那么这个 LOI 就是一份有法律效力的 inquiry。一旦接收到这个 LOI 的人，按照这个 LOI 的内容，有了实际行动，那么这笔交易就成立。理由是：合同是双方意思表达的一致。

综上所述，当中方提供 LOI 的时候开始，贸易的主动权就已经交到英方手中了，只要英方拿到了 LOI，如果中方在这个业务中继续走下去，英方可以耐心地等到签约的那一天；如果中方不愿意和英方继续交易，英方可以起诉中方违约或者诈骗，只要英方能举出证据，证明自己按照了 LOI 行事，用自己的行动表明接受了 LOI 的条件，那么这个业务就达成了，中方不继续走下去，就是违约或者诈骗。

就 LOI 的开具有以下建议：中国的公司如果以后还打算向国外的公司出具 LOI 的话，那么必须在 LOI 上增加条件，才能防范风险的产生，如注明：本 LOI 仅表明我公司的近期需求，并不意味着我公司一定会向收到本 LOI 的人购买；或者注明：本 LOI 仅是我公司的购买的初步打算，并不是签订合同的依据。这些约束条件，使 LOI 变成一个不确定的询价，而不是一个铁板钉钉的询盘，让国际供应商不再有空子可钻。

（2）其次是 BCL。BCL 是买方的开户银行出具的证明，证明买方有能力购买这么大金额的货物。这和我们个人出国需要的存款证明不是一个概念。BCL 并不需要买方有和合同金额相等的资金存在某银行，只要银行愿意出具这个文件证明买方有购买能力就可以。由此可见，这个文件和银行开立的信用证或者银行担保也是不同的。出具 BCL 的银行，并不需要对成交之后买方的支付承担担保责任。况且买方有购买能力并不说明买方一定要购买，更不说明买方一定要向这个供应商买。因此 BCL 在一般贸易中，并不是一个有现实意义的文件。

（3）这笔业务的最大问题出在支付方式。备用信用证确实有点像汽车的备用胎，正常情况下是不用的。那么备用信用证什么时候用？当买方未能按照合同的规定支付货款的时候，卖方就可以凭备用信用证到备用信用证规定的指定银行去兑付。如果买方按照合同的规定支付了货款，备用信用证就不使用。问题是这是正向思维，我们要善于逆向思维。好比汽车的备用胎，如果你的汽车轮胎没有出问题，你偏就是要先用备用胎，也没有人会制止你。因此如果卖方收到了备用信用证后，不管买方是否履约，直接拿了备用信用证到指定银行兑付，也没有人能约束卖方。

当然这个案例中，卖方并没有要国内进口商一下子就开备用信用证，只不过先给卖方看一看草稿。而卖方先给进口商开立银行履约保函（PB）和 POP，进口商审核无误，才正式开备用信用证。这一招让进口商肯定都非常感动其合作的诚心。但是我们要想想，备用信用证开出去的是 100%的货款金额，而 PB 才涵盖了 2%的货款金额。这么做的结果就是我国的进口商事后可以去银行要求兑付 2%货款金额的履约保函，但是 100%的货款却被国外供应商无条件划走了。

事已至此，国外供应商是否真的出货，什么时候出货，出多少货，出什么货，都全凭他有没有良心了。这只不过是比较委婉的说法，事实上，这样的操作程序，这样的成交条件，99.99%可以识别供应商是个骗子。

（4）POP 意思是产品证明，证明卖方确实有这些货物，POP 由卖方的律师或者卖方的银行出具，送达买方的银行，这也是没什么意义的。进口上如何核实出具的人确实是律师或者银行？他们确实如实出具了证明？

建议应该由买方指定的人或者机构或者独立的第三方出具证明才有意义。在国际贸易中，凡是对方指定的人或者机构的可信度和可行性都是要大打折扣的。

拓展阅读：《见索即付保函统一规则》（URDG458）

1978 年制定的《合约保函统一规则》（UCCG）强调担保人有条件地支付担保项下的利益，不能及时补偿受益人，所以未被商业社会广泛接受。国际商会银行技术与实务委员会和国际商业惯例委员会共同组建新规则起草联合工作组，完成了新规则的制定，1991 年 1 月由国际商会执行委员会批准，产生了《见索即付保函统一规则》（URDG），并以国际商会第 458 号出版物于 1992 年 4 月出版发行。

如同其他的国际商会惯例规则，URDG 只处理当事人之间协议所能适当管辖的问题。该规则不涉及国家法律和法院所管辖的领域，如委托人可对认为欺诈或权利滥用的付款要求申请获得禁止令的特定情况，这是纯粹的法律问题而非合同问题。URDG正文开始前有一篇导言，阐述了新规则的目的及适用范围，各当事人的合理愿望及国际商会对鼓励采用好的、有关各方均感公平的见索即付保函惯例所给予的关注。当出现违约时，在要求快速补偿的受益人和要求防范不适当要求的委托人之间保持一种公正的平衡。

URDG本身由分为6个部分的28条组成。

A：规则的适用范围（第1条）

B：定义及总则（第2～8条）

C：义务与责任（第9～16条）

D：要求（第17～21条）

E：有效期限的规定（第22～26条）

F：适用法律及司法管辖权（第27、28条）

URDG适用于本规则第2条a款所界定的见索即付保函和第2条c款界定的反担保函。URDG条款包括直接保函和间接保函，但仅限为第三者出具的保函，而不包括担保人为自身出具的保函，尽管后者在某些国家（尤其美国）的备用信用证业务中并不少见，但见索即付保函极少有这种情况。

从法律角度讲，备用信用证等同于见索即付保函。尽管URDG正文并未提及备用信用证，而只是在引言中略作描述，但从技术上讲，备用信用证同样属于URDG所管辖的付款承诺范畴。但由于备用信用证用途更广，且处理备用信用证的银行实务更接近于UCP而不是URDG，所以，引言中标明希望备用信用证继续沿用对其需求更详细、更适用的UCP规则。

《国际备用信用证惯例》（ISP98）

1983年国际商会制订的《跟单信用证统一惯例》（UCP400）首次明确规定该惯例适用于备用信用证。1993年的UCP500第一条也明确规定，UCP500适用于所有在正文中标明按本惯例办理的跟单信用证（包括本惯例适用范围内的备用信用证）。UCP600在第一条也规定"适用于所有在正文中标明按本惯例办理的跟单信用证（包括本惯例适用范围内的备用信用证）"，然而UCP主要是为商业跟单信用证制定的，备用信用证在做法上与商业跟单信用证有诸多不同之处，UCP中有些条款对备用信用证不能适用。UCP中关于运输单据、保险单据、商业发票等商业单据的条文及有关货物装运的规定，在正常情况下，被认为不适用于备用信用证；而UCP中有关如银行的责任与义务等跟单信用证基本事项的条文则能够适用于备用信用证。这样一来，就造成了备用信用证在适用UCP条款方面的不确定性，致使备用信用证的许多特点在《跟单信用证统一惯例》中无法得到充分体现，极易导致有关当事人之间的纠纷。为此，1998年4月6日，在美国国际金融服务协会、国际银行法律与实务学会和国际商会银行技术与实务委员会的共同努力下，《国际备用信用证惯例》（international standby practices，ISP98），国际商会第590号出版物终于公布，并于1999年1月1日起正式实施。

按照ISP98的规定，只有在明确注明依据ISP98开立时，备用信用证方才受ISP98的管辖。一份备用信用证可同时注明依据ISP98和UCP开立，此时ISP98优先于UCP，即只有在ISP98未涉及或另有明确规定的情况下，才可依据UCP原则解释和处理有关条款。

ISP98共有十条规则，89款。这十条规则分别为：总则；责任；交单；审单；通知拒付、放弃拒付及单据处理；转让、让渡及依法转让；取消；偿付责任；时间规定；联合/参与。

URDG458和ISP98的比较

备用信用证最初是作为保函的替代方式产生的，所以两者在性质、应用上基本相同，都是由银行或其他实力雄厚的非银行金融机构应某项交易合同项下的当事人（申请人）的请求或指示，向交易的另一方（受益人）出立的书面文件，承诺对提交的在表面上符合其条款规定的书面索赔声明或其他单据予以付款。从法律观点来看，我们可以说备用信用证等同于见索即付保函，但两者还是有重大不同。备用信用证如今已发展为适用于各种用途的融资工具，包含着比见索即付保函用途更广的范围。另外，由于两者适用的惯例有所不同，备用信用证适用于ISP98或UCP600，而见索即付保函则适用于1992年国际商会制订的URDG458，这将直接决定当事人之间可能产生不同的权利和义务。

（一）URDG458和ISP98的相同点

（1）无论是适用URDG458的见索即付保函，还是适用ISP98的备用信用证，都具有独立性和排他性，它们虽然依据申请人与受益人订立的基础合同开立，但一旦开立，则都独立于基础合同，无论该性质是否在保函和备用信用证中做了特别申明。（见URDG458第2条和ISP98第1.06（c）、（d）条的规定）

（2）无论是适用URDG458的见索即付保函，还是适用ISP98的备用信用证，都具有不可撤销性，也就是从开立之日起，就对担保人或开证人具有约束力。（见URDG458第5条和ISP98第1.06（a）条的规定）

（3）担保人或者开证行的责任免除条款是一致的。（见URDG458第11～14条和ISP98第1.08条的规定）

（4）URDG458和ISP98均适用于文本性和电子化的见索即付保函和备用信用证。（见URDG458第2（d）条和ISP98第1.09（c）条的规定）

（5）担保人或开证行的担保或付款责任都是第一性的，它们是纯粹的单据交易，担保人或开证行对受益人的索赔要求是基于保函或备用信用证中的条款和规定的单据，即只凭单付款，且他们的审单责任都局限在单据表面的形式上审查。（见URDG458第9条和ISP98第2.01条的规定）

（6）即使受益人并没有提交保函和备用信用证要求的所有单据，担保人或开证行都必须检查已经提交的任何单据。（见URDG458第9条和ISP98第3.02条的规定）

（7）如果申请延期未获得同意，符合保函和备用信用证规定的延期申请都被视为是付款请求，受益人有权获得付款。（见URDG458第26条和ISP98第3.09条的规定）

（8）提交的单据中，不属于保函和备用信用证要求提交的单据，担保人或开证行不得审查。（见URDG458第9条和ISP98第4.02条的规定）

（二）URDG458 和 ISP98 的不同点

（1）电子化交单。URDG458 并不要求当事人必须在保函和反担保函中写明对电子交单的认可。只要电子单据符合保函的要求，无论保函和反担保函是以纸张或电子化的方式开立的，其都被予以认可（URDG458 第 2 条 d 款）。而 ISP98 则规定只有备用信用证中明确规定或承认电子交单时，电子单据才可以被认为符合要求（ISP98 第 1.09（c）条）；否则，由开证行来决定认可或拒绝电子交单（ISP98 第 3.11（c）条）

（2）付款请求的时间确定。ISP98 规定如果开证行对要求付款的备用信用证不能确认，那么付款请求的时间应该从信用证被确认的那一天起算（ISP98 第 3.03（c）条）；URDG458 对此没有规定，如果发生类似问题，将根据个案中的适用法来确定。

（3）转让。如果保函中写明其是可以转让的，那么保函的转让不需要再征得担保人的特别同意（URDG458 第 4 条）；而备用信用证即使表明是可以转让的，受益人转让信用证时仍然要征得开证行的同意（ISP98 第 6.02 条）。

（4）通知委托人（也即申请人）的义务。URDG458 要求担保人（及指示人）在收到付款请求时有义务立即通知委托人（URDG458 第 17 条），在受益人申请延期时，担保人（及指示人）负有同样的通知义务（URDG458 第 26 条）；而 ISP98 并不要求开证行履行上述两项通知义务（ISP98 第 3.01 条）。

（5）担保人/开证行的自由斟酌权。担保人无权单方面修改保函的内容，否则将面临丧失对委托人的追偿权的风险，哪怕这种单方面的修改仅限制于对担保人利益的考虑和操作上的便利，也是不行的；在 ISP98 第 3.11 条列举的有限情形中，开证行为维护自身对申请人的追偿权不受侵犯，有权单方面修改信用证条款及 ISP 的某项规则。开证行在这方面的自由斟酌权包括：①接受营业日终止后的交单，而根据 ISP98 第 3.05（b）条的规定，这样的交单被视为是在接下来的一个营业日内的交单；②视日期注明晚于提交日的单据为相符单据，而根据 ISP98 第 4.06 条，这样的单据被认为是不符单据。

（6）最后期限日交单。如果是在最后期限日交单，因为担保人无法控制的原因导致担保人在那一天停止营业，其付款责任将被免除，受益人无权因此要求延期（URDG458 第 13 条）。但是如果停止营业的原因是由担保故意引起的，则 13 条的责任免除条款不适用，由个案中的适用法来确定担保的有效期是否延长。而根据 ISP98 第 3.14（a）条的规定，无论是因为不可抗力的原因，还是开证行能够控制的原因所导致的停止营业，备用信用证的有效期都将从开证行重新恢复营业之日起自动延长 30 日。

（7）各单据之间的不符性。URDG458 要求担保人审查所提交的单据之间是否存在不一致，如果存在，则拒付，而不论保函是否对此做出了约定（URDG458 第 9 条）；然而 ISP98 规定只有备用信用证中明确写明，单据之间不符则开证行拒付，开证行才有权因此拒付（ISP98 第 4.03 条）

（8）交单的语言要求。URDG458 对此未做规定。但事实上，根据适用法（注意不是根据 URDG458），在必要的情形下，尽管提交的单据所使用的语言不是保函上所使用的语言，但担保人仍然应该审查这些单据，必要时还应予以翻译。严格解释上讲，URDG458 第 12 条只免除反担保中指示人向担保人传送保函时出现翻译错误，或没有翻译所产生的责任；然而根据 ISP98 第 4.04 条的规定，任何交单所使用的文字必须与备用信用证所使用的文字相同，否则其付款请求将遭到拒绝。

（9）请求付款时是否要求提交其他申明。根据 URDG458 所开立的保函，在请求付款时，必须按第 20（a）条的规定，除了提交书面的付款请求书外，还必须按保函要求提交其他相关书面文件，这些文件必须申明：①委托人违反了其基础合同项下的义务；②委托人违约的事实方面，而不管保函对此是否有明确说明。同样，在反担保函中，请求付款时，必须按第 20 条 b 款的规定，提交书面申明，即担保人已经接到受益人按本条款递交的付款请求书，也不管反担保函中对此是否做出了明确说明。但是根据 ISP98 第 4.17 条的规定，提交任何申明的前提条件必须是备用信用证对此做出了明确要求。如果信用证要求提交一项申明，但该申明的内容并不需要具体化，ISP98 认为这样的申明足以代表付款的期限已到，因为备用信用证中表述的付款情形已经出现。该申明不需要说明申请人已经违约，更不需要说明申请人在哪些方面违约。因为 ISP98 同时规范有条件支付的备用信用证，以及一经受益人请求即行付款的备用信用证，后者请求付款时根本不需要任何违约事实的出现。同理，在反备用信用证中，请求付款时根本不需要提交任何申明或文件，除非反备用信用证中有特别规定。

（10）权利排除。URDG458 在对担保人和委托人的权利排除方面没有规定；但 ISP98 针对开证行规定，开证行无权主张在拒绝付款的通知中没有提及的单据不符点（ISP98 第 5.03 条），针对申请人规定，如果开证行对不符单据予以付款，申请人没有及时提出反对，则申请人无权抗辩开证行的付款请求（ISP98 第 5.09（c）条）。

（11）适用法和管辖法院。除非保函和反担保函中有其他约定，适用法应该是担保人或指示人（某些情形中）的营业地所在地法。如果担保人或指示人有一个以上的营业地，按签发保函和反担保函的担保人所在的营业地法（URDG458 第 27 条）。除非保函和反担保函中有其他约定，担保人和受益人之间关于保函的纠纷，以及担保人和指示人之间关于反担保函的纠纷由担保人或指示人（某些情形中）的营业地所在国的有管辖权的法院管辖。如果担保人或指示人有一个以上的营业地，按签发保函和反担保函的担保人所在营业国有管辖权的法院管辖（URDG458 第 28 条）；ISP98 对这两者未做规定。

（12）其他。ISP98 对迟延付款、汇票的承认与流通等做出了相关规定（ISP98 第 2.01（b）条）；URDG458 对此无规定。

除了上述提到的这些差异外，当事人在决定采用 URDG458 还是 ISP98 时，还需要特别注意 ISP98 中关于一些术语的解释，尽管大多数解释只是对一些通用语言的说明。例如，ISP98 第 1.11 条规定：“including”指“包括但是不限于”；“A or B”指要么 A，要么 B，要么 A 和 B 三种情形；“either A or B”指要么 A，要么 B 两种情形，不包括第三种情形；A 和 B“A and B”指第三种情形 A 和 B。

其他一些规定，可能使不熟悉法律英语、不谨慎的当事人陷入圈套，带来很大的商业风险，举例如下。

第一，“stated in the standby”只指备用信用证的文本内容，但是“provided in the standby”既包括备用信用证的文本内容，又包括备用信用证所采用的规则的内容。“stated”和“provided”两者的中译文非常接近，国内经常认为二者有等同的含义，但是如果在

ISP98（ISP98 第 1.11 条）里混淆两者，极容易造成商业风险。

第二，如果信用证里出现打印错误，如将“standby”打印成“standby”，而该信用证又要求所有文字必须“准确（exact）”或“等同（identical）”，受益人如果不在付款请求书中重复该书写错误，其将遭致拒付（ISP98 第 4.09（c）条）。

总体而言，ISP98 比 URDG458 规定得更为详细，以同样的方式打印，ISP98 一共 89 个条款，而 URDG458 只有 28 个条款，“因为在很多纠纷和破产申请中，备用信用证被广泛使用，许多值得细细斟酌的相关问题在有关商业信用证的规范里未被涉及，因此 ISP98 试图给律师和法官在解释备用信用证的实务领域提供指导”。除了银行家、商人，还尽可能地照顾到评定机构、政府机构、契约受托人、律师和法官。因此，ISP98 最后以大量的法律术语和高度详细的描述出台。URDG458 却选择了不同的方式，起草者们主要致力于见索即付保函中出现的基础性和普遍性问题。极少出现的问题留给当事人按照自己的意愿去协商，或者把问题留给适用法来解决。

复习思考题：

1. 什么叫备用信用证?它有哪些性质?
2. 规范备用信用证的国际惯例有哪些?
3. 备用信用证与跟单信用证、银行保函相比，各有哪些主要异同?

第十章　国际保理业务和福费廷

本章导读：通过本章学习，掌握国际保理和福费廷的概念、功能和业务流程，理解福费廷和国际保理业务与传统结算方式的优势比较；深刻领会福费廷和国际保理业务作为融资方式在国际贸易中的具体运用。

第一节　国际保理业务

一、国际保理的概念

国际保理（international factoring）是指在国际贸易中出口商以赊销（O/A）、承兑交单（D/A）等信用方式向进口商销售非资本性货物时，由出口保理商和进口保理商共同提供的一项集出口贸易融资、销售账务处理、收取应收账款、买方信用调查与担保等内容为一体的综合性金融服务。在我国，也有将这一业务称为：保付代理、托收保理、承购应收账款等。

二、国际保理业务的当事人

国际保理业务的当事人有四个。

（一）销售商：seller

即国际贸易中的出口商，对所提供货物和服务出具发票，将以商业发票表示的应收账款转让给保理商叙做保理业务。

（二）债务人：debtor

即国际贸易中的进口商，对由提供货物或服务所产生的应收账款负有付款责任。

（三）出口保理商：export factor

这是与出口商签订保理协议，为出口商进口商进行资信调查，进而提供相应的信用担保，在担保的进口商信用额度内，对由出口商出具商业发票表明的应收账款叙做保理业务的一方。

（四）进口保理商：import factor

根据与出口保理商的协议，为出口保理商就近调查进口商的资信，并依调查情况提出进口商的信用额度，在该额度内代收已由出口保理商转让过来的应收账款，并有义务支付该项账款的一方。

出口商以商业信用形式出卖商品，在货物装船后即将应收账款无追索权地转卖给保理商，从而使出口商的部分或全部应收款立即转换成现金，实际上是将出口应收款贴现，或者说是将出口应收账款卖断给出口保理商。因此，保理业务从保理商角度，也被称为承购应收账款。

在国际市场竞争越来越激烈的情况下，出口商为了争得买主，必须在产品、价格和付款条件等诸多方面具有竞争力。就付款条件而言，在信用证（L/C）、付款交单（D/P）、承兑交单（D/A）和赊销（O/A）中，最受进口商欢迎的莫如 D/A 和 O/A 支付方式。但在这两种支付方式下，出口商承担的风险太大，出口商往往不愿接受，从而失去贸易成交的机会。这就需要国际保理机构提供信用风险担保和融资，使进出口双方顺利达成交易。因此，国际保理业务一般是在赊销或托收方式下，为出口商提供信用担保和融资而进行的。

出口商求助于保理商承购出口货物款项有多种原因，特别是那些公司规模不够大，在国外没有设立信贷托收部，或公司的出口地分散，或公司从事不定期的出口等，使公司内部组织应收账款的托收有困难，因此寻找保理商便于避免风险，及时收回货款。国际保理对于扩大出口极为有利。

三、国际保理的功能

（一）信用控制：credit control

在国际贸易中，掌握客户的资信状况是为了避免和减少潜在的收汇风险。不仅需要掌握新客户资信情况，对于长期的和经常性的老客户也要密切关注其资信变化。一般中小公司有几个至几十个这样的老客户，而大公司则可以有几百个之多。跟踪调查这些客户的资信，根据变化情况制定切合实际的信用销售定额和采取必要的防范措施，对公司来说极为重要。但真正做到这一点却不是那么容易的，除非公司有四通八达、渠道畅通的信息网来收集信息，还要了解各客户所在国的外汇管制、外贸体系、金融政策、国家政局等方面的变化，因为这些因素都直接影响客户资信或支付能力。而这些对绝大多数出口商来说都是力所难及的。但保理商可以解决这个问题。保理商既可以利用全球保理行业广泛的代理网络和官方及民间的商情咨询机构，也可以利用其母银行广泛的分支和代理网络，从而通过多种渠道和手段获取所需要的最新的可靠资料。而且，保理公司一般都设有专门的信息部门，拥有训练有素的专业人才，负责收集研究有关各国政治、经济和市场变化的信息资料。这就使保理商具有一般出口商所没有的优势，能够随时了解出口商每个客户的资信现状和清偿能力，使出口商在给予进口商商业信用时有所依据，确保对该客户的赊销能够得到顺利支付。

（二）出口贸易融资：trade financing

保理业务最大的优点就是可以为出口商提供无追索权的贸易融资，且手续方便、简单易行，既不像信用放款那样需要办理复杂的审批手续，也不像抵押放款那样需要办理抵押品的移交和过户手续。在出口商卖断单据后，能够立即预支货款，得到资金融通。若出口商资金雄厚，也可在票据到期后再向保理公司索要货款。一般保理商在票据到期日前预付给出口商80%～90%的货款（扣除融资利息），这样就基本解决了在途和信用销售的资金占用问题。若出口商将单据卖断给保理公司，就意味着一旦进口商拒付货款或不按期付款，保理公司只能自己承担全部风险，而不能向出口商行使追索权，因此，出口商可以将这种预付款按正常的销售收入对待，而不必像对待银行贷款那样作为自己的负债。由此改善了表示公司清偿能力的主要参数之一的流动比率（流动资产与短期负债之比），有助于提高公司的资信等级和清偿能力。

（三）收取应收账款：collection from debtor

放账销售或提供买方信用已成为国际市场竞争的必要手段，但随之而来的就是应收账款的回收和追讨。我国一些大的外贸公司自己组织对应收账款的催收，还有专门成立了“清欠办公室”，常年专门从事追账工作。有的企业由于拖欠数额巨大，这方面的人员就占全员的很大比重。而更多的出口商则难以有足够的力量追讨应收账款。面对海外的应收账款，在地区、语言、法律、贸易习惯等方面的差异，出口商往往心有余而力不足。因此，借助专业追账机构追讨债款，有时非常必要。国际保理就能提供这种专业服务。这方面，保理商具有四大优势：①专业优势，包括专门的技巧、方法和专业的人员；②全球网络优势，利用国际保理商联合会广泛的代理网络，在全世界多数国家和地区都有自己的合作伙伴；③资信优势，除了自身有良好的信誉外，还能有效监督债务人的资信状况；④法律方面优势，与世界各地的律师机构和仲裁机构都有较密切的联系，能够随时提供一流的律师服务，对处理这类事务得心应手。因此，帮助企业进行国际商务账款的信用管理，是国际保理的一个重要服务项目。企业与保理商签订长期的委托合同，开展国际信用管理的长期合作，是目前国际上的一种发展趋势。

（四）销售账务处理：maintenance of the sales ledger

出口商将应收账款转让给保理商后，有关的账目管理工作也移交给了保理商。由于保理商一般是商业银行的附属机构，或是与商业银行关系密切的机构。商业银行作为公共会计历史悠久，拥有最完善的财务管理制度、先进技术、丰富经验和良好设备，能够提供高效率的社会化服务。保理商同样具备商业银行的各种有利条件，完全有能力向客户提供优良的账务管理服务。出口商将售后账务管理交给保理商代理后，可以减少财务管理人员及相应的开支和费用，集中精力于生产经营和销售。特别是一些中小企业，或者一些具有季节性的出口企业，每年出口时间相对集中，最忙的时候往往感到人员紧张，于是可以委托保理商帮助企业承办此项工作。出口商只需管理与保理商往来的总账，不必管理具体的各类销售分户账目。保理商的账务管理是专业化的、综合的，还可以根据出口商的需要，编制按产品、客户、时间的销售分账户统计资料，供出口商做销售预测分析。

（五）买方信用担保：full protection against bad debts

保理商根据对出口商的每个客户资信调查的结果，逐一规定出口商对客户赊销的信用额度（credit limit），或称信用限额。出口商在保理商核准的信用额度范围内的销售，叫作已核准应收账款（approved receivables），超过额度部分的销售，叫作未核准应收账款（unapproved receivables）。保理商对已核准应收账款提供百分之百的坏账担保，如进口商因财务上无偿付能力或企业倒闭、破产等原因而导致不能履行合同规定的付款义务，保理商承担偿付责任。已经预付的款项不能要求出口商退款，尚未结清的余额也必须按约定照常支付，其损失只能由保理商承担。因此，只要出口商将对客户的销售控制在已核准额度以内就能有效地消除由买方信用造成的坏账风险。但出口商必须保证这一应收账款是正当的、毫无争议的债务求偿权，即出口商必须保证其出售的商品或提供的服务完全符合贸易合同规定，无产品质量、数量、服务水平、交货期限等方面的争议。因出口商违反合同引起贸易纠纷而造成的坏账不在保理商的担保赔偿范围之内。

根据国际保理公约规定，保理商的职责是要履行上述五项中的至少两项。

四、双保理的业务流程

在国际保理业务运作机制中，双保理模式是最重要、运用最广泛的组织安排形式。图 10.1 反映了双保理形式的基本业务流程图。

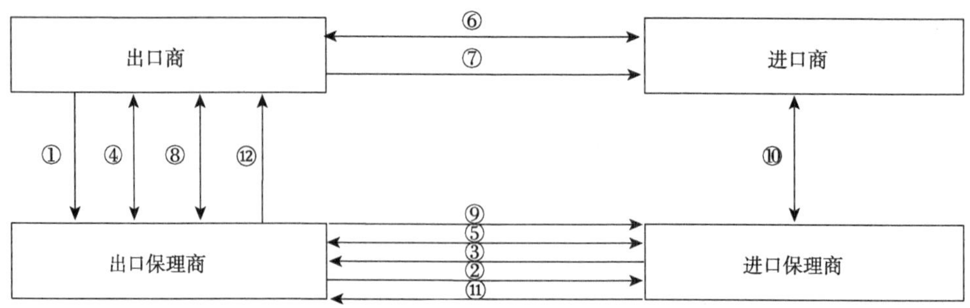

图 10.1 双保理形式的基本业务流程图

①出口商申请与询价。②出口保理商选择进口保理商。③进口保理商调查并核定进口商的信用额度及报价。④出口保理商报价并与出口商签订保理协议。⑤出口保理商与进口保理商签订该项保理业务协议。⑥出口商与进口商签订贸易合同。⑦出口商发货。⑧出口商向出口保理商转让应收账款，并按协议从出口保理商获得货款的一定比例的无追索权的融资。⑨出口保理商向进口保理商再转让应收账款。⑩进口保理商向进口商催收账款，并在进口商付清货款后，向进口商交单。⑪进口保理商扣减应得手续费后，向出口保理商划付款项。⑫出口保理商向出口商支付扣减各项手续费后的货款余额

五、国际保理与其他结算方式的比较

国际保理与其他支付方式、融资方式比较详见表 10.1～表 10.3。

表 10.1 国际保理与其他支付方式相比较

项目	国际保理	汇付（汇款）	托收	信用证
债权信用风险保障	有	无	无	有
进口商费用	无	有	一般有	有
出口商费用	有	有	有	有
进口商银行抵押	无	无	无	有
提供进口商财务灵活性	较高	较高	一般	较低
出口商竞争力	较高	较高（指发货后汇付）	一般	较低

表 10.2 国际保理融资与其他出口融资方式相比较

融资方式	适用支付方式	融资期限	有无追索权	备注
贷款或透支	任何支付方式	一般不超过一年	有	
出口信用保险单抵押贷款	任何支付方式	一般不超过一年	有	优惠利率
打包贷款	信用证	一般不超过六个月	有	
出口押汇	信用证、托收（少量）	一般不超过六个月	通常有	
贴现	任何支付方式下的票据，以信用证方式下的票据最受欢迎	一般不超过一年	通常有	一般以银行为付款人的票据为主
国际保理融资	O/A 和 D/A	一般不超过一年	无	

表 10.3 国际保理融资与出口信用保险方式相比较

业务种类	国际出口保理	出口信用保险
最高信用保障（在所批准信用额度内）	100%	70%～90%
赔偿期限（从贷款到期日起）	90 天	120～150 天
索赔程序	简单	烦琐
坏账担保	有	有
进口商资信调查和评估	有	有
财务账目管理	有	无
账款催收追缴	有	无
以预支方式提供融资	有	无

以上显示，保理业务的收费似乎比信用证或托收的费用高一些，从而会增加出口商的成本，但其实不然。出口商如改用信用证方式，虽然可以免去自身的保理开支，降低产品价格，但却在同时增加了进口商的负担，因为进口商必须承担开立信用证的费用。更主要的原因是进口商为开证被迫存入保证金，或占用了自身的银行信用额度，从而造成进口商的资金紧张。同时，银行适用严格相符原则即受益人提交的单据都必须同信用证条款规定完全一致，因此，信用证变得缺乏活力。任何矛盾都可能造成严重延误。有时频繁地改证，会带来大量的费用和风险。这些都使许多进口商不愿以信用证方式办理进口结算，从而影响了出口商的竞争力。出口商若采用 D/A 方式，往往由于资金紧张而需要押汇，为此必须支付押汇的利息，同时进口商还要支付托收的费用，对双方都造成负担，而且出口商还失去了信用风险保障。因此，采用国际保理业务，出口商虽然可能增加一定的费用，但因此而获得的信用风险担保、资金融通及管理费用的降低等带来的收益足以抵消保理费用的开支，而进口商也可以免除开信用证或托收的费用，减少资金的占压。这样对双方都是有利的。

六、国际保理风险与防范

（一）保理业务各方可能面临的风险

国际保理业务当事人面临的风险国际双保理业务涉及的当事人及其权利义务关系比较复杂，所以出口商、出口保理商和进口保理商各当事人面临的风险仍然不容忽视。

1. 出口商所面临的风险

保理业务中出口商获得了进口保理商对进口商的信用额度，但并不意味着风险全部消除。进口保理商的信用担保只包括进口商资信原因导致的不付款，以及因国家风险、不可抗力和自然灾害造成的付款风险，而对贸易纠纷导致的进口商不付款，进口保理商将不负责赔偿。因此，出口商在国际双保理机制下可能面临产生贸易纠纷导致进口保理商免责的风险和进口保理商诚信不足的风险。

2. 出口保理商面临的风险

在国际双保理机制下，出口保理商将进口商的信用风险转嫁给了进口保理商，但从国际保理业务开展的实践来看，出口保理商仍然存在下述风险：①面临出口商的资信风险。在国际双保理机制下，出口保理商买断出口商应收账款，便成为货款债权人，同时也承担了原先由出口商承担的进口商信用风险。尽管出口保理商再将其转嫁给进口保理商，但在出口商提供了贸易融资的情况下如果出现贸易纠纷，进口商必然拒付款，进口保理商又免除了对进口商的信用担保责任，可能会因为出口商破产导致出口保理商的融资款无法追回而蒙受损失。②购买债权的合法性、可转让风险。出口保理商购买的债权必须是具有可转让的、合法的、无瑕疵的债权。③接受进口保理商“反转让”的风险。即使在正常国际保理业务过程中，也可能因出口商的延误或出口保理商本身的疏忽造成文件单据的延迟提交，进口保理商会行使反转让权而退出此笔双保理业务。

3. 进口保理商面临的风险

首先，承担进口商的信用风险。在国际双保理机制下，进口保理商是进口商信用风险的最终承担者，对其核定信用额度内的应收账款提供 100%的坏账担保。其次，减少或取消已核准信用额度时出口商已发货的风险。《国际保理统一规则》规定，进口保理商可以根据进口商的资信变化情况随时调整甚至取消已核准信用额度，但在调整或取消信用额度的通知未到达出口商以前，原核定的信用额度仍然有效。在这种情况下，如果出口商已将货物装船，就将使进口保理商的风险环境更加恶化。

（二）国际双保理各当事人风险的防范

1. 出口商的风险防范

（1）出口商在签订的保理协议中应明确在债务人明显无支付能力却故意提出贸易纠纷的情况下进口保理商仍要承担担保付款责任。同时，一旦债务人提出了贸易纠纷，出口商和出口保理商要立即争取将该争议提交到法院或仲裁庭以及早获得有利的解决。

（2）出口商应在买卖合同中规定贸易纠纷提出的时限。由于国际保理业务所应用的范围是远期放账交易，买方可以先提货后付款，而《国际保理业务管理规则》中有规定：出口保理商在付款到期日后 90 天内，收到进口保理商签发的有关债务人提出的贸易纠纷的通知均是有效的。因此，在买卖合同中明确规定纠纷提出的时限，如收到货物后两周内，便可以避免买方因市场行情变化反过来挑剔货物品质情形的出现。

（3）出口商可以在买卖合同及发票上注明“货权在货款全额支付前仍属于卖方所有”。这样，就可以避免在进口商拒付时货款两空的局面。

2. 出口保理商的风险防范

（1）明确条件，合理谨慎地选择出口商。根据国际上开展保理业务的经验，出口保理商为了防范风险，往往会对出口商设定若干条件：出口商必须是合法经营，且具有一定的经验和资历，即不是刚注册成立的企业；出口商的经营必须具有一定规模，贸易商品为非资本性货物且出口商的客户分布相对分散，以减少潜在的坏账损失；出口商的经营状况良好，诚信度高。总之，对达不到要求条件的出口商宁愿放弃。

（2）与出口商签订条款完善的《出口保理合同》，完善的保理条款是防范风险的必要措施。

（3）选择信誉优良、经验丰富的进口保理商。出口保理商应选择具有 FCI 会员资格的进口保理商，使进出口保理商在业务合作中受到国际保理商联合会秘书处的监督。

3. 进口保理商的风险防范

（1）准确地评估进口商的信用额度，并跟踪掌握其资信变化。从前述风险分析可以看出，进口保理商面临的风险源于进口商的经营状态。因此，强化对进口商的资信评估并跟踪掌握其资信变化是防范风险的根本措施。具体而言，可以充分利用银行（或母银行）广泛的分支机构和代理网络、数据资料库，以及利用专业信用评估机构对进口商的信用等级评估等方式，多渠道、全方位地对进口商的综合经营状态进行调查分析，并根据进口商的生产经营发展趋势、市场竞争状态，对其未来的资信变化做出预测。

（2）争取与出口保理商签订风险分担协议。在正常情况下，进口商的信用风险由进口保理商承担。如果进口保理商不能或者不愿意承担全部进口商的信用风险，可与出口保理商协商，要求其承担部分进口商信用风险，有时出口保理商可能希望分担部分风险以获得较高的收益。

（3）加大保理业务量，以分散风险。一般来说，如果保理业务量过小，进口保理商的风险将无法有效分散，形成风险与收益不对称的局面，也不利于其在规模经营过程中降低运营成本。如果保理业务量足够大，尤其同一出口商在进口保理商所在国的客户分布相对分散，可以减少潜在的坏账损失。

第二节　福费廷方式

一、福费廷方式的概念

福费廷（forfeiting）方式，又被称为“包买票据”或“票据包购”，福费廷是源自法语“A FORFAIT”的 forfeiting 的音译，意为“让权利予他人”，或者“放弃权利”“放弃追索权”。具体地说，福费廷是票据的持有者（通常是出口商）将其持有的、并经进口商承兑和进口方银行担保的票据无追索权地转让给票据包买商（福费廷融资商）以提前获得现金，而福费廷融资商在票据到期时向承兑人提示要求付款。福费廷融资商通常是商业银行或其附属机构，所使用的票据通常是出口商开立的汇票，或者进口商开立的本票。若是前者，需要进口商承兑和进口地银行的担保；若是后者，则只需进口地银行担保。票据的付款期限通常是半年到3～5年。

福费廷业务主要用于金额大、付款期限较长的大型设备或大宗耐用消费品的交易中。选择福费廷方式办理结算，在进出口商洽商交易时，应就这一结算方式取得一致意见。

二、福费廷业务的主要当事人

（一）出口商：exporter

出口商是在福费廷业务中向进口商提供商品或服务、并向福费廷融资商无追索权地出售有关结算的票据的当事人。这些票据既可能是出口商自己出具的汇票，也可能是进口商出具的本票。

（二）进口商：importer

进口商是以赊购方式接受出口商所提供的商品或服务、以出具本票或承兑出口商出具的汇票而承担票据到期付款的当事人。

（三）福费廷融资商：forfeiter

又被称为包买商，即为出口商提供福费廷融资的商业银行或其他金融机构。融资商在无追索权地买进出口商提交的票据以向出口商融资后，即获得届时向进口商追讨票款的权利，同时也承担了届时无法从进口商得到偿付的风险。若某一项福费廷业务金额很大，单一融资商无力承担，或者顾虑风险太大，则可能联系多个融资商组成福费廷辛迪加（forfeiting syndicate），联合承担该项福费廷的融资业务，按商定的比例，各自出资、获得收益和承担风险。

在融资商需要加速自己资金周转，或者减少所承担的风险，或者市场利率水平下降致使原先购入的票据价格上涨，及时出售可获得较多收益的情况下，融资商也可能转让原先购入的票据。这种情况下，转让出票据的融资商就称为“初级融资商”（primary forfeiter），而受让票据的融资商就称为“二级融资商”（secondary forfeiter）。

（四）担保人：guarantor

或称保付人，即为进口商能按时付款做出担保的当事人，通常是进口商所在地的大商业银行。担保人的介入，是因为仅凭进口商本身的承诺（无论是进口商开立本票，还是进口商承兑出口商开立的汇票），要支持一项福费廷业务的顺利进行，都显得不足，需要资金更为雄厚的银行提供担保。担保的形式可以是银行保函或备用信用证，也可以由担保人在福费廷业务所使用的票据上加具保证。两相比较，后者更为简捷方便。银行在福费廷使用的票据上加具保证，被称为“保付签字”（aval），aval 源自法语，银行在有关票据上注明“aval”字样及被担保人的名称，并签名后，被称为保付人（avalist）。保付人就成为所保付票据的主债务人。保付人的介入，提高了福费廷业务中票据的可靠性，降低了融资商的风险，使福费廷业务能得顺利进行。

三、福费廷业务对当事人的主要作用

（一）对出口商的作用

（1）最大限度地降低了出口商的汇率风险和利率风险。福费廷业务使出口商本来只能远期收回的货款，不被追索的在货物出口后的不久，就能收回，这就使出口商避免了相应的汇率风险和利率风险。出口商虽然在将票据出售给融资商时承担了票据的贴现利息、承担费等费用，但这些费用都是在出口商与进口商达成交易合同之前已初步确定，这就使得出口商可以将这些费用成本计入货物的价款，而转移给了进口商。

（2）最大限度地消除了出口商的国家风险和信用风险。由于福费廷业务在前期的大量工作和货物出运后的较短时间内，即可以得到进口商承诺付款和进口地银行保证的票据，向融资商办理无追索权的出售，出口商在该项交易中所承担的进口国的国家风险和进口商以至担保银行的信用风险也就降到最低限度。

（3）能有效地落实进口商的分期付款，有利于拓展资本密集型商品的出口。资本密集型商品的交易起点金额高，处理好进口商的分期付款问题——既解决进口商资金不足，需要在获得并运用资本货物的过程中能产生收益来逐步偿还货物的价款，又能使出口商能有效地降低由于延期和分期收款而带来的汇率风险、利率风险、国家风险和信用风险等一系列风险，就成为交易能否成功的关键。福费廷业务方式既然能有效地解决这一系列问题，也就有利于资本密集型货物的国际交易的达成。

（4）有利于出口商的流动资金周转，并改善出口商的资产负债状况。福费廷业务方式能使出口商在出口货物后，尽快收回货款，从而加速了出口商的流动资金周转，使其有效地避免大量流动资金被占压在待收项目下，以及大量借用银行贷款。在国家实行出口退税制度下，资本货物通常是出口退税的支持重点。福费廷方式能让出口商尽快收回货款，也就能尽快地办理出口退税手续，得到退税款。因此，这两方面都能大大改善出口商的资产负债状况。

（5）有利于出口商保持其商业秘密。出口商在生产和出口资本密集型商品的过程中往往需要银行提供流动资金的支持。申请银行贷款是通常选择的方式之一，但手续可能比较复杂，而且需要办理公开登记等一系列手续。采用福费廷方式，相对手续简单，融资商应对出口商及其交易情况保密。因此，采用福费廷方式有利于出口商保持其商业秘密。

(6)福费廷方式将使出口商提高其出口商品的对外报价以转嫁贴息等多项费用的成本，对此，出口商应考虑加强其商品的非价格竞争力。由于福费廷方式中，融资商将成为各种风险的最终承担者，他必然要通过必要地提高贴现率及收取上述的多项费用等方式防范风险。这些费用将由出口商直接承担。虽然出口商可以通过提高其出口商品的价格来转移成本负担，但过多地提高商品价格也就降低了商品的价格竞争力。为了弥补这一点，出口商就必须通过提高商品的品质、扩大商品的广告宣传和加强商品的售后服务等非价格竞争力，以争取和维护其市场。

(7)出口商应有必要的措施保证有关汇票上进口商的承兑或进口商开立本票的真实有效，以及银行担保的有效，否则，就得不到免除被追索的保障。

(二)对进口商的作用

(1)福费廷方式可使进口商的分期付款安排得到出口商的接受，从而克服了进口商现汇不足又需要进口资本密集型商品的矛盾。

(2)福费廷方式下，融资商对票据的贴现是按固定贴现率计算贴息的，因此，出口商通过价格调整转嫁给进口商的贴息负担也是按固定贴现率计算的。换言之，进口商在分期付款条件下，由此事实上也得到了固定利率的融资，避免了融资期间的利率风险。

(3)在福费廷方式中，以进口商开立的本票(若该国法律允许进口商开立本票)可以比出口商开立汇票更为方便。就总体手续来看，福费廷方式也比使用买方信贷简便。

(4)使用福费廷方式，如前所述，出口商将其承担的多项费用计入货物价格而转移给进口商；进口商还要因申请当地大银行的担保，而增加交付给大银行的担保费或者抵押物，由此增加进口商的负担。银行为进口商提供担保，要占用担保银行对进口商的授信额度，也可能缩小进口商进一步向银行申请融资的空间。

(5)福费廷方式是以进口商承兑的汇票或进口商开立的本票为债权债务的凭证，从票据法律关系来说，进口商对此已无可推脱的责任。因此，如果进口商认为出口商交付的货物存在某些问题，就不能以拒付货款的方式与出口商交涉。这就可能使进口商感到被动。为了避免这种情况的出现，在进出口商双方洽商合同时，进口商就应考虑提出，在合同中规定，合同货款的一定比例，如 10%～15%作为留置金，不列入福费廷的结算范围。留置金需待进口商检验商品合格后，才支付给出口商。

(三)对融资商的作用

(1)固定的贴现率使融资商可以较好地规避市场利率下降的风险。

(2)福费廷业务多为中长期融资，即使贴现率较低，由于融资的时间较长，融资商仍可获得比较可观而稳定的收益。

（3）在有可靠的银行保证和持有有效的票据的条件下，若市场利率水平有所变化，融资商可以通过票据的再贴现，在二级市场转让出原先买进的票据，以及时回收和周转资金。

（4）在买进的票据是有效的情况下，融资商对出口商没有追索权。这使得融资商承担了较大的汇率、利率、国家和进口商、担保银行的信用风险。为规避风险。融资商应对进口国的有关票据、银行业务、外汇管理、进出口贸易管理等法律法规以至经济发展等多方面情况有足够的了解。同时，根据对风险的分析和判断，对票据的贴现率及承担费等费用的收取方面，要有比较充分的考虑和计算。

（5）福费廷的融资商不能对担保银行或进口商采取“加速还款”的方法。在分期还款的商业贷款中，若借款人对其中某期贷款不能按时归还本息，银行可以要求借款人的当期和随后各期的贷款本息立即归还，否则可申请法院的强制执行。这种安排被称为“加速还款”。但福费廷业务中，如果出现担保银行或进口商对某到期票据不能按时偿还，融资商不能对还未到期的票据采取“加速还款”的措施。这就可能加大融资商的风险。

（四）对担保银行的作用

由于福费廷业务的手续比银行贷款等都来得简便，银行在决定是否为进口商提供担保时，只要审查进口商的资信即可。而福费廷业务一般时间较长，担保金额较大，担保银行向进口商收取的担保费也可以比较多。在进口商能如约履行其最终付款责任的情况下，这些担保费就成为担保银行的收入。但是，由于担保银行承担着对所担保票据的无条件付款的责任，为了规避风险，担保银行应密切关注被担保人的经营动向。

四、福费廷方式的特点

（一）无追索权

融资商从出口商处购得票据属于买断性质，是没有追索权的。因此，融资商承担了福费廷业务中的最大的风险。为了有效地防范风险，融资商必须严格审查有关票据及其中的签名的真实性，对担保银行也应有相应的要求，对向出口商贴现票据时所用的贴现率也要慎重计算后确定。

（二）中长期融资

福费廷业务是使用资本性货物贸易或服务贸易的中长期融资。融资期限一般为三至七年，而以五年左右居多，最长的可达十年。由于期限长，为了融资商能较好地收回资金，往往根据融资期限的长短，分成若干期办理款项收付，如五年期融资，则分为十期，出口商开立付款期限不等的十张远期汇票，相邻的两期付款时间间隔半年；或者由进口商开立付款期限不等的十张远期本票，相邻的两期本票的付款时间间隔半年。若以银行保函为进口商担保，则银行保函的有效期也应与融资期限相适应。

（三）固定利率

虽然融资商最初向出口商报出的购买票据的贴现率只是供出口商考虑的参考价，对融资商本身也不带有约束力，但是这项参考价是融资商根据其工作经验及综合该项交易的有关各方面情况后提出的，还是有很大的可信度。若没有新的大变动情况，则随后融资商与出口商之间的有关福费廷业务的合同也就以该贴现率为实际采用的贴现率。融资商从出口商购买票据属于买断性质，即使以后市场利率发生变化，这项贴现率也不再改变。因此，在福费廷业务中，出口商在卖出票据时的利率是固定的，由此而提高向进口商报出的商品价格也是固定的。这一情况有利于进出口商事先明确把握交易的这方面成本。

（四）批发性融资

福费廷业务既是使用于资本性货物的交易，则成交的金额往往都比较大，一般都在50万美元以上。尽管金额大，出口商在货物出口后，将合格的票据交给融资商，就可以不被追索地得到货款被扣减了贴息后的全部余额。而不像在保理业务中，出口商在出运货物后，向保理商提交全套单据后，即时得到的只是全部货款的约80%的款项，其余的款项须等保理商从进口商收回货款后才能支付给出口商。

（五）手续比较简便

福费廷业务使用汇票或本票，手续比较简便。由于有真实的交易为依托，出口商得到融资商的融资，要比申请银行贷款容易。

（六）主要运用于资本性商品和大宗耐用消费品交易

选择福费廷方式融资，出口商要将贴现利息、选择费和承担费等都计入商品的报价中，才能保证自己的预期收益，因此，报价往往较高。对于成交金额小、成交至实际交货时间短的交易来说，这显然不可取，而且成交金额小，出口商即使需要融资，也完全可以通过其他成本更低的方式实现。因此，福费廷方式主要运用于资本性商品和大宗耐用消费品交易，因为这些交易通常成交金额大，从成交到实际交货时间长，出口商对融资的要求也比较迫切。对于市场价格波动剧烈的商品，由于融资风险大，融资商往往不愿提供交易融资；很容易买到的、缺少差异性的商品，进口商也不愿选择福费廷方式以较高的价格购进。因此，这两类商品通常不会成为福费廷方式下成交的商品。

五、福费廷方式与其他融资方式的比较

（一）与保理方式比较

保理方式与福费廷方式相比，前者中的保理商和后者中的融资商对出口商的付款都是没有追索权，保理商和融资商都承担了较大的风险，因此，他们都必须在确定办理该项业务之前，十分谨慎地开展必要的调查和准备，并由出口商承担由此产生的费用。两者的主要区别如下。

（1）在国际通行的双保理业务中，由出口保理商通过进口保理商向进口商传递全套商品单据，并以进口商付款为赎单条件；而福费廷业务中，融资商通常并不负责商品单据的传递。单据是出口商通过其他商业银行向进口商传递的，进口商并不付款赎单，而是以承兑汇票或开立本票并提供银行的担保为获得单据的条件，随后再分期付款。

（2）保理业务中，保理商不是一次性向出口商付款，而是在收到出口商交付的合格单据后，先支付部分（如80%）款项，其余款项须在收到进口商付款，扣除保理费等各项费用后，才将余额付给出口商；在福费廷业务中，则不然，融资商在收到出口商交付的合格票据后，扣除贴息和各项费用，即将全部余额支付给出口商。

（3）保理方式比较适用于批量大、金额小、期限短的贸易结算，一般期限在半年以内；而福费廷方式则比较适合成套设备、大型船舶、工程机械等资本货物交易或大型项目交易的结算，其金额大、付款和融资的期限多是中长期的。

（4）福费廷业务的内容比较单纯，而保理业务则同时带有进口商资信调查、出口账务处理、出口账款追讨等综合服务。

（5）福费廷业务的计息按贴现方式办理，实际利率高于名义利率，而保理业务是在期末付息，实际利率即名义利率。

（6）保理业务一般无须银行为进口商担保，而福费廷业务中需要进口国的大银行为进口商做出担保。

（7）保理业务中，出口商一般不必事先与进口商取得一致，而福费廷业务中，出口商必须事先向进口商说明按福费廷方式办理结算。

（二）与商业银行的贷款比较

两者的主要不同有：

（1）由于中长期贷款期限较长，为此承担的风险也相应加大，故商业银行对提供贸易中的中长期贷款都十分谨慎；而融资商为出口商提供中长期融资则是其本分业务，只要事先的各项工作做好了，融资商都乐于开展业务；

（2）商业银行在提供贸易的中长期贷款时，一般都要求借款人提供第三方的担保或者财产抵押，手续较多；福费廷业务中，融资商通常只要求进口商承兑汇票或出具本票，以及提供银行相应的保证（在有关的票据上保证，或者提供银行保函），手续相对简单；

（3）在商业银行提供中长期贷款中，贷款银行通常要求使用浮动利率，以利于其规避利率风险，而这一要求则可能增加借款人的利率风险，使其难以事先较为准确地核算成本；在福费廷业务中融资商使用的是固定利率，这有利于出口商较好地把握其成本和向进口商报价，也就使得进口商能相应地把握自己的进口成本。

（三）与一般票据贴现比较

福费廷业务与一般贴现业务都是以票据为业务的基础，以提供票据者承担贴息为条件，由融资商或者贴现人（商业银行或贴现公司）向提供票据者支付票据的余额。但在具体办理中，两者还是有以下主要区别。

（1）一般贴现业务中，如遇到承兑人因故而不能付款时，办理了贴现的商业银行对原持票人有追索权，而福费廷业务中，融资商对出口商没有追索权；

（2）一般贴现业务中所贴现的是一般的票据，未必都与特定的贸易有某种关系，即使是用贸易中所使用的票据办理贴现，也并不特定是某一类的商品，但福费廷业务中使用的票据只能是与资本密集型交易有关的票据；

（3）一般贴现业务中使用的票据期限可长可短，多为半年以内，福费廷业务中使用的票据大多是中长期的；

（4）一般贴现使用的票据只要受票人承兑就可以了；福费廷业务中使用的票据则除了受票人（进口商）承兑或者进口商自己开立的本票外，还需要资信良好的大银行为其做出保证；

（5）一般贴现业务，商业银行（或贴现公司）只向持票人收取贴息，而福费廷业务中，融资商向出口商收取贴息外，还要收取管理费、承担费等费用。

（四）与出口信贷比较

出口信贷和福费廷业务都能对本国资本密集型商品的出口贸易起一定的促进作用，但两者还是有一定的不同。

（1）许多国家为了鼓励本国的出口贸易发展，都设立了专门的政策性银行，以国家财政支持为依托，提供出口信贷服务；福费廷业务则不一定都由政策性银行办理，也不要求国家提供财政支持；

（2）出口信贷所支持的出口商品要根据国家的产业政策来确定，而福费廷业务所支持的出口商品则未必都是国家产业政策所规定的；

（3）由于出口信贷有国家财政的支持，其贷款利率低于一般商业贷款利率，出口商在这一点上负担较轻，而福费廷方式没有国家财政支持，融资商还要将其承担的风险因素，以多种费用等方式转嫁给出口商，因此，福费廷方式下，出口商的费用成本较出口信贷高；

（4）在出口信贷条件下，出口商要承担进口商到期不付款的风险及进口国的国家风险等，因此，银行通常都要求出口商要投保出口信贷保险，而增加出口商的费用；在福费廷方式下，融资商向出口商购买的票据是没有追索权的，因此，也就不要求出口商投保出口信贷保险；

（5）出口信贷需要的文件材料较多，业务受理时间一般较长，而福费廷业务需要的文件材料少，办理时间通常较短；

（6）出口卖方信贷往往需要出口商提供担保或抵押，出口买方信贷则以进口方银行为进口商提供担保，福费廷方式中，以进口国银行为进口商提供担保。

第三节 国际保理和福费廷典型案例解析

案例一：华通公司出口双保理案例

（一）基本案情

2009 年美国哥伦比亚服装公司想从我国华通公司（从事服装纺织类商品的制造）进口一批服装，金额约为 7 668 000 美元。此次美国哥伦比亚服装公司想用 D/A at 90 days 进行结算，但是我国华通公司在 D/A 方面涉及较少，并认为资金稍大，占用时间较长，会使自己资金吃紧，影响与其他合作伙伴的合作，因此提出使用出口双保理，双方达成协议同意使用出口双保理。

华通公司随即选择了中国银行浙江某分行签订《授信协议》和《扣款申请书》，约定有追索权公开型出口保理授信额度 4 000 万元人民币。双方通过签订《国际保理业务合同》约定对该额度的具体使用并且依《授信协议》约定，签订多份相关文件，约定保理截止日即为保理合同买方应付款日。

美国方面的进口保理商为美国远东国民银行（Far East National Bank）。华通公司于 2009 年 4 月 16 日和 2009 年 5 月 18 日向中国银行浙江分行提交两份出口单据(INV.2 054，INV.2 055）总计 7 668 000 美元提出融资申请，按照《国际保理业务合同》的约定，中国银行浙江分行向华通公司支付了 3 787 万元的收购款，受让了华通公司对美国哥伦比亚服装公司所享有的 48 348 036 元的应收账款债权。保理合同约定华通公司基本收购款按照应收账款债权的 78.1%的比例计算。双方共同向美国方面发出了《应收账款债权转让通知书》，美国哥伦比亚服装公司在签收回执上盖章确认并承诺向华通公司履行付款责任。

然而，2009 年 8 月 5 日，中行收到美国远东国民银行发来的争议通知，内容为此公司年初发给美国进口商托收项下的货物其中部分由于质量与要求不符，美国哥伦比亚服装公司拒绝付款总计 7 668 000 美元的合同货款，并随即附上质量检验证明书。中行立即通知该公司争议内容，希望其与美国公司协商，并要求其返还已付的收购款，华通公司拒绝偿付，认为已经将发票等票据卖给了中国银行浙江分行，进口商不付款应该由中国银行浙江分行承担。后来由法院判定要归还，华通公司出于无奈只能与进口商协商以 1/3 的市场价求对方接受有质量问题的部分商品，自己损失部分。

（二）案例分析

1. 选择保理业务的动机分析

在本案例中，华通公司和美国哥伦比亚服装公司在业内有良好的声誉并且双方一直有贸易联系，此次交易金额为 7 668 000 美元，较为巨大，华通公司虽然从自身的角度并不想接受 D/A 这种远期的支付方式，但由于对方坚持，并不想错失这次的合作而接受，为了保障收款时效而选用了自己不太了解并几乎从未使用过的出口保理，对此业务不熟悉为之后的失败埋下了伏笔。

在国际金融危机之后，许多企业的流动资金受到了限制，所以传统的部分预付货款到货后偿付所有的方式渐渐地不被进口商所选用（除非少量的卖方市场的商品），同时出口商为了可以提高自身的竞争力也愿意接受 D/A 或是 O/A，但是卖方自身的资金流压力和风险都比之前更为的不利，所以很多企业虽然之前未接触保理，福费廷，出口押汇等较复杂的支付方式，现在也一一开始尝试。

2. 案例中的融资过程分析

双保理业务基本流程：①美国哥伦比亚服装公司与华通公司签订买卖合同。②华通公司向中国银行提出初步信用评估的申请，出口银行向进口地保理商传递评估申请，进口保理商对进口商进行信用评估。③进口地保理商将结果传回给出口地保理商，出口地保理商将结果通知出口商。④签订保理协议，申请信用额度并反馈。⑤出口商华通公司发货。⑥出口商华通公司向中国银行提交债权转让单据，中国银行转发债权转让单据信息给美国远东国民银行。⑦中国银行向出口公司华通公司提供 78.1%的融资（最高可为发票金额的 80%～90%）。⑧到期付款日前美国远东国民银行向进口商催收，进口商付款，在扣除手续费后将货款转给出口地银行，再扣除手续费后转给出口商。

就本案例而言，业务流程几乎与上方的一致，但是由于进口商对出口商所发出的商品存有疑问所以第八步没有顺利地完成。

3. 就本案例中存在的争议分析

案例中的主要争议如下。

（1）在出口双保理的情况下，美国哥伦比亚服装公司（进口商）是否可以因为货物与合同要求不符而拒付货款？

不可以，在出口双保理的结算方式下，进口商认为货物和合同约定不符时，可以对进口地保理商提出拒付，并出具相应的证明，但是本案例中只是部分不相符，而并非全部，所以进口商只能就他所提出不相符部分的合同价款提出拒付，而不能就全部的合同款提出拒付。

（2）美国哥伦比亚服装公司（进口商）拒绝偿付的时候，中国银行浙江某分行是否可向华通公司追索所付出的全部收购款 3 787 万元？

可以，因为中国银行浙江某分行为华通公司提供的是有追索权的公开保理，这是指发生了《出口保理业务协议》约定的情况，导致保理商无法从进口商处取得保理融资款项时，保理商可以按照合同的要求向出口商追索，但是可能不是全部，要看双方的合同中是如何规定的。即使在无追索权的保理中，出口银行也对此部分货款不负赔偿责任，因为在保理中规定，保理商对已核准的应收账款提供 100%的坏账担保，但条件是出口商出售给保理商的应收账款必须是正当、无争议的债务请求权，所以对产品的质量、服务水平、交货期所引发的呆账和坏账，保理商不承担赔偿责任。本案例中，如果为无追索权的保理，当进口商声称部分货物有质量问题，不管出口商是否同意，保理商都会将其视为有贸易纠纷，根据纠纷自理原则，保理商即将此部分货物的货款视为未核准的应收款，不负担赔偿责任。

4. 出口保理各方得失分析

由于具体数值无法查阅，故以下计算式是按照现行的主要利率手续费率确定的，主要为了说明办理融资业务各方的主要费用，所以不考虑本案例中产品中有瑕疵的问题。

（1）对出口商而言

出口商办理一笔需要融资的出口保理业务通常需要承担三方面的费用：保理费用、国内外银行费用、融资利息费用。

保理费用=保理费率×保理业务的金额=1%×USD7 668 000=USD76 680

国内外银行费用=国内银行费用+国外银行费用

=单据处理费+邮寄费+外国银行中转费

=USD10+RMB300+USD15=USD72.58

融资利息费用=保理融资金额×保理融资年利率

×保理融资天数/360（shibor=0.63%[①]，浮动 20%）

=6 006 182×6.3%×1.2×96/360=USD116 920.34

出口商总计融资费用=76 680+72.58+116 920.34= USD193 672.92

费用占销售金额之比为：193 672.92/7 668 000=2.5%

所以保理业务对出口商而言，只需支付合同金额 2.5%的费用就可以取得发票金额 78.1%的融资比例，同时有银行向进口商追债，节约了资信调查，销售账户管理，债务追收的业务开支。而且使用出口保理可以使出口商的资金流动速度加快，不占用自身的资金，美化自身的资产负债表。

但是也有不好的地方，如进口地没有相互合作的保理商即无法开展保理业务，同时要注意自身所发货物的质量，因为质量问题所造成的进口商拒绝付款，银行是不负责的。

（2）对进出口保理商而言

双方共同要求了 1%的费率，假设出口保理商为 0.45%，进口保理商为 0.55%，相较于单纯的国际结算业务，银行还是有不错的业务收入的，如信用证 0.15%的开立和议付费，同时我国国内现在只开展有追索权的出口保理，所以银行的风险不大，有利于自身的风险控制。

① shibor：上海银行间同业拆放利率

（3）对进口商而言

进口商仍然支付合同款项，虽然出口商可能在合同款项中加入保理业务的费用，但是进口商可以选择自己所要的远期付款方式，有时可以在自己的自有资金几乎不动用的情况下赚取利润，同时不像信用证业务，进口商需要向银行交纳保证金，可以增加自己资金的灵活性，如果进口商处于有利地位的话，可进一步压价。

但是使用出口保理有一条件就是进口商的资信必须比较良好，不然根本无法开展出口保理业务。

5. 从各方的角度分析出口保理是否是适合的选择

（1）进口商的角度

进口商不想占用自身的资金，所以偏向于远期的付款方式，即赊销（O/A）、D/A、Time L/C ,如果为 Time L/C,进口商需要交纳一定的押汇如果信誉不好还要缴纳保证金，同时信用证有烦琐的催证、审证、改证手续和费用，并且信用证虽然是银行信用但是信用证有个最大的缺点即它的付款是终局性付款，所以如果在进口银行填写开证申请时有错误，如未写明商品的具体质量、型号要求，那么只要出口商做到单单一致，单证一致，即使到时候所发来的货物与合同不一致，进口商也必须付款，随后再起诉，这样一来进口商会有很多的麻烦，所以进口商不喜欢 L/C，即使是 Time L/C。D/A 和 O/A 都是依靠的商业信用，银行只起中介机构的作用，所以进口商的付款依靠自己的信用，并且没有人监督，相比 D/A，O/A 给了进口商更多的自由，因此进口商偏向于选择 O/A，其次为 D/A 最后为 Time L/C。

（2）出口商的角度

在买方市场上，当对方坚持使用远期付款方式时，作为出口商的首选应该为 Time L/C，虽然 L/C 的手续较为麻烦费用略高，但是这些主要都由进口商负责，作为出口商基本没有风险，同时随着远期信用证的运用越来越多，也出现了出口信用证押汇业务，出口商以单据作为抵押向银行申请短期融资，这种方式可以规避本币升值的风险，所以在本币趋于升值的情况下更为有利。第二选择为 D/A ，接受 D/A 即主要考虑对方的信用水平，对于进口商较为有利，在远期的情况下，D/A 可以做出口保理如本案例，也可以使用出口托收押汇，即在外国货款到达之前，向银行提交有关单据申请短期融资。保理和出口托收押汇的区别主要在于保理兼有担保和融资的性质，保理业务中保理银行对其核定的额度内的进口商信用风险和坏账负有 100%的担保责任，出口托收押汇下，银行保留在收不到货款时对出口商的追索权，但保理不一定。在 O/A 方式下，出口商是最没有保障的，不但要先发货，并且对方没有给定具体的还款期，很有可能财货两失，所以出口保理也可以与 O/A 结合，但是 O/A 的风险更大，费用更高。所以就出口商而言，偏好依次递减 Time L/C，D/A，O/A。

（3）银行的角度

银行虽然经常办理 L/C 业务，但因此而引发的纠纷也不在少数，如信用证的货物规格未明确表明、出口商单据造假银行未查明等，虽然银行参与信用证的开立、修改有一笔可观的收入，但是随着其他押汇等方式的开展，相较于自己参与其中的 L/C 业务，银行更加偏重 D/P，D/A，O/A 等托收业务中的新型方式。特别是出口保理业务，我国现在的保理业务都是有追索权的保理，同时进口地保理商又相当于担保了进口商的付款，所以作为出口地的保理商，风险相对较小，同时同期的融资年利率加上不菲的手续费对银行而言都是一笔可观的收入，所以这种风险较小、收益较大的业务现在非常受银行业的欢迎，在中国 2010 年光大银行的国际保理业务累计出单 130 多亿，保理手续费收入 5 000 余万元，利息收入 1.7 亿元，2010 年中国银行出口双保理业务超过 24 亿美元，连续 35 个月排名全球第一，进口双保理业务量超过 6 亿美元，位居全球第 5 位。

综上所述，在短期融资中，从各方的利益平衡化而言，出口保理从费用、业务覆盖范围、对不同方优劣都处于中间水平，因此对于有良好信用的企业而言，交易金额较为巨大时，出口保理的确是一个适当的选择。

案例二：国际双保理纠纷

（一）基本案情

1999 年初，A 公司向 B 银行申请办理一笔出口保理业务，该业务进口商为美国一家化工公司，B 银行随后选择了美国一家银行的保理公司作为进口保理商。1999 年 3 月，A 公司获得了美国进口保理商核准的 25 万美元的信用额度后，B 银行即与 A 公司签订了《出口保理协议》，A 公司开始陆续出运货物。1999 年 9 月 28 日 A 公司将该保理业务项下的一笔金额为 6.78 万美元，付款日为 1999 年 11 月 15 日的应收账款转让给 B 银行，B 银行随即将该项下的货物发票转寄美国的进口保理商。发票到期后，进口商没有按期付款，2000 年 1 月 27 日进口商通过进口保理商发来质量争议通知，2000 年 7 月 11 日进口保理商发来应收账款的反转让（reassignment）通知，免除其作为进口保理商在发票付款到期日后第 90 天应作 100%发票金额赔付的责任。

B 银行接收到贸易纠纷通知后，立即通知了 A 公司，并按照国际保理商联合会制定的《国际保理业务惯例规则》第十四条的规定，对 A 公司做了耐心解释。尽管如此，A 公司仍坚持认为。

（1）买方提出争议的该笔货物质量没有问题；

（2）A 公司与 B 银行签订的《出口保理协议》中未明确规定适用《国际保理业务惯例规则》，而国际惯例的适用应以当事人的选择为条件，不能想当然成为当事人之间的权利义务关系；

（3）约束进出口商双方是否履约的只能是《销售合同》，外贸公司与美国进口商签订的《销售合同》中约定的质量异议期限为“货到目的港后 20 天”，事实上进口商在货物到达目的港后 20 天内并未提出质量异议，因而进口商提出的争议是无效的。既然 A 公司已将货物发票合法有效地转让给了银行，如果进口商不付款，那么进出口保理商就必须付款。

由于A公司与B银行的认识始终不能达成一致，进口商又一直未能付款，进口保理商也认为已依据《国际保理业务惯例规则》免除了赔偿责任。此案纠纷至今未能获得最终解决。

（二）案例分析

1. 国际保理业务中保理商的保付是有条件的

在国际保理业务项下，进口保理商承担由于债务人未能按照有关销售货物或服务合同的条款按期全额支付而造成损失的风险而对出口方担保付款是有条件的。所以，在国际保理业务实际中，对于出口商来说并非是获得了核准的信用额度之后，即使进口商不付款，保理商也一定会赔付。因为在国际保理业务中，出口商所转让的应收账款均被认为是已经或将会被进口商所接受的销售服务，如果进口商对此提出异议，抱怨或索赔，均被推定为是发生了贸易纠纷。对于发生贸易纠纷的应收账款，不论其是否在信用额度之内，均被视为不合格应收账款，保理商有权主动冲账，并不为此承担任何坏账风险责任。

2. 国际保理业务中对于贸易纠纷的认定是有缺陷的

国际保理业务作为国际贸易中的支付手段，发生了贸易纠纷而导致进口商不付款时，保理商可以根据《国际保理业务惯例规则》和依据保理协议的有关规定免除其保付责任。但是在《国际保理业务惯例规则》中，在对于贸易双方可能发生贸易纠纷的认定上存在着三个缺陷：一是没有明确界定贸易纠纷的合理原因，国际保理的适用须以国际贸易买卖合同的存在为前提，而且是采用赊销的信用销售方式；二是没有确定保理商对贸易纠纷进行审核的责任；三是没有明确规定提出贸易纠纷时所需的书面文件。

3. 《国际保理业务惯例规则》和《国际保理业务协议》两者是统一的

国际保理业务的性质是应收账款的转让与贸易融资方式的结合。在国际上，规范国际保理业务的法律渊源包括两部分：一是国际保理商联合会制定的业务惯例和仲裁规则，二是各个国家制定的有关保理的国内立法。我国立法对于保理业务没有专门的立法规定，因此按照国际保理业务的性质，法院在处理国际保理业务纠纷时，可以适用涉及债权转让的有关法律规定。所以，在不违反我国有关法律和法规的前提下，在签订保理业务协议时，有关条款必须具体、详细和明确，以避免发生争议。

4. 办理国际保理业务仍然要注意防范信用风险

按照市场经济风险的一般理论，在市场经济中，作为经济主体的当事人行为具有自身利益最大化的有限性的倾向。由于在国际贸易活动交易主体的各方面存在着彼此的经济利益，一笔交易又涉及复杂的环节，假如经济环境对经济活动带来不确定性和复杂性，如可能受到客户资信不佳，贸易背景中商品市场发生变化或经营失误，造成债务人预期现金流入不足，从而无力偿还到期债务的情况下，就会导致交易过程中的风险产生。在国际保理业务中，从上述分析中看到的《国际保理业务惯例规则》存在着贸易争议认定缺陷而不利于保障出口商和进口保理商权利的不足，因此，对出口商而言，要在保证出口货物的质量符合合同要求，防止伪劣产品出口而毁损自身商业信誉的同时，同样必须注意了解进口商的信用程度，不能单一地依赖进口保理商核准的信用额度。对于出口保理商而言，在办理国际保理业务时，应该注意考核与进口保理商的业务往来记录，帮助出口商选择好进口保理商。

5. 利用国际保理业务的争议解决机制处理好业务纠纷问题

在国际保理业务出现纠纷时，就出口方来说应该注意三点：一是争议的解决途径。国际保理业务的争议解决途径主要有三种方式：①买卖双方相互协商解决；②按照国际保理商联合会的仲裁规则提交国际保理商联合会仲裁；③法律诉讼。二是诉讼时效。即在买卖双方相互协商解决的情况下为收到争议通知书后 180 天，在进行仲裁或诉诸法律解决争议的情况下为收到争议通知书后三年。三是告知条件。出口保理商和卖方应在收到争端通知后规定时间之内与进口保理商联系，并将一直采取行动解决争议的进展情况定期详细地通报给进口保理商，以防止进口保理商将发生争端的应收账款反转让给出口保理商。

案例三：民生银行“出口福费廷”业务融资案例

（一）基本案情

F 客户收到一单出口业务，开证银行为孟加拉汇丰银行，信用证类别为 90 天远期信用证，单据金额为 10 000.00 美元并已经开证银行承兑，F 客户申请融资的日期为 2006 年 5 月 24 日，该信用证承兑付款日为 2006 年 8 月 17 日。

F 客户为中小企业客户，融资方式受到较多限制，中国民生银行合理安排出口福费廷授信额度，在扣除对方银行预扣费、银行手续费后，客户顺利获得了 9 500 多美元的融资金额。

（二）案例分析

针对出口型中小企业，信用证项下货物已发运且已经国外开证行（该银行需在民生银行有授信额度）承兑，无须其他担保措施，中国民生银行立刻为客户出具出口收汇核销联，客户可提早办理出口退税。客户得到的融资款可直接以现金收入记入资产负债表。而且，无论中国民生银行是否于 2006 年 8 月 17 日收到开证行的付款，中国民生银行均对 F 客户无追索权。

福费廷属于一种中长期融资，融资期限一般在 180 天以上，最长可达 10 年（不过实践中一般以 1～5 年居多）；融资金额较大（多在 100 万美元以上），一般采用固定利率，但也可以采用浮动利率。

开展福费廷业务的优势有以下几方面。

（1）从出口商角度来看，开展福费廷业务，为企业提供了便捷的贸易融资途径。对于一些出口商来说，有较多的应收账款，且较多的银行贷款难以偿还，迫切需要从银行这里融通资金。但是每个企业都有一定的授信额度，由于没有较高的信用等级，很难从银行这里融得资金，而采取福费廷不失为一种较好的解决途径。福费廷不同于一般的贸易融资产品，所占用的是银行额度而不是企业授信。因此企业不必再担心授信额度不够无法从银行获得融资了。

（2）由于福费廷是采取买断的方式，出口商不再承担远期收款可能产生的利率、汇率、客户信用等方面的风险，而是将风险转嫁给了银行。但又由于福费廷恰恰是建立在银行信用基础之上而非企业信用，银行在办理此项业务时承担的风险也相对较小，同时也不失获取利润的空间。

（3）出口商通过开展福费廷业务，既可以改善企业的现金流，也可以优化企业的财务报表。办理福费廷业务可使出口商在交货提供服务后立即得到偿付，企业将应收账款变为了当期的现金流入，有利于出口商改善财务状况和清偿能力，从而进一步提高筹资能力。同时出口商还可以提前办理外汇核销和出口退税，帮助企业进一步较快地获得资金。

（4）出口商能以延期付款的条件促成与进口商的交易，避免了因进口商资金紧缺无法开展贸易的局面。通过福费廷增加了贸易的机会，拓展了企业市场。而且出口商可将开展福费廷业务的成本计入产品服务成本从而转嫁给进口商。

（5）福费廷除了为出口商提供了良好的融资途径，同时进口商也能获得出口商提供的中长期贸易融资，避免向国际金融市场借款和巨额抵押。

（三）案例启示

福费廷业务中，银行对出口商支付的贴现款项是没有追索权的，银行付款之后就独自承担该笔债权的全部风险，因此在福费廷业务中风险最大的便是包买行。例如，债务人或担保行本身无力支付或破产倒闭而造成银行无法收回款项。由于福费廷票据大多数是和信用证事项联系的，如果信用证开证行因票据不符或信用证欺诈等行使拒付权利，包买行将面临拒付风险；而且当前我国《票据法》尚不完善，“无追索权的背书”在我国法律上的效力如何无从判断。票据法的欠缺和瑕疵使得银行难以融入国际金融市场，面临潜在的风险。

因此银行在开展福费廷业务时必须严格审查融资对象的资信，了解确定适用的法律，寻求有效的担保机制，将风险降到最低。

福费廷作为一种新型的融资工具，尤其是在大宗贸易和开拓向高风险国家的出口业务中，不仅可使出口商获得出口融资，而且消除了出口商远期收汇风险及汇率和利率风险。因此对于企业来说应了解和掌握这种新的融资工具，扩大融资渠道，合理规避汇率和利率风险，推动企业对外融资和扩大生产。

复习思考题：

1. 什么叫国际保理？双保理的工作程序怎样？请图示说明。
2. 国际保理对出口商有哪些作用？
3. 保理业务中的风险有哪些？应如何防范？
4. 什么叫福费廷业务？有何特点？
5. 福费廷业务对各当事人分别有哪些利弊？
6. 福费廷业务与国际保理相比，有哪些异同？

参考文献

黄中南. 2016. 国际结算业务操作教程. 上海：上海财经大学出版社.
蒋琴儿. 2007. 国际结算：理论·实务·案例. 北京：清华大学出版社.
靳生. 2007. 国际结算实验教程. 北京：中国金融出版社.
刘阳. 2016. 国际结算实务案例精析. 上海：上海远东出版社.
娄钰. 2011. 国际贸易保险经典案例分析. 对外经贸实务，9：68-71.
缪东玲. 2011. 国际贸易单证操作与解析. 北京：电子工业出版社.
庞红，尹继红，沈瑞年. 2016. 国际结算. 第五版. 北京：中国人民大学出版社.
苏宗祥，徐捷. 2014. 国际结算. 第五版. 北京：中国金融出版社.
王菲，李庆利. 2013. 国际贸易结算. 北京：经济管理出版社.
王学惠，王可畏. 2016. 国际结算. 第三版. 北京：北京交通大学出版社.
吴国新，孙丽江. 2015. 国际结算. 北京：清华大学出版社.
徐进亮，李俊. 2011. 国际结算实务与案例. 北京：机械工业出版社.
许南. 2015. 国际结算案例与分析. 北京：中国人民大学出版社.
赵明霄. 2016. 国际结算. 北京：高等教育出版社.
朱箴元. 2005. 国际结算学习指导. 北京：中国金融出版社.
庄乐梅. 2008. 国际结算实务精要. 第二版. 北京：中国纺织出版社.